职业技术教育“十四五”重点教材建设项目

仓储管理实务

（智媒体版）

主　编◎蒋沁燕　李亚琦　黎　聪
副主编◎吕　律　莫桂芳　庄惠子　莫　柳　谢　坚

西南交通大学出版社
·成都·

图书在版编目（CIP）数据

仓储管理实务：智媒体版 / 蒋沁燕，李亚琦，黎聪主编. —成都：西南交通大学出版社，2022.5（2023.6 重印）
ISBN 978-7-5643-8701-3

Ⅰ. ①仓… Ⅱ. ①蒋… ②李… ③黎… Ⅲ. ①物资管理－仓库管理－高等职业教育－教材 Ⅳ. ①F253.4

中国版本图书馆 CIP 数据核字（2022）第 085412 号

Cangchu Guanli Shiwu（Zhimeiti Ban）
仓储管理实务（智媒体版）

主　编 / 蒋沁燕　李亚琦　黎　聪
责任编辑 / 宋浩田
封面设计 / 吴　兵

西南交通大学出版社出版发行
（四川省成都市金牛区二环路北一段 111 号西南交通大学创新大厦 21 楼　610031）
发行部电话：028-87600564　028-87600533
网址：http://www.xnjdcbs.com
印刷：四川森林印务有限责任公司

成品尺寸　185 mm × 260 mm
印张　14　　字数　314 千
版次　2022 年 5 月第 1 版　　印次　2023 年 6 月第 2 次

书号　ISBN 978-7-5643-8701-3
定价　45.00 元

课件咨询电话：028-81435775
图书如有印装质量问题　本社负责退换

前　言

PREFACE

国家“十四五”规划的战略导向是在“十四五”时期，推动高质量发展，必须立足新发展阶段、贯彻新发展理念、构建新发展格局。三新战略导向必然要求现代物流业也要立足于新发展阶段，转变发展理念，实现物流高质量发展，推动现代物流体系建设，立足国内、面向世界，建设完善的物流体系，支撑中国现代化建设，让中国由物流大国迈入物流强国之列。

仓储是现代物流体系中的一个重要环节，它关系到企业再生产的顺利进行，它关系到企业的成本、效率以及服务质量等，仓储业的现代化关系到物流行业的现代化。

“仓储管理实务”是高职高专现代物流管理专业的核心课程。它主要培养学生的现代仓储管理意识，通过运用现代化的仓储管理手段与技术帮助企业解决仓储管理过程中的实际问题。

本书基于产教融合大环境，贯彻“三教”改革政策，编写团队经过大量调研与资料收集，与行企业专家深入探讨，结合企业实际业务操作，深入浅出地介绍了仓储管理的基本知识和仓储管理活动开展过程中的实务知识。本书既可作为高职高专现代物流管理、采购与供应管理、供应链运营、电子商务、连锁经营与管理、港口物流管理、工程物流管理等专业的专业课教材，也可作为企业培训教材和物流行业人员的自学用书。

本书在编写过程中要注重实践性、应用性和可操作性，有利于培养学生的仓储管理实践能力。本书的特色主要体现在以下几方面：

（1）任务导向，重点突出。本书采用项目任务式编排的方式，全书共7个项目：仓储管理认知、仓库规划与布局、入库作业管理、在库作业管理、出库作业管理、智慧仓储技术与仓储成本管理与绩效评价，每个项目分为若干个任务。其中，入库作业管理、在库作业管理、出库作业管理是本书的重点。

（2）内容丰富，讲练结合。每个项目包括学习目标、项目导学、案例导入、任务导入、相关知识、任务实施、知识拓展、知识点小结、项目实训、课后练习等内容。通过任务实施、知识拓展、项目实训、课后练习等帮助学生巩固本项目所学的知识，并培养学生理论联系实际的能力。本书还配有丰富的教学案例与思考题，激发学生的学习兴趣，启发学生的思想与感悟。

（3）理论精炼，强调应用。本书在编写时严格遵循职业教育“实用为主、够用为度，以应用为导向”的原则，将理论精简凝练，着重讲述实用知识和技能。另外，从帮助学生自学相关知识角度考虑，本书还辅以丰富的知识链接及知识拓展。

本书由广西生态工程职业技术学院蒋沁燕、李亚琦、谢坚，广西物流职业技术学院黎聪、莫桂芳，广西交通职业技术学院庄惠子，柳州职业技术学院吕律，柳州铁道职业技术学院莫柳合作编写完成。全书由蒋沁燕负责总体规划、结构设计与最后统稿。

本书在编写过程中参考了大量的文献资料，在此，我们向所有参考过的中外文献的作者表示诚挚的谢意。由于本书编写时间仓促及编写水平有限，书中难免会有疏漏与不当之处，敬请诸位专家、学者和广大读者批评指正。

编　者

2021年12月

目 录
CONTENTS

项目一

仓储管理认知

学习目标

知识目标

(1) 掌握仓储的概念、仓储管理的概念、仓储安全管理要点。

(2) 理解仓储活动及仓储功能。

(3) 熟悉仓储类型及常见的仓储设施设备。

技能目标

(1) 能够说出仓储管理的内容。

(2) 能够分析仓储企业组织结构的类型。

(3) 能够选择合适的仓储设施设备。

(4) 能够根据仓库实际情况分析安全问题并能够提出初步解决方案。

素质目标

(1) 培养热爱物流行业的品质。

(2) 培养爱岗敬业、忠诚企业的职业素养。

(3) 培养并强化安全第一的意识。

项目导学

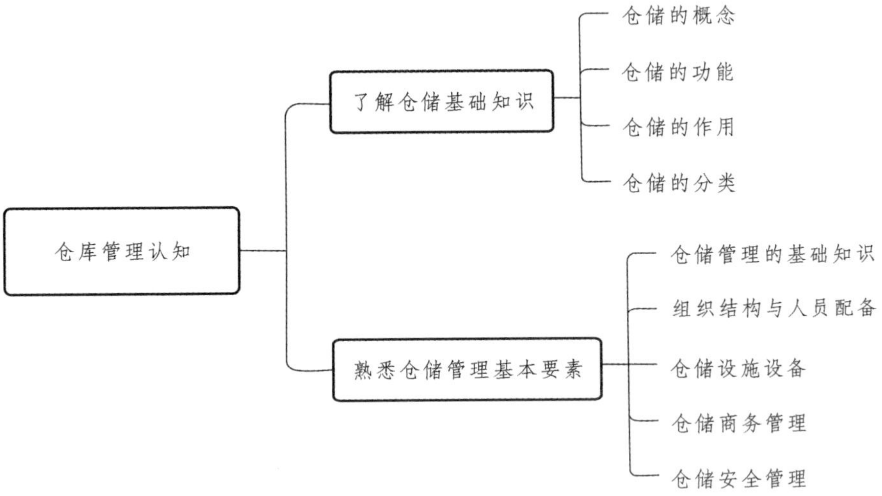

案例导入

2020 年我国仓储业发展特点

2020 年全国社会物流总额 300.1 万亿元，按可比价格计算，同比增长 3.5%。分季度看，一季度、上半年和前三季度增速分别为-7.3%、-0.5%和 2.0%，物流规模增长持续恢复，四季度增速回升进一步加快。物流业总收入保持增长。2020 年，物流业总收入 10.5 万亿元，同比增长 2.2%。2020 年，仓储业发展呈现以下特点。

1. 仓储业利润增长趋势下降

2020 年 2 月份仓储业务量指数降到历史最低 24.3%，2020 年上半年平均业务量指数为 45.9%，保持在荣枯线以下，疫情稳定后的 4 月份，开始逐渐恢复到荣枯线以上水平，1~6 月仓储业平均业务量指数为 49.98%，略低于荣枯线水平 50%，在上半年全国经济明显收缩的背景下，仓储业务需求表现稳定，仓储业务利润开始呈现扩展趋势。

2020 年 6~12 月份，由于全国各地疫情管控情况的进一步改善，国内经济活力逐步恢复，到 2020 年 8 月业务量指数下降至 49.2%，2020 年 10 月份为 50.6%，与 2019 年同期相比均有不同程度的降幅。

到 2020 年 11 月，仓储业务量指数达到 68.5%，主要是受"双十一"等电商活动影响，服装、农副产品等消费品仓储需求旺盛，带动仓储行业整体业务规模的扩大。整体来看，2020 年国内仓储行业业务利润增长趋势明显下降。

2. 仓储业经营成本持续增长

2020 年受新冠疫情影响，企业运营成本不断上升，到 2020 年 10 月，企业主营业务成本指数为 53.7%，达到七个月以来最高值。

总体来看，2020 年，仓储业依然依靠规模的扩张来实现企业盈利，在智能化创新，新技术手段应用等方面，依然存在严重不足。仍需进一步通过降本和增效两方面的途径来拓展企业发展空间。

3. 仓储地产呈现寡头竞争格局

2020 年，中国仓储地产企业主要有普洛斯、万纬、宇培等典型代表企业，其中普洛斯占据市场第一位置，市场份额达到了 30%以上。普洛斯作为国内规模最大仓储物流设施供应商，在物流地产行业竞争中处于绝对优势。与此同时，第三方仓储服务市场竞争则较为分散，一方面是行业多元化，包括电商、机械、汽车等各种制造业以及商贸流通行业；另一方面是参与主体多元化，包括企业自建仓储以及第三方仓储提供商，来源广泛，行业众多，让行业难以呈现较高的集中度。

4. 仓储智能化水平持续提升

随着国内互联网技术的日益发展，蔓延到仓储业已经是不可遏制的事情，与此同时，仓储业也得以借此机会提升发展效率与水平，以京东物流为代表的生活消费品智能仓储业龙头，不仅为行业树立了发展标杆，也带动了整个仓储业智能化水平的提升。

任 务 一

了解仓储基础知识

[任务导入]

ABC 物流有限公司是成立于 2002 年 9 月的第三方现代物流企业，是“国家级高新技术企业”“国家 AAAA 级物流企业”、中国物流技术协会“第三方物流实验研究基地”“守合同重信用企业”，是当地政府重点扶持的龙头物流企业。

公司突出发展工业机械制造业供应链物流核心业务，重点发展物流信息化、物流网络、供应链管理和执行业务，为工业制造业、家电消费品、白糖制造及经销等企业提供全程一体化的综合物流服务。公司拥有 20 万平方米仓库，3 条铁路专用线，可调动运输车辆 600 多辆，是当地第一家能提供“一体化”供应链全程物流服务和物流信息技术支持的现代物流企业，在西南地区制造业供应链管理服务行业处于领先地位。自主创新的工业现代物流管理信息平台和生产 JIT 精细配送模式得到中国物流采购联合会和国内诸多物流专家的肯定。公司与多所高等院校成立物流技术研究基地。公司现有员工近 600 人。公司管理和物流技术人员 100 多人，90%以上员工的学历为本科以上。公司有总占地 400 多亩的区域物流基地、4 个运营中心、11 家子公司。

一位刚应聘上的新员工第一天到 ABC 公司的仓储部工作，仓储部经理让他先对仓储基础知识有个全面的了解。

本次学习任务：

1. 掌握仓储的概念。
2. 理解仓储的作用。
3. 熟悉仓储的类型。

微课：仓储的起源

[相关知识]

一、仓储的概念

仓储是指利用仓库及相关设施设备进行物品的入库、储存、出库的活动（《物流术语》GB/T 18354—2021）。其中，“仓”也称为仓库，是存放物品的建筑物和场地，它既可以是房屋建筑、大型容器，也可以是洞穴或者特定的场地等，一般具有存放和保护物品的功能（如图 1-1 所示）；而“储”则用来表示收存以备使用，具有收存、保管、交付使用的功能。

图 1-1　仓库

> 说一说：
> 从社会生产和消费需求两个方面讨论仓储活动的重要性。

仓储作为物流系统中物资供应的一个重要组成部分，是各种物资周转、储备的关键环节，担负着物资管理的多项业务职能。仓储活动随着物资储存的产生而产生，又随着生产力的发展而发展。仓储既是商品流通的重要环节之一，也是物流活动的重要支柱之一。在社会分工和专业化生产的条件下，为保证社会再生产过程的顺利进行，必须储存一定的量的物资，因此科学合理地开展仓储活动已经成为社会生产和消费的需求。

现代仓储活动分为两类：一类是“静态”的仓储，是指通过仓库等场所实现对在库物品的储存与保管，可将其比喻为蓄水池；另一类是“静态”的仓储，是指在商品储存过程中所进行的装卸搬运、分拣组合、包装刷唛、流通加工等活动，可将其比喻为河流。

做一做：

为什么需要仓储活动？调查不同的企业类型，分别举例说明原因并对仓储活动存在的原因进行分析。

企业类型	企业名称（举例）	仓储活动存在的原因
生产企业		
零售企业		
批发企业		
仓储式超市		
物流中心		

二、仓储的功能

（一）仓储的基本功能

保管与储存是仓库最基本的功能。现代社会生产的一个重要特征就是专业化和规模化，劳动生产率极高，产量巨大，绝大多数产品都不能被及时消费，需要经过仓储手段进行储存，这样才能避免生产过程堵塞，保证生产过程能够继续进行。另外，对于生产过程来说，适当的原材料、半成品的储存，可以防止因缺货造成的生产停顿。而对于销售过程来说，储存（尤其是季节性储存）可以为企业的市场营销创造良机。适当的储存是市场营销的一种战略，它为市场营销中特别的商品需求提供了缓冲和有力的支持。

保管功能则是在储存过程中选择合适的储存场所，采取合适的养护措施，对产品进行保护、管理，防止产品因损坏而丧失价值。

（二）增值流通功能

增值流通功能是现代仓储区别于传统仓储的主要特征。增值功能给仓储带来了比较好的效益，是仓储应该努力扩展的功能，加工/延期加工功能、整合功能和分类转运功能等都属于仓储的增值功能。

1. 加工/延迟加工

保管物在保管期间，保管人根据存货人或客户的要求对保管物的外观、形状、成分构成、尺度等进行加工，使保管物发生所期望的变化。

加工/延迟加工功能，是指把产品的最后一道工序一直推迟到需求该产品时为止。例如，HP（惠普）公司生产的打印机销往世界各地，由于发往全世界不同地方的打印机，其在说明书、电源、包装材料等方面都有特殊要求，如果在生产过程中就完成最终发送到客户的包装，则会出现某些包装的产品缺货，而另一些包装的产品货物积压的情况。HP 公司针对此类问题采用延后处理模式，即将包装环节放在配送中心进行，销售部门在收到客户订单后，通知配送中心，再根据客户要求，选择相应的说明材料、电源和包装材料，完成最终产品的生产工序。

知识链接：延迟在物流中的含义

阅读案例：戴尔实施延迟制造的现状

2. 整合功能

仓库接收来自一系列制造工厂送往某一特定顾客的材料，然后把它们整合成单一的一票装运，其好处是有可能实现最低的运输费率，并减小在某收货站台处发生拥塞的概率。仓库既可以单独为一家厂商提供整合服务，也可以同时为几个不同的厂商提供整合服务。仓储的整合功能如图 1–2 所示。

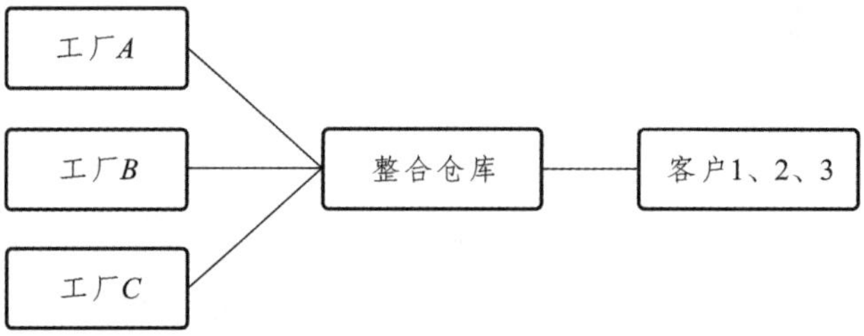

图 1-2　仓储的整合功能

3．分类和转运功能

分类就是将来自制造商的组合订货分类或分割成个别订货，然后安排适当的运力运送到制造商指定的个别客户。从多个制造商处运来整车的物资，在仓库收到物资后，如果物资有标签，就按客户要求进行分类；如果没有标签，就按地点分类，然后物资不在仓库停留，直接装到运输车辆上，装满后运往指定的零售店。仓储的分类转运功能如图 1-3 所示。

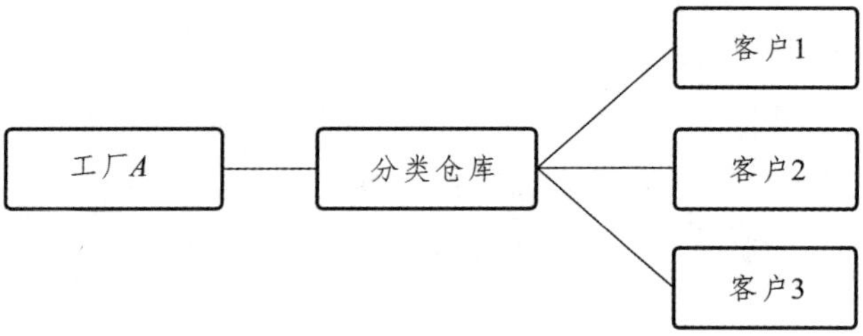

（a）　分类作业

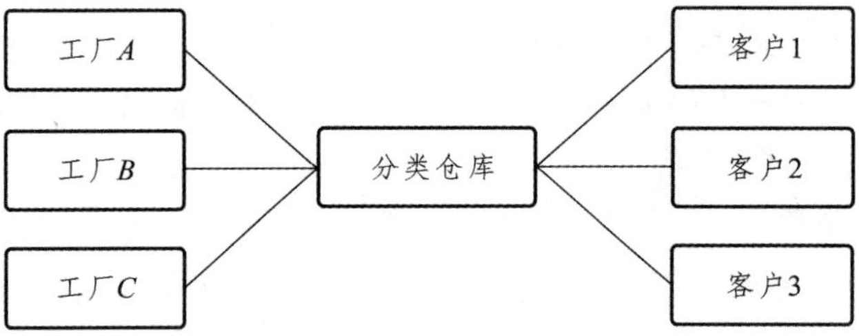

（b）转运作业

图 1-3

（三）社会功能

仓储的社会功能包括调整供需功能、信息的传递、衔接商品流通功能等。

1．调整供需功能

调整供需功能包括调整时间功能与调整价格功能。调整时间功能表现为：一般情况下，生产与消费之间会产生时间差，通过储存，可以克服商品产销时间差，比如季节性生产但全年消费的大米；价格调整功能表现在，生产和消费之间也会产生价格差，供过于求、供不应求都会对价格产生影响，因此通过仓储活动可以克服商品在产销量上的不平衡，达到调控价格的目的。

2. 信息的传递

任何产品的生产都必须满足社会的需要，生产者应当把握市场需求动向，例如，通过使用电子数据交换系统（EDI）或条码技术，来提高仓库物品的信息传递速度和准确性，通过互联网及时地了解仓库的使用情况和物品的存储情况。社会仓储产品的变化是了解市场需求极为重要的途径。仓储量减少，周转量加大，表明社会需求旺盛；反之则为需求不足。厂家存货增加，表明其产品需求减少或竞争力降低，或者表明生产规模不合适。现代企业生产特别重视仓储环节的信息反馈，将仓储量的变化作为决定生产的依据之一。围绕着仓储实体活动，还会产生报表、单据账目、会计核算信息等单证的流动，因此仓储是物流、信息流、单证流的综合体。

3. 衔接商品流通功能

仓储是商品流通的必要条件，为保证商品流通过程的连续进行，必须得有仓储活动。通过仓储，可以防范突发事件发生，保证商品的顺利流通（如运输被延误、卖主缺货等情况）。对供货仓库而言，这项功能的存在是非常重要的，因为原材料供应的延迟将导致产品生产流程的延迟。

三、仓储的作用

一般而言，现代仓储管理不仅要保管好库存物资，做到数量准确、质量完好、确保安全、收发迅速、面向生产，还要服务周到、降低费用、加速资金周转。所以，在经济尤其是物流生活中，仓储管理发挥着越来越大的作用。

（1）对现代经济建设来说，现代仓储管理是保证社会再生产顺利进行的必要条件，是国家满足急需特需物资需求的保障。如果失去了仓储储备，就难以应付突发的自然灾害、战争等人力不可抗拒的情况，就难以保证国家的安全和社会的稳定。

（2）对流通领域来说，现代仓储管理是平衡市场供求关系、稳定物价的重要条件，既是物资供销管理工作的重要组成部分，也是保持物资原有使用价值的重要手段。

（3）对企业经营来说，仓储可以调节在采购、生产、销售环节之间由于供求品种及数量的不一致而发生的变化，使企业经营环节相对独立的经济活动连接起来，从而起到润滑剂的作用。

四、仓储的分类

（一）按仓储经营主体划分

1. 自有型仓储

自有型仓储是指生产或流通企业自用的仓储，不具有独立性、不对外经营，仅仅为企业的产品或商品经营活动服务。一般来讲，它的规模较小、数量多、储存对象较为单一、专用性强。生产企业主要为满足生产和产成品存放的需要，流通企业主要为支持销售的需要。

2．营业型仓储

营业型仓储是指仓储经营人按照仓储业管理条例取得营业许可，仓储经营人与存货人通过订立仓储合同的方式建立仓储关系，以其拥有的仓储设施，向社会提供商业性仓储服务，包括提供货物仓储服务和提供仓储场地服务，收取仓储费。

3．公共型仓储

公共型仓储是指为社会物流服务的公共仓库，属于公共服务的配套设施，是政府部门、公用事业部门等修建的为社会提供存储服务的仓库，如政府修建的粮食仓库以及火车站、码头等。对于企业而言，公共仓库主要用作暂时性的物品中转存放点。

4．战略储备仓储

战略储备仓储指国家根据国防安全、社会稳定的需要，对战略物资实施储备而建设的仓储。战略储备由国家政府进行控制，通过立法、行政命令的方式进行。战略储备特别重视储备品的安全，且储备时间较长。战略储备物资主要有粮食、能源、油料、有色金属和淡水等。

（二）按仓储保管条件划分

1．普通物品仓储

普通物品仓储，是指常温下的一般仓库，用于存放一般性物品，对于仓库没有特殊的要求，只需一般通用的库房和堆场，用于存放普通货物，如一般的金属材料仓库、机，电产品仓库等。此类仓库的设施设备较为简单，按照通常的货物装卸和搬运方法进行仓库作业。在物品流通的仓库中，这类仓库所占比重最大。

2．专门物品仓储

专门物品仓储，负责保管特定种类的货物，如砂糖、烟草、饮料、酒和粮食等物品。当物品受到环境等自然条件的影响，有可能发生变质或减量，并且由于某些物品本身的性质，容易对一起保管的其他物品产生不良影响，因此要求建立相应的专门仓库。与普通仓库不同的是，专门物品仓库配有防火、防潮、防虫和通风等设备。

拓展阅读：2021年中国冷库市场现状及发展趋势预测分析

3．特殊物品仓储

特殊物品仓储，是保管那些具有特殊性能并需要特殊保管的物品。由于这类仓库在保管物品时必须装有特殊设备，因此在建筑结构、保管、出入库设备等方面都与普通仓库有所不同。如冷冻物品仓库、石油仓库、化学危险品仓库等均属于这类仓库。

（三）按仓储功能划分

1．储存型仓储

储存型仓储主要是对货物进行保管和维护，一般存放期较长，储存物资较为单一，品种少，但存量大。

2．物流中心仓储

物流中心仓储是以物流管理为目的的仓储活动，是从事物流活动的场所和组织。主要从商品储存、装卸搬运、包装作业、拣选作业和商品验收等方面为社会提供服务；物流功能健全，具有完善的信息网络，辐射范围大，品种少、批量大，存储吞吐能力强。如北方物流集散地天津新港、河北十大物流园区、石家庄国际物流园区等。

阅读案例：沃尔玛配送中心的运作模式

3．配送中心仓储

配送中心仓储是向市场或直接向消费者配送商品的仓储，一般在商品的消费经济区间内进行。其特点是主要面向特定用户服务；配送为主，存储为辅；辐射范围小；品种多、批量小。例如家乐福配送中心、沃尔玛配送中心等。

4．中转仓储

中转仓储处于货物运输系统的中间环节，主要存放待转运的货物，以保证不同运输方式的高效衔接，特别注重货物的周转作业效率和周转率。如港口、车站库场所进行的仓储。

[任务实施]

1．仓储活动对社会生产对消费需求起到了哪些作用？

2．调查不同的企业类型，列举仓储活动重点并对仓储活动存在的原因进行分析。

企业类型	企业名称（举例）	重点的仓储活动	仓储活动存在的原因
生产企业			
零售企业			
批发企业			
仓储式超市			
物流中心			

3. 分析以下仓储活动属于哪种类型？

（1）京东自建仓库进行商品的仓储。

（2）上汽通用汽车公司将华东的仓储配送业务外包给地方物流公司。

[拓展知识]

见二维码内容。

中国古代仓储的发展

任务二

熟悉仓储管理基本要素

[任务导入]

仓储业作为社会经济活动中的一个行业，其管理既具有一般企业管理的共性，又能体现出其本身的管理特点。以物流系统功能的整体观念来看，仓储管理不仅是对仓储业务活动与作业过程的管理，也包括仓储的战略规划和以仓库定位为中心的物流网络设计与物流节点布局。

具体涉及以下几方面的内容：仓储网点的布置和选址，仓储设施的选择，仓库规模的确定，仓储商务管理，特殊物品的仓储管理，库存货源组织，仓储计划，仓库作业，货物包装和养护，仓库治安、消防和生产安全，仓储经济效益分析，仓储货物的保税制度和政策，库存控制与管理，仓储管理中信息技术的应用以及财产系统优化等。

本次学习任务：

1. 掌握仓储管理的概念。

2. 熟悉仓储企业的组织结构类型、仓储岗位设置及职责、仓储设施设备使用规范及管理制度、仓储商务管理以及仓储安全管理。

[相关知识]

一、仓储管理的基础知识

（一）仓储管理的含义

仓储管理是指对仓库和仓库储存物料所进行的管理，是仓储机构为了充分利用自己具有的仓储资源提供高效的仓储服务所进行的计划、组织、指挥、控制和协调的过程。

具体来说，仓储管理包括仓储资源的获得、经营决策、商务管理、作业管理、仓储保管、安全管理、人事管理、经济管理等一系列管理工作。其目标是实现仓储合理化。

（二）仓储管理的内容

仓储管理主要包括以下内容：设置高效率的组织管理机构，仓储设施的选择，仓储商务管理，合理组织仓储生产，仓库治安、消防和生产安全，仓储经济效益分析，仓储管理中信息技术的应用等。

（三）仓储管理的任务

1．仓储管理的宏观任务

仓储管理的宏观任务包括设置高效率的组织管理机构、以市场化手段配置仓储资源、积极开展商务活动、合理组织仓储生产、树立良好的企业形象、努力提高仓储管理水平、着力提升职工素质等几个方面的内容。

2．仓储管理的微观任务

仓储管理的微观任务是提高仓储企业的效率，降低储运成本，减少仓储损耗，具体表现在以下几个方面。

（1）合理组织收发，保证收发作业准确、迅速、及时，使供货单位及用户满意。

（2）采取科学的保管、保养方法，创造适宜的保管环境，提供良好的保管条件，确保在库物资数量准确、质量完好。

（3）合理规划并有效利用各种仓储设施，做好革新改造，不断扩大储存能力，提高作业效率。

（4）积极采取有效措施，保证仓储设施、库存物资和仓库职工的人身安全。

（5）搞好经济管理，开源节流，提高仓储企业的经济效益。

（四）仓储管理的原则

1．效率的原则

效率是指一定的产品产出量与一定的劳动要素投入量之比。较小的劳动要素投入和较高的产品产出量才能实现高效率。高效率是现代生产的基本要求，仓储经营的目标是要实现仓储经营活动的“快进、快出、多仓储、保管好、费用省”。

2．效益的原则

作为参与市场经济活动主体之一的仓储业，也应围绕获得最大经济效益的目的进行组织和经营。同时还需要承担部分社会责任，履行保护环境、维护社会安定、满足社会不断增长的需要等社会义务，实现相应的社会效益。

3．服务的原则

仓储活动本身就是向社会提供服务产品。服务是贯穿在仓储中的一条主线，仓储的定位布点、仓储具体操作、对储存货物的控制等都是围绕着服务进行的。仓储管理就是围绕服务定位开展的关于如何提高服务、改善服务、提高服务质量的管理，包括直接的服务管理和以服务为原则的生产管理。仓储的服务水平与仓储经营成本有着密切的相关性。

二、组织结构与人员配备

（一）组织结构类型

随着现代企业组织结构形式的不断演变，仓储企业的组织结构形式也在不断发生变化，下面是几种典型的仓储企业组织结构形式。

1．直线制组织结构形式

直线制组织结构形式是一个上级直接管理多个下级的一种组织结构形式，如图 1-4 所示。

优点：从上到下垂直领导，不设行政职能部门，组织精简，指令传达迅速，责任权限明确，仓储企业主管的管理意图得到充分执行。

缺点：管理中的各种决策易受管理者自身能力的限制，对管理者的要求较全面，在业务量大、作业复杂的情况下，仓储企业主管会感到压力太大，力不从心。

因此，这种组织结构形式适合于仓库规模小、人员不多、业务简单的小型仓储企业。

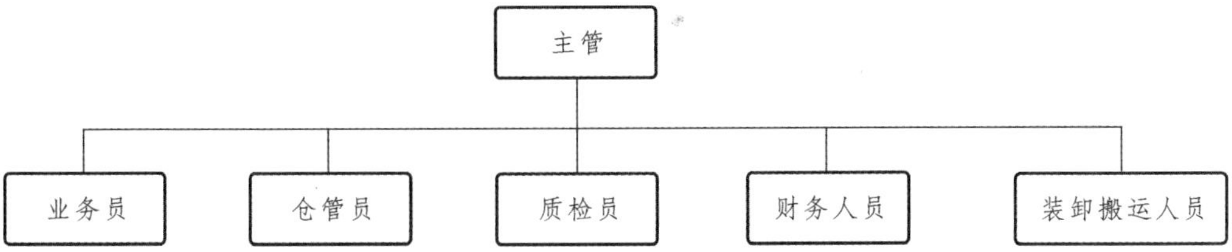

图 1-4　直线制组织结构形式

2．直线职能制组织结构形式

直线职能制组织结构形式是在直线制的基础上加上职能部门，各职能部门分管不同专业，这些职能结构都是某种职能的组合体，如图 1-5 所示。

优点：克服了直线制组织结构形式中管理者的精力和工作时间有限的缺点。

缺点：各职能部门之间有时会发生矛盾，因此要密切配合。

这种组织结构形式被大中型仓储企业普遍采用，是一种较有效的形式。

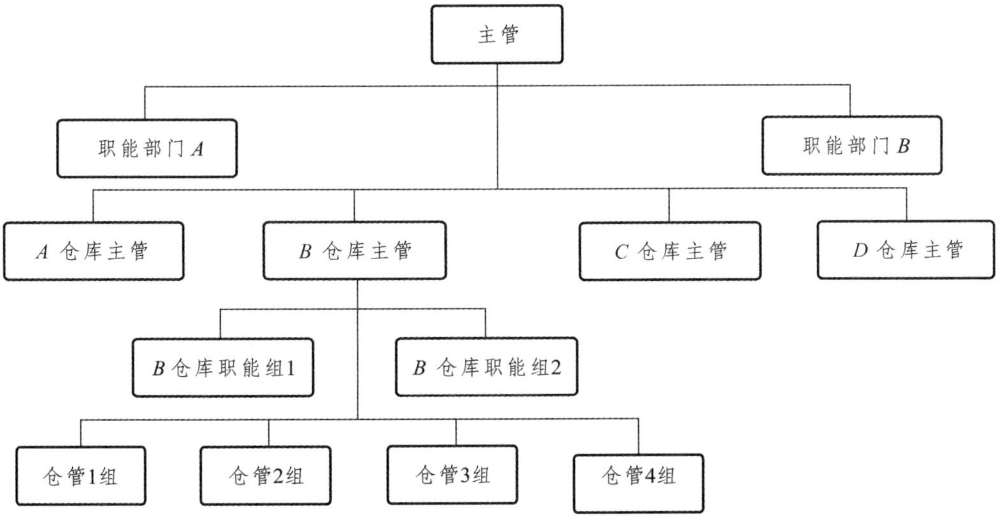

图 1-5　直线职能制组织结构形式

3．事业部制组织结构形式

事业部制组织结构形式是一种较为复杂的仓储组织结构形式，如图 1-6 所示。它是在总公司领导下，以某项职能（或某项目）为事业部，实行统一管理、分散经营的管理方法。

优点：管理决策程序完善，运行效率高，各事业部内部管理权力相对集中，有独立经营管理的能力。

这种组织结构形式适合大型仓储企业。

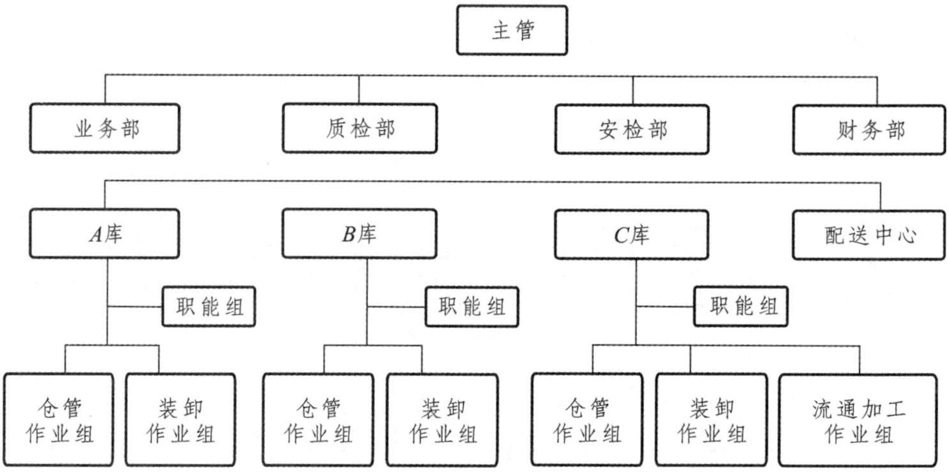

图 1-6　事业部制组织结构形式

（二）仓储企业人员的配置

1．仓储作业人员组成

仓储作业人员按工作性质分为以下三类。

（1）与货物收、存、发直接相关的仓储作业人员。

主要有理货员、分拣员、搬运员等。理货员和分拣员主要负责仓库日常业务管理，如接货、验货、入库、分拣、储存、出库等工作。搬运员负责货物搬运方案的选择与实施。

（2）协调工作顺利进行的管理人员。

主要有仓储主管、业务员（制单员、营销员）、财会人员等。仓储主管是仓库的主要负责人，负责仓库的全面工作。业务员负责业务推广、咨询洽谈、客户服务和业务办理。财会人员负责业务结算、经济活动分析，为企业管理者的业务决策提供财务信息支持。

（3）服务人员。

主要有设备操作、维修、后勤服务人员等。在工作人员的配备上，力求做到人尽其才，才尽其用。

2. 仓储管理人员基本素质要求

（1）业务素质。

要有一定的文化知识基础，较好地掌握仓储管理的专业知识；熟悉仓储企业的作业流程、理货与装卸搬运的技术特点；了解常见货物的化学、物理特性、体积、外观以及检验、保管、养护、包装、运输等要求；具有现代仓储管理技能和管理意识，掌握一些实用的现代化管理方法。

（2）能力素质。

要有分析判断能力市场预测能力；要有交际沟通能力、灵活应变能力；善于思考，勇于创新工作方式方法。

（3）身体素质。

仓储管理工作有时要求仓管人员昼夜轮班，工作比较辛苦，所以要求仓管人员身体健康，能吃苦耐劳，精力充沛。

3．仓储主管的素质要求

（1）有较强的组织管理能力，熟悉仓储业务，能组织仓库的各项作业。

（2）具有前瞻性，有一定经营管理经验，不受现有的机构、制度和一些做法的约束，掌握现代仓库经营管理方法，能够创造合理化的物流条件。

（3）善于沟通，协调能力强，具有系统的思考能力。

（4）了解现代人力资源管理知识，能激发员工的工作热情和团队精神。

（5）熟悉电脑操作，能运用现代化管理手段进行作业管理。

（6）具有一定的财务管理能力。能查阅财务报表，进行经济核算、成本分析，正确掌握仓储经济信息，进行成本管理。

（7）良好的身体和心理素质，能胜任繁重的脑力劳动和竞争压力。

4．理货员的素质要求

（1）熟悉现代仓储管理基础知识，熟练掌握仓库管理作业程序及各项管理规定。

（2）具有丰富的商品知识。对于所经营的商品要充分熟悉，掌握其理化性质和保管方法，要能针对性地采取管理措施。

（3）掌握现代仓储管理的技术和手段，能熟练运用现代信息技术进行作业。

（4）熟悉仓储设备，能合理和高效地安排使用仓储设备。

（5）良好的协调沟通能力，善于协调各种工作关系，发挥团队协作的作用。

5．对仓库保管员的要求

（1）认真贯彻仓库保管工作的方针、政策、体制和法律法规，树立高度的责任感，忠于职守，廉洁奉公，热爱仓库工作，具有敬业精神；树立为客户服务、为生产服务的观点，具有合作精神；树立讲效率、讲效益的思想，关心企业的经营。

（2）严格遵守仓库管理的规章制度和工作规范，严格履行岗位职责，及时做好物资的入库验收、保管保养和出库发运工作；严密遵守各项手续制度，做到收有据、发有凭，及时准确登记销账，手续完备，账物相符，把好收、发、管三关。

（3）熟悉仓库的结构、布局、技术定额，熟悉仓库规划；熟悉堆码、苫垫技术，掌握堆垛作业要求；在库容使用上做到：妥善安排货位，合理、高效地利用仓容，堆垛整齐、稳固，间距合理，方便作业、清数、保管、检查、收发。

（4）熟悉仓储物资的特性、保管要求，能有针对性地进行保管，防止物资损坏，提高仓储质量；熟练地填写表账、制作单证，妥善处理各种单证业务；了解仓储合同的义务约定，完整地履行义务；妥善处理自然灾害对仓储物资的影响，防止和减少损失。

（5）重视仓储成本管理，不断降低仓储成本。妥善保管好剩料、废旧包装，收集和处理好地脚货，做好回收工作；用具、苫垫、货板等妥善保管、细心使用，促使使用寿命延长；重视研究物资仓储技术，提高仓储利用率，降低仓储物耗损率，提高仓储的经济效益。

（6）加强业务学习和训练，熟练地掌握计量、衡量、测试用具和仪器的使用；掌握分管物资的特性、质量标准、保管知识、作业要求和工艺流程；及时掌握仓库管理的新技术、新工艺，适应仓储自动化、现代化、信息化的发展，不断提高仓储的管理水平；了解仓库设备和设施的性能和要求，督促设备维护和维修。

（7）严格执行仓库安全管理的规章制度，时刻保持警惕，做好防火、防盗、防破坏、防虫鼠害等安全保卫工作，防止各种灾害和人身伤亡事故，确保人身、物资、设备的安全。

知识链接：不同企业对仓储管理及其人员的要求

6. 仓储管理人员职业道德

（1）以客户服务为中心。对客户有礼貌，要以各种方式维系好客户，如回访、交际和公关活动。

（2）高度诚信。要严格按照物流法律法规执行作业，忠诚于客户利益。

（3）良好的行为规范。包括语言规范及各项文件的规范。

（4）高效率的团队精神。员工之间要理解、包容，讲求合作精神。

（5）持续的竞争力。要有良好的管理技能、物流技能、商业技能。

三、仓储设备

微课：仓库设备

仓储设备的配置是仓储系统规划的重要内容，关系到仓库建设成本和运营费用，更关系到仓库的生产效率和效益。作为仓库管理人员，应知应会，合理选择和使用仓储设备。仓储设备是指仓储业务所需的所有技术装置与机器，即仓库进行生产作业或辅助生产作业以及保证仓库及作业安全所必需的各种机械设备的总称。

（一）仓储设备合理配置

根据仓储的功能、存储对象、环境要求等确定主要设备的配置。具体见表 1-1。

表 1-1　仓储设备的配置

功能要求	设备类型
存货、取货	货架、叉车、堆垛机械、起重运输机械等
分拣、配货	分拣机、托盘、搬运车、传送机械
验货、养护	检验仪器、工具、养护设施等
防火、防盗	温度监视器、防火报警器、防盗报警设施等
流通加工	所需的作业机械、工具等
控制、管理	计算机及辅助设备等
配套设施	站台、轨道、道路、场地等

（二）仓储设备的选择原则

（1）仓储机械设备的型号应与仓库的作业量、出入库作业频率相适应。

（2）计量和搬运作业同时完成。

（3）选用自动化程度高的机械设备。

（4）注意仓储机械设备的经济性。

（三）常用的仓储装卸搬运设备

目前，我国仓库中所使用的装卸搬运设备通常可以分成三类，即装卸堆垛设备、搬运输送设备和成组搬运工具，如：堆垛机、输送机、叉车、起重机。

1．　堆垛机

堆垛机是专门用来堆码或提升货物的机械。在仓库内广泛使用的堆垛机主要有有轨堆垛机、无轨堆垛机等类型，如图 1-7 和图 1-8 所示。

图 1-7 有轨堆垛机

图 1-8 无轨堆垛机

2．输送机

输送机是一种连续搬运货物的机械。

输送机的特点是在工作时连续不断地沿同一方向输送散料或者重量不大的单件物品，装卸过程无须停车。其优点是生产率高、设备简单、操作简便；缺点是一定类型的连续输送机只适合输送一定种类的物品，不适合搬运很热的物料或者形状不规则的单件货物；只能沿一定线路定向输送，因而在使用上具有一定局限性。

根据用途和所处理货物形状的不同，输送机常见的类型有带式输送机和辊子输送机，如图 1-9 和图 1-10 所示。

图 1-9 带式输送机

图 1-10 辊子输送机

此外，还有链式输送机、螺旋式输送机、移动式输送机、固定式输送机、重力式输送机和电驱动式输送机等多种类型。

3．叉车

叉车在仓储作业过程中，是比较常用的装卸设备，有万能装卸机械之称。叉车的类型很多，按照其动力类型不同分类，可划分为电瓶和内燃机两大类内燃机的燃料又分为汽油、柴油和天然气三种；按其基本构造不同分类，又可分为平衡重式叉车、前移式叉车、侧叉式叉车等，如图 1-11~1-13 所示。

图 1-11 平衡重式叉车

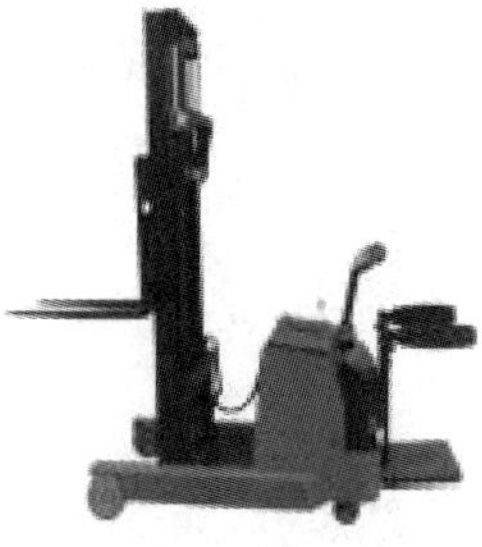

图 1-12 前移式叉车

图 1-13 侧叉式叉车

4．起重机

起重机是在采用输送机之前曾被广泛使用的具有代表性的一种搬运机械，它是指将货物吊起，在一定范围内做水平运动的机械。起重机按照其所具有的机构、动作繁简程度以及工作性质和用途，可以归纳为简单起重机械、通用起重机械和特种起重机械三种。

（四）仓储保管设备

1．保管设备

保管设备是用于保护仓储商品质量的设备，包括以下几项。

（1）苫垫用品。

苫垫用品包括苫布（篷布、油布、塑料布等）、苫席、枕木（楞木、垫木）、垫仓架、水泥条、花岗石块等。主要用于露天货物堆放商品的苫垫以及底层仓库的衬垫，具有防尘、防晒、防雨、防风、防潮等作用。

（2）存储用具。

存储用具包括各种类型的货架。常用的有以下几种。

① 托盘货架。

托盘式货架是使用最广泛的托盘类货物存储系统，通用性较强。其结构是货架沿仓库的宽度方向分成若干排，其间有一条巷道，供堆垛起重机、叉车或其他搬运机械运行，每排货架沿仓库纵长方向分为若干列，在垂直方向又分成若干层，从而形成大量货格，便于用托盘存储货物，如图 1-14 所示。

② 悬臂式货架。

悬臂式货架为边开式货架的一种，可以在架两边存放货物，适合存储长、大件货物和不规则货物，诸如钢铁、木材、塑料等，其前伸的悬臂具有结构轻巧、载重能力强的特点。如果增加隔板，特别适合空间小、高度低的库房，管理方便。悬臂式货架同样可以实现多层应用，如图 1-15 所示。

图 1-14 托盘式货架

图 1-15 悬臂式货架

③ 货格式货架。

货格式货架是由一个个货格组成的，在存储时，避免了货物的相互挤压，每个货物是独立的单元，可以实现货物的先进先出。货格式货架是立体仓库货架的主要形式，如图 1-16 所示。货格式货架是最常用的一种货架，在自动化仓库中被广泛应用。货格式货架由货格所组成，根据货格的多少，可以将自动化仓库分为大型仓库、中型仓库和小型仓库。

④ 移动式货架。

移动式货架的货架底部装有滚轮，开启控制装置后，滑轮可以沿轨道滑动。移动式货架平时可以密集相连排列，存取货物时通过手动或电动控制装置驱动货架沿轨道滑动，形成通道，从而大幅度减少通道面积，仓库面积利用率可以达到 80%，但由于成本较高，主要在档案管理等重要或贵重物品的保管中使用，如图 1-17 所示。

⑤ 驶入/驶出式货架。

一般的自动化仓库，有轨或无轨堆垛机的作业通道是专用的，在作业通道上不能储存货物。驶入/驶出式货架仓库的特点是作为托盘单元货物的储存，货位与叉车的作业通道是合一的、共同的，这就大大提高了仓库的面积利用率。驶入/驶出式货架采用钢结构，立柱上有水平突出的构件，叉车将托盘货物送入，由货架两边的构件托住托盘。驶入式货架只有一端可供叉车进出，而驶出式货架可供叉车从中通过，非常便于作业，如图 1-18 所示。

⑥ 旋转式货架。

旋转式货架又称为回转式货架。在拣选货物时，取货者不动，通过货架的水平、垂直或立体方向回转，货物随货架移动到取货者的面前。它是适应目前生产及生活资料由少品种大批量向多品种小批量发展趋势而发展起来的一类现代化保管储存货架。如图 1-19 所示。

图 1-16 货格式货架

图 1-17 移动式货架

图 1-18 驶入/驶出式货架

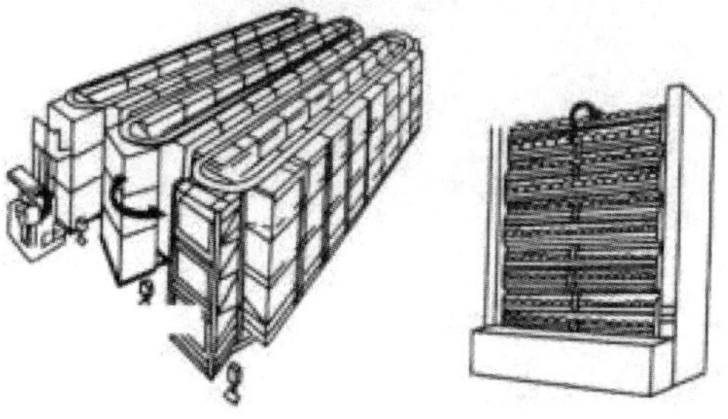

图 1-19 旋转式货架

⑦ 阁楼式货架。

阁楼式货架适用于场地有限、品种繁多、数量少的情况，其底层货架不但是保管物料的场所，还是上层建筑承重梁的支撑，使承重梁的跨距大大减小，建筑费用也大大降低。阁楼式货架也适用于现有旧仓库的技术改造，配合使用升降机操作，可以大大提高仓库的空间利用率，如图 1-20 所示。

（a）两层　　（b）多层

图 1-20 阁楼式货架

⑧ 货橱等。

主要用于存放批量小、拆零、贵重等物品，具有易点数、提高仓容利用率等特点。

（3）辅助用具。

（4）辅助用具主要包括平面托盘和立桩折叠式托盘两种。这两种托盘辅助于叉车装卸作业。主要用于体积小或质量比较大的商品，具有点数方便、装卸简便等特点。

2．托盘

托盘是用于集装、堆放、搬运和运输的放置作为单元负荷的货物和制品的水平平台装置。在平台上集装一定数量的单件货物，并按要求捆扎加固，组成一个运输单位，便于运输过程中使用机械进行装卸、搬运和堆存。常用的托盘主要有平板托盘（见图 1-21）、箱式托盘（见图 1-22）、柱式托盘（见图 1-23）、物流台车（见图 1-24）、特种专用托盘。

图 1-21 平托盘

图 1-22 箱式托盘

图 1-23 柱式托盘

图 1-24 物流台车

四、仓储商务管理

（一）仓储合同的定义及特征

1．仓储合同的定义

《中华人民共和国合同法》（以下简称《合同法》）第 38 条指出，仓储合同是保管人储存存货人交付的仓储物，存货人支付仓储费的合同。提供仓储保管服务的一方称保管人，接受储存保管服务并支付报酬的一方称为存货人。仓储合同是保管合同的一种特殊类型，是由保管人提供场所存放存货人的货物，仓储管理人只收取仓储费和劳务费的合同。

小看板 托盘的标准化

2．仓储合同的特征

（1）仓储保管人必须是拥有仓储设备并具有从事仓储业务资格的人。

仓储是一种商业行为，有无仓储设备是仓储保管人是否具备营业资格的重要表征。仓储设备是指可以用于储存和保管仓储物的设施。从事仓储业务资格是指仓储保管人必须取得专门从事或者兼营仓储业务的营业许可。

中华人民共和国合同法——保管合同

（2）仓储保管的对象须为动产，不动产不能成为仓储合同中的标的物。

与一般保管合同的标的物必须是特定物或特定化了的种类物不同的是，作为仓储物的动产不限于特定物，也可以是种类物。若为特定物，则储存期限届满或依存货人的请求返还仓储物时须采取原物返还的方式；若为种类物，则只需返还该种类的相同品质、相同数量的替代物。

中华人民共和国合同法——仓储合同

（3）存货人的货物交付或返还请求权以仓单为凭证。

仓单具有仓储物所有权凭证的作用。作为法定的提取或存入仓储物的书面凭证，仓单是每一份仓储合同中必备的，是仓储合同中最重要的法律文件之一。

（4）仓储合同是双务、有偿、诺成合同。

仓储合同的双方当事人互负给付义务，一方提供服务，另一方给付报酬和其他费用。诺成合同指双方意思表示一致即可成立的合同。通常认为，只要存货人与仓储保管人就仓储货物达成意思表示一致，仓储合同即告成立并生效，并不以仓储物的实际交付为生效要件。

3．仓储合同与保管合同的区别

仓储合同属于保管合同的一种类型，它既具有保管合同的基本特征，同时又具有一定的特殊性，它与保管合同既有区别又有联系，两者的区别如表 1-2 所示。

表 1-2 仓储合同与保管合同的区别

项目	仓储合同	保管合同
保管人资格	具备仓储业务资格	无特定要求
生效时间	自合同成立之时起	发生实际交付之时
是否有偿	有偿	有偿或无偿
保管物	特定物或非特定物	特定物
承担责任	承担过错责任	存在重大过失时承担责任

（二）仓储合同的种类

1．保管式仓储合同

仓库经营人提供完善的仓储条件，接受存货人的仓储物进行保管，保管期满将原先收取保管的仓储物原样交还给存货人而订立的合同为保管仓储合同。仓储合同的仓储物为确定物，保管人需原样返还。

2．混藏式仓储合同

（1）混藏式仓储的含义。

混藏仓储是指存货人将一定品质、数量的储存物交付给仓储经营人储存，在储存保管期限届满时，仓储经营人只需以相同种类、相同品质、相同数量的替代物返还的一种仓储经营方法。

这种仓储方式常见于粮食、油品、矿石等对品质无差别、可以准确计量的物品。在混藏仓储经营中，仓储经营人应寻求尽可能控制品种数和大批量混藏的经营模式，从而发挥混藏仓储的优势。混藏仓储经营方法的收入主要来源于仓储保管费，存量越多、存期越长，收益越大。

（2）混藏仓储的经营特点。

① 混藏式仓储是成本最低的仓储方式。

当存货人基于物品之价值为保管目的而免去保管人对原物的返还义务时，仓储经营人既减轻了义务负担，又扩大了保管物的范围。混藏仓储可在保管仓储的基础上，降低仓储成本，通过混藏的方式使仓储设备投入最少、仓储空间利用率最高，从而降低仓储成本。此外，种类物混藏的方式便于统一仓储作业、统一养护、统一账务处理等管理，从而提高效率，降低经营成本。

② 有利于加快仓储物资流通。

混藏仓储配合以先进先出的运作方式使得仓储物资加快流通，有利于减少耗损和过期变质等风险。

3．消费式仓储合同

消费仓储是指存货人不仅将一定数量、品质的储存物交付仓储经营人储存，而且双方约定将储存物的所有权也转移到仓储经营人处，在合同期届满时，仓储经营人以相同种类、相同品质、相同数量替代物返还的一种仓储经营方法。

存货期间的物品所有权由保管人掌握，保管人可以对物品行使所有权。消费保管的经营人一般具有物品消费能力，如面粉加工厂的小麦仓储、加油站的油库仓储、经营期货交易的保管人等。消费式仓储合同涉及仓储物所有权转移到保管人，保管人需要承担所有人的权利和义务。

消费仓储经营人的收益主要来自对仓储物消费的收入，当该消费的收入大于返还仓储物时的购买价格时，仓储经营人就会获得经营利润。反之，消费收益小于返还仓储物时的购买价格时就不会对仓储物进行消费，而依然是原物返还。在消费仓储中，仓储费收入是次要收入，有时甚至采取零仓储费的结算方式。消费仓储的开展使得仓储财产的价值得以充分利用，提高了社会资源的利用率。

> 想一想
>
> 混藏式仓储与消费式仓储有何异同？

4．仓库租赁合同

仓库租赁是指仓库所有人将所拥有的仓库以出租的方式开展仓储经营，由存货人自行保管物品的仓储经营方式。仓储人只提供基本的仓储条件，进行一般的仓储管理，如环境管理、安全管理等，并不直接对所存放的物品进行管理。仓库租赁合同严格意义上来说不是仓储合同，只是财产租赁合同，但是由于出租方具有部分仓储保管的责任，所以具有仓储合同的一些特性。

中华人民共和国合同法——租赁合同

进行仓库租赁经营时，出租方最主要的一项工作是签订一个仓库租赁合同，在合同条款的约束下进行租赁经营，取得经营收入。仓库出租经营既可以是整体性的出租，也可以采用部分出租、货位出租等分散出租方式。目前采用较多的是部分出租和货位出租方式。

（三）仓储合同的订立

1．合同磋商

（1）要约、承诺方式。

要约是指向特定人发出的订立合同的意思表示。仓储合同的要约是指存货人或仓储人任何一方当事人向另一方发出订立合同的意思表示。要约的内容必须具体，至少包括仓储物的名称、数量、质量、储存时间等。

承诺是指受要约人完全同意要约的意思表示。存货人或仓储人作为受要约人对要约内容的任何扩充、限制或者其他变更都只能构成一份新要约，而非有效的承诺。

例如，某渔业公司向某冷库发出一份函电："带鱼 50 吨，欲存于贵库，费用 2 000 元/天，如同意，请一周内答复"。

要约邀请是指希望他人向自己发出要约的意思表示。仓库销售人员向其他公司寄送价目表或商业宣传广告等即为要约邀请。

（2）交叉要约。

交叉要约是指订约当事人采取非直接对话的方式，相互不约而同地向对方发出内容相同的要约。例如，A 公司向 B 发出要约：货物 1 000 吨，期限 1 个月，费用 3 000 元。同时 B 向 A 公司称：自己有仓库一间，可储存货物 1 000 吨，期限 1 个月，费用 3 000 元。双方的意思表示在内容上完全一致，且表示已经送达对方，则仓储合同成立。

（3）承诺意思实现。

当存货人向要约方发运货物，或保管人开始对货物实施保管等事实行为出现之时，即表明仓储合同成立。

在以下情形，仓储合同成立：双方签署合同书；合同确认书送达对方；受要约方的承诺送达对方；公共保管人签发格式合同或仓单；存货人将仓储物交付保管人，保管人接受合同等。

2．仓储合同的主要条款

第一条 储存货物的名称、规格、数量、质量

第二条 货物包装

第三条 保管方法根据有关规定进行保管，或者根据双方协商方法进行保管

第四条 保管期限

第五条 验收项目和验收方法

第六条 入库和出库的手续办理

第七条 损耗标准和损耗处理

第八条 费用负担、结算办法

第九条 违约责任

第十条 不可抗力

第十一条 其他

3．仓储合同的生效和无效

合同的生效不同于合同的成立。合同成立后能否发生法律效力，能否产生当事人所预期的法律后果，非合同当事人所能完全决定，只有符合生效条件的合同才能受到法律

的保护。

（1）合同的生效要件。

合同的生效要件一般有：

① 当事人订立合同时具有相应的民事行为能力。

② 当事人各方意思表示真实。意思表示真实是构成有效合同的先决条件之一，一方在被欺诈、胁迫或者重大错误下订立的合同往往非其真实意思表示，属于无效或可撤销的合同。

③ 合同不违反法律或者社会公共利益。《合同法》第 7 条规定："事人订立、履行合同，应当遵守法律、行政法规，尊重社会公德，不得扰乱社会经济秩序，损害社会公共利益。"

（2）合同无效的情形。

已订立的合同由于违反了法律规定，应被认定为无效，视为无效合同。由人民法院或仲裁机构、工商行政机关认定，可以认定为合同整体无效或者部分无效，可以采取变更或者撤销的方式处理；合同无效可以在合同订立之后、履行之前、履行之中或者履行之后认定。

导致合同无效的情形有：

① 一方以欺诈、胁迫手段订立合同，损害国家利益的仓储合同。

② 恶意串通，损害国家、集体或者第三人利益的仓储合同。

③ 以合法形式掩盖非法目的的仓储合同。

④ 损害社会公共利益的仓储合同。

⑤ 违反法律、法规及政府部门行政性强制性规定的仓储合同。

⑥ 无效代理的合同。

无论无效合同在什么时候认定都是无效的，也就是说因无效合同所产生的民事关系无效，并且可依法对造成合同无效的一方给予处罚。

案例阅读：五金公司与贸易货栈关于彩电仓储费的纠纷

（四）仓储合同履行

1．合同履行规定

合同法规定，合同的履行应遵守下列规定：

（1）当事人应当按照约定全面履行自己的义务。当事人应当遵循诚实信用原则，根据合同的性质、目的和交易习惯履行通知、协助、保密等义务。

（2）合同生效后，当事人就质量、价款或者报酬、履行地点等内容没有约定或者约定不明确的，可以协议补充；不能达成补充协议的，按照合同有关条款或者交易习惯确定。

（3）当事人就有关合同内容约定不明确，依照前条的规定仍不能确定的，适用下列规定：

① 质量要求不明确的，按照国家标准、行业标准履行；没有国家标准、行业标准的，按照通常标准或者符合合同目的的特定标准履行。

② 价款或者报酬不明确的，按照订立合同时履行地的市场价格履行；依法应当执行政府定价或者政府指导价的，按照规定履行。

③ 履行地点不明确，给付货币的，在接受货币一方所在地履行；交付不动产的，在不动产所在地履行；其他标的，在履行义务一方所在地履行。

④ 履行地点不明确，债务人可以随时履行，债权人也可以随时要求履行，但应当给对方必要的准备时间。

⑤ 履行方式不明确的，按照有利于实现合同目的的方式履行。

⑥ 履行费用的负担不明确的，由履行义务一方负担。

案例阅读：一起仓储合同纠纷案

2．仓储合同的变更和解除

（1）仓储合同的变更。

仓储合同的变更是指对已经合法成立的仓储合同的内容在原来合同的基础上进行修改或者补充。仓储合同的变更并不改变原合同关系，而是在原合同关系基础上的有关内容的修订。仓储合同的变更应具备下列条件:

① 原仓储合同关系依然存在，变更不改变合同的实质内容，即变更的基础在于原仓储合同的存在及实质内容的保留。

② 存货人与保管人必须就合同变更的内容达成一致。

③ 仓储合同的变更协议必须符合民事法律行为的生效要件。

仓储合同的变更程序类同于合同订立程序，即先由一方发出要约，提出变更之请求，另一方做出承诺，双方意思表示一致，变更成立。但是，受变更要约的一方必须在规定的期限内答复，这是与普通要约的不同之处。仓储合同变更后，被变更的内容即失去效力，存货人与保管人应按变更后的合同来履行义务，变更对于已按原合同所作的履行无溯及力，效力只及于未履行的部分。任何一方当事人不得因仓储合同的变更而要求另一方返还在此之前所作的履行。仓储合同变更后，因变更而造成对方损失的，责任方应当承担损害赔偿责任。

（2）仓储合同的解除。

仓储合同的解除是指仓储合同订立后，在合同尚未履行或者尚未全部履行时，一方当事人提前终止合同，从而使原合同设定的双方当事人的权利、义务归于消灭。它是仓储合同终止的一种情形。

仓储合同解除的方式：存货人与保管人协议解除合同、出现法律规定的仓储合同解除条件而解除合同。

仓储合同解除的程序：仓储合同中享有解除权的一方当事人在主张解除合同时，必须以通知的形式告知对方当事人。只要解除权人将解除合同的意思表示通知对方当事人就可以发生仓储合同即时解除的效力，无须对方当事人答复，更无须其同意，对方有异议的，可以请求法院或者仲裁机构确认解除合同的效力，即确认行使解除权的当事人是享有合同解除权。原则上仓储合同的解除权人应以书面形式发出通知，便于举证自己已经尽了通知之义务。仓储合同的解除权人应当在法律规定或者与另一方当事人约定的解除权行使期限内行使解除权，否则，其解除权将归于消灭。

（3）仓储合同解除的法律后果。

① 终止履行。

仓储合同解除的法律效力就是使仓储合同关系消灭，使一切基于该仓储合同而发生的权利、义务关系终止。因此，当仓储合同解除后，其尚未履行的部分要终止履行。

② 采取补救措施。

仓储合同是提供储存与保管服务的合同，因此，合同的性质决定了保管人不可能在合同解除时要求存货人恢复原状，而只能要求对方采取折价补偿等方式来补救，如采取偿付额外支出的仓储费、保养费、运杂费等方式。不过，对于仓储物来说，由于其保管人一般仅转移占有权，因此存货人可以要求保管人恢复原状，原物返还。

③ 赔偿损失。

仓储合同解除后，存货人或者保管人应当承担因合同解除而给对方造成的损失，该项损失不能因为仓储合同的解除而免除。

五、仓储安全管理

（一）仓储安全作业的基本要求

仓储安全作业的基本要求包括以下两方面的内容：

1．人工作业的安全操作要求

由于人工作业方式受作业人员的身体素质、精神状况、感知能力、应急能力等多种因素的影响，因此必须做好作业人员的安全作业管理工作，具体要求如下。

（1）在合适的作业负荷条件下进行作业。

人工作业现场必须排除损害作业人员身心健康的因素；对于存在潜在危险的作业环境，作业前要告知作业人员，让其了解作业环境，尽量避免作业人员身处或接近危险因素和危险位置；人工作业仅限制在轻负荷的作业，不能超负荷作业，人力搬运商品时要注意商品标重。一般来说，男性员工不得搬举超过 80 kg 的商品，女性员工搬运负荷不得超过 25 kg，集体搬运时每个人的负荷不得超过 40 kg。

（2）尽可能采用人力机械作业。

人力机械承重也应在限定的范围内，如人力绞车、滑车、拖车、手推车等的承重不超过 500 kg。

（3）做好作业人员的安全防护工作。

作业人员要根据作业环境和接触的商品的性质，穿戴相应的安全防护用具，携带相应的作业用具，按照规定的作业方法进行作业。不得使用自然滑动、滚动和其他野蛮作业方式。作业时注意人工与机械的配合。在机械移动作业时，人员需避开移动的商品和机械。

（4）在适合作业的安全环境下进行作业。

作业前应使作业人员清楚作业的要求，让作业人员了解作业环境，指明危险因素和危险位置。

（5）作业现场必须设专人指挥和进行安全指导。

安全人员要严格按照安全规范进行作业指挥；指导作业人员避开不稳定货垛的正面、运行起重设备的下方等不安全位置进行作业；在作业设备调整时应暂停作业做适当避让；发现作业现场存在安全隐患时应及时停止作业，消除隐患后方可恢复。

（6）合理安排作息时间。

为保证作业人员的体力和精力，每作业一段时间应作适当的休息，如每作业 2 小时至少有 10 分钟休息时间，每作业 4 小时有 1 小时休息时间，同时还要合理安排吃饭、喝水等生理活动的时间。

2．机械作业的安全要求

机械作业的安全管理主要是注意机械本身的状况及可能对商品造成的损害，具体要求如下。

（1）在机械设备设计负荷许可的范围内作业。

作业机械设备不得超负荷作业；危险品作业时还需减低负荷 25%作业；所使用的设备应无损坏，设备的承重机件更应无损坏、符合使用的要求，不得使用运行状况不好的机械设备作业。

（2）使用合适的机械设备进行作业。

尽可能采用专用设备作业或者使用专用工具。使用通用设备必须满足作业需要并进行必要的防护，如物品绑扎、限位等。

（3）设备作业要有专人进行指挥。

采用规定的指挥信号，按作业规范进行作业指挥。

（4）移动设备运输物品的注意事项。

叉车不得直接叉运压力容器和未包装物品；移动吊车必须在停放稳定后方可作业；移动设备在载货时需控制行驶速度，不可高速行驶；物品不能超出车辆两侧 0.2m，禁止两车共载一物；载货移动设备上不得载人运行。

（二）仓库的防火防爆

仓库的防火防爆工作是仓库安全工作的重中之重，只有掌握防火防爆工作的基本原理才能避免事故发生。掌握了基本原理，即使在出险时也能采取有效措施，避免造成更大损失。

仓库防火防爆的具体措施如下。

1．控制可燃物

其基本原理为破坏燃烧爆炸的基础。具体手段包括：限制可燃物储运量；仓库建筑材料尽量用不燃或难燃材料代替可燃材料；通过通风、降尘，降低可燃气体或蒸气、粉尘在空间的浓度；利用阻燃剂对可燃材料进行阻燃处理，改变材料的燃烧性能等。

2．隔绝空气

其基本原理为破坏燃烧爆炸的助燃条件。具体手段包括：将可燃物品装进密闭的容器和设备中进行存放和运输；在储存和运输危险物品时，将易燃易爆物品置于充满惰性气体的容器中；采用隔绝空气等特殊方法储存和运输有燃烧爆炸危险的物品；隔离与酸、碱、氧化剂等接触能够燃烧爆炸的可燃物和还原剂等。

3．消除引火源

其基本原理为破坏燃烧的激发能源。具体手段包括：仓库要消除和控制明火源；防止出现撞击火星和控制摩擦生热；防止电气火花的产生，危险品库里的电灯要安装防爆灯；防止日光照射和聚光作用，仓库要安装防止阳光照射的装置，如百叶窗，不要安装凸透镜；防止和控制高温物体作用，要关注仓库温度，对高温物体要做好监控等。

4．阻止火势蔓延

其基本原理为不使新的燃烧条件形成，防止火势扩大。具体手段包括：存放的物品之间要留足防火间距、在仓库设置防火分隔带；仓库要设置阻火器、安全液封；有压力的容器设备、安装防爆膜（片）、安全阀，防止失火时发生爆炸；内部能形成爆炸介质的建筑设置泄压门窗、轻质屋盖等。

另外，对于占地面积大于 1 000 m^2 的棉、毛、丝、麻、化纤、毛皮及其制品的仓库和占地面积大于 600 m^2 的火柴仓库，邮政楼中建筑面积大于 500m^2 的空邮袋库，建筑面积大于 500 m^2 的可燃物品地下仓库以及二类可燃物品库房，应采用自动喷水灭火系统。

（三）常见储存物品灭火须知

仓库消防安全工作是仓库管理的重要工作之一，不慎发生火灾时不要惊慌，要冷静地根据仓库库存物品，选择适宜的消防器材灭火。若选择的灭火器材不合适，既有可能使火灾扩大化，也有可能造成货物损坏，人为地扩大损失。常见储存物品的灭火方式如表 1-3 所示，常用消防栓和灭火器的使用方法如图 1-25 所示。

表 1-3 常见储存物品的灭火方式

储存物品	应选用灭火方式	不可选用灭火方式
纸张	干粉灭火器	水
木材	水、泡沫灭火器	—
家电	干粉灭火器	水
精密仪器	二氧化碳灭火器	水

续表

储存物品	应选用灭火方式	不可选用灭火方式
包装食品	水、泡沫灭火器	—
酒	干粉、泡沫灭火器（首先开启开放水雨淋喷洒系统）	用水并站在离货源较近的地方
油	泡沫灭火器	水
棉花	水	干粉灭火器
油漆	泡沫灭火器	水
粮食	水	干粉灭火器
金属材料	干粉灭火器	水

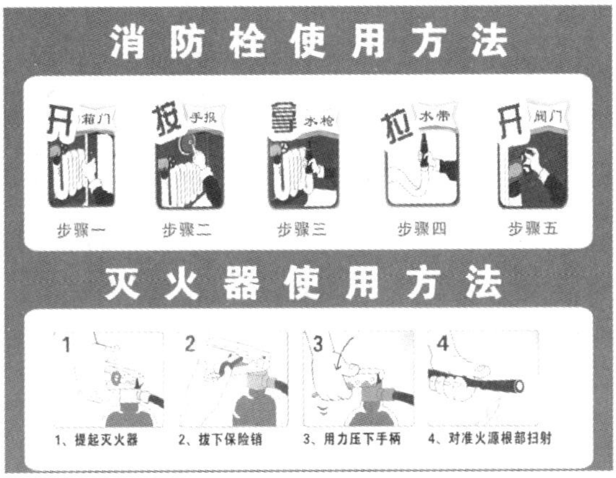

图 1-25 常用消防栓和灭火器的使用方法

练一练：

假如现在有某处着火了，请你帮忙报警，你该怎么办？提示：

（1）记清火警电话是 119。在没有电话或没有消防队的地方如农村和边远地区，可以通过敲锣、吹哨、喊话的方式向周围报警，动员乡邻一起来灭火。

（2）报警时要讲清着火单位、所在区街道、胡同、门牌。

（3）讲清报警人姓名、电话号码和住址。

（4）说明什么东西着火，火势怎样。

（5）报警后要安排人到主要路口等候，引导消防车去火场。

（6）遇有火灾，不要围观消防车。这既有碍于消防人员工作，也不利于大家的安全。

（7）不能乱打火警电话，谎报火警是扰乱公共秩序、妨碍公共安全的违法行为。如发现有人谎报火警，要加以制止。

[任务实施]

1. 说一说，仓储管理包括哪些内容？

2. 列举我国以仓储为主业务的物流企业，不少于 5 家，选择其中一家通过制作 PPT 对企业情况进行详细介绍，具体包括企业位置、规模、设备、主要业务、存放物品、岗位分工等。

3. 蔬菜公司与农科冻库仓储纠纷案

阅读下方案例，分组进行模拟辩论，完成案例后面的问题。

（1）基本案情。

10 月 10 日原告蔬菜公司与被告所属的农科冻库签定《租库协议》，约定原告需租用农科冷库，期限从 10 月 10 日至当年 12 月 10 日止，共计 2 个月；入库货物按月计费，货物必须在商定的十天内入库；原告必须按期交纳贮存费；农科冻库为原告提供二十四小时服务。协议签定后，10 月 10 日至 10 月 25 日原告先后将 3312 袋高笋（其中 2498 袋为编织袋包装、814 袋为网袋包装）存入农科冻库。同时原告于 10 月 10 日至 10 月 23 日分 10 次向农科冻库支付保管费共 14 410 元。11 月 5 日至 11 月 12 日，原告分别从冻库提走 773 袋（其中 3 袋为编织袋包装、770 袋为网袋包装）高笋进行销售。此后原告发现高笋变质，遂拒绝继续提走剩余高笋和支付剩余的保管费，并向法院提起诉讼。被告根据双方约定对已经腐烂变质的高笋进行了处理。

（2）诉辩意见。

原告蔬菜公司诉称，10 月 10 日原告与被告所开办的成都市农科冻库（以下简称农科冻库）签定《租库协议》后将高笋交给农科冻库保鲜贮存，使用期为两个月。到 11 月中旬，原告所贮存的 2 495 袋高笋已全部变质不能食用，给原告造成货物直接经济损失 166 141.5 元。该批货物原告支付保管费 14 410 元。故被告应承担不能返还所贮存高笋损失赔偿责任。请求法院判令被告赔偿原告货物损失 166 141.5 元及返还保管费 14 410 元，诉讼费用由被告承担。

被告农科公司辩称：

① 原告与农科冻库签订的只是一份租库协议，农科冻库的合同义务是出租冷库，并按照原告要求提供 2～5℃±2℃的库温。同时协议中并未约定被告负责对原告交付的高笋进行保鲜贮存的义务，相反原告尚欠被告部分租金未支付。

② 高笋变质的原因是原告在田间采摘高笋后未及时除去田间热，以及不合理的包装所致，因此高笋变质的责任应完全由原告自行承担。故请求法院驳回原告诉讼请求，并判令原告支付拖欠租金 6 900 元、清理变质高笋产生的费用 3 000 元、库房消毒费 50 元以及律师费 9 000 元，共 18 950 元。但是被告没有正式启动反诉程序。

被告为支持其反驳主张提供下列证据材料：

① 农科冻库代储商品（入）货卡。证明从 10 月 10 日至 10 月 25 日，原告贮存高笋 3 312 袋（其中 2 498 袋为编织袋包装、814 袋为网袋包装）。

② 农科冻库代储商品出货单 6 张。证明从 2003 年 11 月 5 日至 11 月 12 日，原告分别从冻库提走高笋 773 袋（其中 3 袋为编织袋包装、770 袋为网袋包装）。

③ 冻库温度记录单。证明在原告贮存高笋期间，被告按约保证冻库 24 小时的库温为 2～5℃±2℃范围内。

④ 被告于 2003 年 9 月 15 日经成都市工商行政管理局审查核准的企业法人营业执照副本。该工商执照核准的经营范围包含蔬菜、海产品、肉类仓储。

⑤ 2002 年 12 月 16 日由成都高新技术产业开发区卫生局向被告颁发的卫生许可证，许可项目是蔬菜、海产品、肉类仓储。

问题：

1. 双方是否实际履行了各自的合同权利和义务？
2. 高笋腐败变质的责任应由哪方承担？
3. 法院该如何判理本案？

[拓展知识]

仓储管理发展趋势

[项目小结]

（1）仓储是指利用仓库及相关设施设备进行物品的入库、储存、出库的活动[见《物流术语》（GB/T 18354—2021）]。

（2）仓储的功能：保管与储存；加工/延期加工、整合功能、分类和转运功能；调整供需功能、信息的传递、衔接商品流通功能。

（3）仓储的作用：现代仓储管理是保证社会再生产顺利进行的必要条件，是国家满足急需特需物资的保障；现代仓储管理是平衡市场供求关系、稳定物价的重要条件，既是物资供销管理工作的重要组成部分，也是保持物资原有使用价值的重要手段；仓储可以调节在采购、生产、销售环节之间由于供求品种及数量的不一致而发生的变化，使企业经营环节相对独立的经济活动连接起来，起到润滑剂的作用。

（4）仓储的分类：按仓储经营主体不同划分为：自有型仓储、营业型仓储、公共型仓储、战略储备仓储；按仓储保管条件不同划分为：普通物品仓储、专门物品仓储、特殊物品仓储；按仓储功能不同划分为：储存型仓储、物流中心仓储、配送中心仓储、中转仓储。

（5）仓储管理是指对仓库和仓库储存物料所进行的管理，是仓储机构为了充分利用自己具有的仓储资源提供高效的仓储服务所进行的计划、组织、指挥、控制和协调的过程。

（6）仓储管理主要包括以下内容：仓储网点的布置和选址，仓储设施的选择，仓库规模的确定，仓储商务管理，特殊物品的仓储管理，库存货源组织，仓储计划，仓库作业，货物包装和养护，仓库治安、消防和生产安全，仓储经济效益分析，仓储货物的保税制度和政策，库存控制与管理，仓储管理中信息技术的应用以及财产系统优化等。

（7）仓储管理的宏观任务包括设置高效率的组织管理机构、以市场化手段配置仓储资源、积极开展商务活动、合理组织仓储生产、树立良好的企业形象、努力提高仓储管理水平、着力提升职工素质等。仓储管理的微观任务包括提高仓储企业的效率，降低储运成本，减少仓储损耗等。

（8）仓储管理的原则：效率的原则、经济效益的原则、服务的原则。

（9）仓储设备：常用的仓储装卸搬运设备：装卸堆垛设备、搬运输送设备和成组搬运工具；仓储保管设备：苫垫用品；存储用具；托盘。

（10）仓储合同的定义：《中华人民共和国合同法》（以下简称《合同法》）第381条指出，仓储合同是保管人储存存货人交付的仓储物，存货人支付仓储费的合同。提供仓储保管服务的一方称为保管人，接受储存保管服务并支付报酬的一方称为存货人。仓储合同是保管合同的一种特殊类型，是由保管人提供场所存放存货人的货物，仓储管理人只收取仓储费和劳务费的合同。

（11）仓储安全管理：仓储安全作业的基本要求、仓库的防火防爆。

[项目实训]

1．从本地选择一家以仓储为主要业务的物流企业，设计调研问卷和调研表格，进行实地调研。根据公司业务人员介绍，了解仓储企业的仓储类型、了解仓储企业的组织结构类型、仓储岗位设置及职责、仓储设施设备使用规范及管理制度、仓储商务管理以及仓储安全管理。

2．企业仓储类型调研。

企业调研的主要过程：

序号	调研过程
1	确定调研目的
2	明确调研对象，制作调研方案，确定调研方式，设计调研问题
3	联系企业开展调研，记录调研结果
4	整理调研资料，分析调研数据，制作调研报告

步骤一：确定调研目的。

调研目的：______________________________

步骤二：制作调研方案。

企业调研方案			
调研对象		调研方式	□电话 □QQ □微信 □邮件 □其他
企业的性质		企业规模	
企业经营范围			
调研内容	1．企业主要存放的货物类型有哪些？ 2．属于哪种类型的仓储？ 3．企业的仓储活动有哪些功能？ 4．仓储活动对企业产生了哪些作用？ 5．企业属于哪种组织结构类型？ 6．与仓储管理相关的岗位有哪些？ 7．仓储管理岗位的职责是什么？ 8．企业常用的仓储设备有哪些？ 9．仓储设备使用规范与管理制度是怎样的？ 10．企业的客户包括哪些类型？ 11．仓储合同内容包括哪些？ 12．企业仓储安全管理制度的内容是什么？ 13．…		

步骤三：开展调研，记录调研结果。

联系企业进行调研，调研要根据调研方案中的调研内容逐项进行，在调研过程中要注意表达清晰、运用文明礼貌用语、详细记录调研结果。

步骤四：汇总调研结果，整理调研资料，制作调研报告。

根据调研资料，分析企业仓储类型、仓储活动的功能与作用，形成调研报告，制作成 PPT，上台展示。

[课后练习]

一、单项选择题

1．仓储最基本的功能是（　　）。

A．流通管理　　B．数量管理　　C．质量管理　　D．物资存储

2．罐头生产厂可以将罐头生产最后一道工序的贴标签延迟或推迟到产品推出之前进行，这属于仓储的（　　）功能。

A．拼装　　B．保管　　C．加工/延期　　D．分类

3．（　　）属于仓储的增值功能。

A．储存　　B．信息的传递　　C．价格调整　　D．时间调整

4．（　　）不属于仓储的社会功能。

A．时间调整功能　　B．价格调整功能

C．信息的传递　　D．衔接商品流通功能

5．（　　）不属于仓储管理的宏观任务。

A．合理组织收发　　B．设置高效率的组织管理机构

C．积极开展商务活动　　D．着力提升职工素质

6．仓储作业过程主要由（　　）、保管、出库三个阶段组成。

A．入库　　B．转库　　C．移库　　D．合并

7．（　　）就是将来自制造商的组合订货分类或分割成个别订货，然后安排适当的运力运送到制造商指定的个别客户。

A．分装　　B．分割　　C．分拣　　D．分类

8．（　　），是指把产品的最后一道工序一直推迟到需求该产品时为止。

A．加工/延期加工功能　　B．信息传递　　C．价格调整　　D．时间调整

9．仓储作业人员按工作性质分为（　　）

A．两类　　B．三类　　C．四类　　D．五类

10．仓储管理人员基本素质要求有：业务素质、能力素质、（　　）。

A．身体素质　　B．道德素质　　C．职业素质　　D．文化素质

二、简答题

1．仓储的功能有哪些?

2．仓储管理包括哪些内容?

3．仓储管理的基本原则有哪些?

4．简述仓储管理的发展趋势。

5．简述仓储管理人员基本素质要求。

三、案例分析

华东区域作为我国经济总量最大的区域，其工业基础雄厚，物流需求庞大，近年来，仓储用地供应减少使得华东地区仓储产业链由中心城市逐渐向周边卫星城市拓展，长三角区域一体化的实施为华东区域物流仓储行业的快速发展创造了条件。

（1）华东区域经济总量居全国首位，货运需求庞大。

华东区域是指包括上海、江苏、浙江、安徽、福建、江西、山东和台湾在内的区域，是我国经济总量最大的区域，根据国家统计局公布的数据显示，2019 年华东区域的 GDP 总量达 37.55 万亿元，占全国 GDP 的比重达 37.9%。

巨大的经济体量意味着华东地区商品交易十分活跃，货运总量规模庞大，2019 年华东地区完成货运总量达 161.9 亿吨，占全国货运总量的比重达 30.32%，货运规模不断扩大。

（2）仓储需求较大的制造业是华东区域支柱性产业。

华东区域制造业发达，其中山东省冶金、机械、纺织等制造业发达，江苏省主打制造和机械制造，上海市电子信息产品制造业和汽车制造业较为先进，浙江省以轻工业制造为主。从总体来看，电子信息制造业已经成为华东区域热门产业。制造业对仓储需求较大，对仓储系统管理运营水平要求较高，以制造业为主的产业结构促使华东区域仓储管理能力较强。

（3）华东区域仓源集中在上海和苏州。

根据物联云仓公布的数据显示，截至 2020 年 5 月，华东区域仓源主要集中在上海及其周边主要城市，其中上海市的仓库面积为 1365.88 万平方米，仓库面积位居所有城市第一，仓库面积数排名第二的是苏州市，其仓库面积为 948.91 万平方米。

（4）华东区域冷库占比较少，高标仓占比近 30%。

根据物联云仓公布的数据显示，截至 2020 年 5 月，华东区域仓库中普通仓占比达 98.30%，其中高标仓占比 29.18%，一般普通仓占比为 70.82%，冷库仅占 1.7%。

（5）上海、苏州工矿仓储用地供给减少，仓库建设向周边卫星城市拓展。

根据中国房地产信息网公布的数据显示，2019 年 ~ 2020 年 3 月，上海市工矿仓储用地供给量波动变化，2019 年 12 月上海市工矿仓储用地出让面积环比上涨 129.4%，2020 年以来，上海市工业仓储用地供给面积持续下滑，总体看来。上海市工矿仓储用地供给不足。

2016 ~ 2020 年，除 2019 年外，苏州市工矿仓储用地供应总体呈波动变化趋势，2019 年，苏州市工矿仓储用地供应迅速增加，2019 年苏州市推出工矿仓储用地面积 1 348.4 公顷，同比增长 321.2%；2020 年苏州市推出工矿仓储用地面积有所回落，为 368.0 公顷，同比下降 72.7%。

主要仓储城市工业仓储用地供应减少，使得仓库建设向周边卫星城市扩散，因此浙江省在建仓库面积占华东区域在建仓库面积的比重达 51%。

华东区域在建仓库主要集中在 2020 年第二季度和第三季度落成，其中预计 2020 年第二季度落成在建仓库占比达 50%，2020 年第三季度落成在建仓库占比为 20.31%。2020 年第二、三季度，华东地区将迎来仓库面积新增高峰，届时将缓解区域部分仓储压力。

（6） 上海市仓储租金稳居首位。

上海市仓储需求较大，加之仓储供应较为紧俏，其仓储租金远高于其他区域，截至 2020 年 5 月，上海市普通仓平均租金为 42.97 元/平方米 ·月，苏州市以 32.07 元/平方米 ·月的平均租金位居第二位。

思考：

1. 分析我国仓储业发展现状。
2. 分析华东地区仓储市场现状。

项目二
仓库规划与布局

学习目标

知识目标

（1）能解释仓库的不同类型。

（2）掌握仓库布局、动线类型。

技能目标

（1）能够分析仓库所属的类型。

（2）具有分析仓库布局并进行初步设计的能力。

素质目标

（1）培养乐观、开放的职业信念。

（2）培养分析问题及解决问题的职业技能。

（3）培养用于创新、精益求精的职业精神。

项目导学

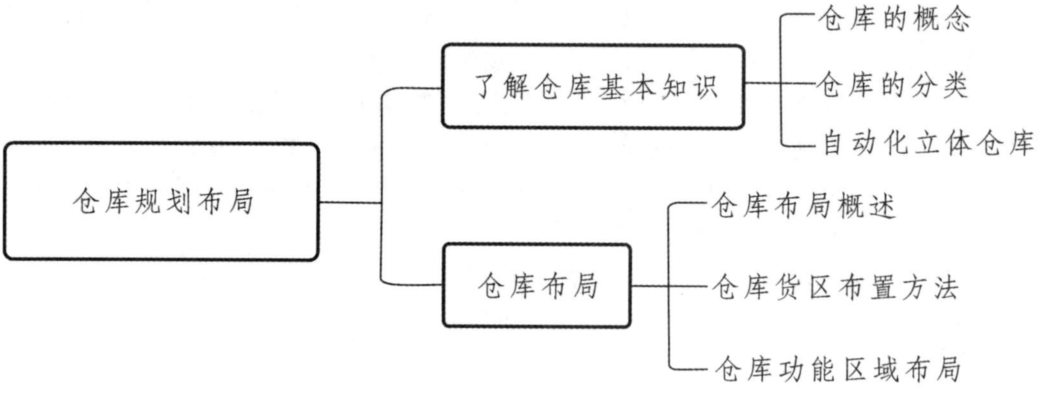

案例导入

对于京东集团而言，位于上海嘉定区的“亚洲一号”有着非凡的意义。它不仅仅是当时国内最大的单体物流中心，同时，也是京东物流建设的一个里程碑。京东上海“亚洲一号”物流中心是当今中国最大、最先进的电商物流中心之一，总建筑面积接近 10 万平方米，仓储高度达 24 m，京东按照快件的大小，将仓库也分为大件库、中件库和小件库。上海的亚洲一号就是一个中件库，快件尺寸为 30～60 cm。整个仓库分为 4 个区域—自动化立体库区、多层阁楼拣货区、生产作业区和出货分拣区。其中，自动化立体仓库系统是亚洲一号的镇仓之宝。其有 32 个巷道，6.5 万个托盘，存储效率是普通存储的 5 倍。该系统囊括了货到人系统、巷道堆垛机、输送系统、自动控制系统和库存信息管理系统。

1．自动化立体库区

（1）立体库区的库高为 24 m，利用自动存取系统（AS/RS 系统）实现了自动化高密度的储存和高速的拣货能力。拣货采用 Autostore 物流中心机器人“货到人”模式。

（2）Kiva 物流中心机器人系统，同样采取“货到人”的模式。

2．多层阁楼拣货区

多层阁楼是保证仓储空间利用率最高的物流中心设计方式，虽然在空间上高效了，但如果没有高效的系统和自动传送能力，最终也会出现各种作业瓶颈，目前京东亚洲一号通过系统集成成功实现了两全其美。

3．生产作业区

京东亚洲一号的“生产作业区”采用京东自主开发的任务分配系统和自动化的输送设备，实现了每一个生产工位任务分配的自动化和合理化，保证了每一个生产岗位的满负荷运转，避免了任务分配不均的情况，极大地提高了劳动效率。

4．出货分拣区

“出货分拣区”采用了自动化的输送系统和代表目前全球最高水平的分拣系统，分拣处理能力达 16 000 件/小时，分拣准确率高达 99.99%，彻底解决了原先人工分拣效率差和分拣准确率低的问题。

在亚洲一号内，商品在整个立体化存储、拣选、包装、输送、分拣等环节均大规模应用了自动化设备、机器人、智能管理系统等，使得自动化程度达 90%。

任务一
了解仓库基本知识

[任务导入]

普洛斯广州物流园提供第三方物流服务，包括仓库出租、仓储、存货管理、货物运输、危险品仓储、危险品运输、电商物流、省内外跨境运输、海空国际货运、进出口报关、代客处理报关手续及文件、货物再包装及其他增值服务。

物流园仓库总建筑面积 170 000 ㎡，为混凝土结构。

（1）仓库空间：单层仓库净高 10.5 m，双层仓库净高 7.5 m。

（2）自然的采光：通过自然采光，节约了能源，改善了工作环境。

（3）宽敞的集装箱车道：45 m 宽的车道。

（4）便利的自动卸货平台：1.3 m 的高度，可以与货车车箱平行，方便装卸货，延伸 4.5 m 宽。

（5）车道位：有 200 m 宽的车道，20 个泊车车位 。

（6）严格的消防设施：采用先进的消防设施，消防喷铃、每 5 000 ㎡设有一个防火区间，配有自动消防喷淋系统、自动气体烟感系统，达到丙二类消防合格。

（7）雨棚：延伸 6 m 雨棚。

（8）地板都是采用金钢砂材质，是无尘环境，货车通行及上下货的时候，不会导致尘土满天飞，特别是对于食品等一类的产品，这是相当重要的，这也是与普通仓库相比拥有的较大优势之一。

（9）承重：首层承重：5 t；二楼承重：3 t。

（10）环境：24 h 有安保，有视频监控，整个园区是一个封闭的场所，包括门卫、监控视频等，仓库内也有多个视频监控。车辆进出均需登记管理。

（11）园区内设立大型停车场。

（12）园区提供多类型的办公室，面积为 50 ~ 1 000 ㎡。

本次学习任务：

1. 掌握仓库的概念。
2. 了解各种仓库的特点。

[相关知识]

一、仓库的含义

仓库是保管和存放货物的建筑物和场所的总称，也是对货物进行集中、整理、保管和分发等作业活动的场所。从传统的角度来看，仓库是物流系统中以储存为主要功能的静态节点，过去大多数仓库都是企业内部自有的。

延伸和扩展后的仓库不但具有保管和储存的功能，同时还承担起货物的采购、检验、分类、分拣和配送等一系列的业务活动。现代仓库中的货物不再是静态不动的，而是有流动性的；仓库的储存过程不再被简单地认为是增加货物保管成本的过程。相反，经过集中配送、缩短对客户需求的反应速度及通过包装或者再加工等环节，仓库存储赋予了货物更多的附加价值。

二、仓库的分类

仓库的种类有很多，根据不同的分类标准，可以将仓库分为不同的类型。仓库的类型既与仓库承担的任务和所处的地位相关，又与储存货物的种类、规格及性能有关。

微课：仓库的分类

（一）按使用范围分类

1．自用仓库

自用仓库是指生产或流通企业为本企业经营需要而修建的附属仓库，完全用于储存本企业的原材料、燃料、产成品等货物。

2．营业仓库

营业仓库是一些企业专门为了经营储运业务而修建的仓库。

3．公用仓库

公用仓库是由国家或某个主管部门修建的为社会服务的仓库，如机场、港口、铁路的货场、库房等仓库。

4．出口监管仓库

出口监管仓库是指经海关批准设立，对已办结海关出口手续的货物进行存储、保税物流配送、提供流通性增值服务的海关专用监管仓库。

5．保税仓库

保税仓库是经海关批准，在海关监管下专供存放未办理关税手续而入境或过境货物的场所。

（二）按保管物品种类分类

1．综合库

综合库指用于存放多种不同属性物品的仓库，如图 2-1 所示。

图 2-1　综合库

2．专业库

专业库指用于存放一种或某一大类物品的仓库，如图 2-2 所示。

（a）服装仓库

（b）白糖仓库

图 2-2　专业仓库

（三）按保管条件分类

1．普通仓库

普通仓库指常温条件下存放普通货物的仓库，这类仓库是最为常见的。

2．保温、冷藏、恒湿恒温库

保温、冷藏、恒湿恒温库指用于存放要求保温、冷藏或恒湿恒温物品的仓库。这类仓库具备制冷设备，并有良好的保温隔热性能以保持物品存放所需的温度，如图 2-3 所示。

3．危险品仓库

通常是指用于存放易燃、易爆、有毒、有腐蚀性或有辐射性等危险品，并能对危险品起一定的防护作用到仓库，如图 2-4 所示。

图 2-3　保温、冷藏、恒湿恒温库

图 2-4　危险品仓库

4．气调仓库

气调仓库指用于存放要求控制库内氧气和二氧化碳浓度的物品的仓库。

（四）按仓库建筑封闭程度分类

1．封闭式仓库

封闭式仓库俗称库房，如图 2-5 所示，封闭性强，便于对仓储物品进行维护保养，适于存放保管要求比较高的物品。

图 2-5　封闭式仓库

2．半封闭式仓库

半封闭式仓库俗称货棚，如图 2-6 所示，其保管条件不如库房，但出入库作业比较方便，建造成本较低，主要用于存放对温湿度要求不高且出入库频繁的物品。

货棚根据其围墙建筑情况，可以分为敞棚（仅由支柱和棚顶构成）和半敞棚（有一面墙、二面墙和三面墙之分）。

图 2-6　半封闭式仓库

3．露天式仓库

露天式仓库俗称货场，其最大的特点是装卸作业极其方便，适宜存放不怕雨淋、不怕风吹日晒的大型物品。一般用于堆存短期存放的、对环境要求不太高的货物。

微课：仓库结构

（五）按建筑结构分类

1．平房仓库

平房仓库构造比较简单，建筑费用便宜，人工操作比较方便。

2．楼房仓库

楼房仓库是指二层以上的仓库，它可以减少土地占用面积。物品上下移动作业复杂，进出库作业可采用机械化或半机械化，楼房隔层间既可以依靠垂直运输机联系，也可以通过坡道相连。

3．高层货架仓库

高层货架仓库，建筑物本身是平方结构，但高层棚的顶很高，内部设施层数多，可保管 10 层以上托盘。在作业方面，高层货架仓库主要使用计算机控制堆垛机、吊机等装卸机械，实现机械化和自动化操作，发展成为自动化仓库或无人仓库。

4．罐式仓库

罐式仓库构造特殊，呈球形或柱形，主要用来储存石油、天然气和液体化工品等，如图 2-7 所示。

图 2-7　罐式仓库

5．简易仓库

简易仓库构造简单、造价低廉，一般是在仓库不足而又不能及时建库的情况下采用的临时代用办法，包括一些固定或活动的简易货棚等。

（六）按库内形态分类

1．地面型仓库

地面型仓库一般指单层地面库，多使用非货架型的保管设备，如图 2-8 所示。

图 2-8　地面型仓库

2．货架型仓库

货架型仓库（见图 2-9）指采用货架保管货物的仓库。物品放在货架上或通过托盘放在货架上。货架有多种不同类型，可根据物品的不同特性选择适宜的货架。

图 2-9　货架型仓库

3．自动化立体库

自动化立体库（见图 2-10）是指出入库采用运送机械取出存放，用堆垛机等设备进行机械化、自动化作业的高层货架仓库。自动化立体仓库的入库、检验、分类整理、上货入架、出库等作业由计算机管理控制的设备来完成，与普通仓库相比优点在于：

（1）节省人力，大大降低了劳动强度，能准确、迅速地完成出入库作业。

（2）提高了储存空间的利用效率。

（3）确保了库存作业的安全性，减少了货损货差。

（4）能及时了解库存品种、数量、金额、位置、出入库时间等信息。

自动化立体仓库的使用要有足够的资金作为保障，同时对库存物品包装标准化、体积和重量都有较高的要求。

图 2-10　自动化立体库

（七）按仓库功能分类

知识链接：中国自动化立体仓库发展现状

现代物流管理力求进货与发货同期化，使仓库管理从静态管理转变为动态管理，仓库功能也随之改变。

1．集货中心

将零星货物集中成批量货物称为集货。集货中心可设在生产点数量很多、每个生产点产量有限的地区。只要这一地区某些产品的总产量达到一定水平，就可以设置这种有集货作用的物流据点。

2．分货中心

将大批量运到的货物分成批量较小的货物的过程称为分货。分货中心是主要从事分货工作的物流据点。企业可以采用大规模包装、集装货散装的方式将货物运到分货中心，然后按企业生产或销售的需要进行分装。利用分货中心可以降低运输费用。

3．转运中心

转运中心的主要工作是承担货物在不同运输方式间的转运。转运中心既可以进行卡车和火车两种运输方式的转运，也可进行多种运输方式的转运，有的转运中心被称为卡车转运中心，有的转运中心被称为火车转运中心，还有的转运中心被称为综合转运中心。

4．加工中心

加工中心的主要工作是进行流通加工。设置在供应地的加工中心主要进行以物流为主要目的的加工；设置在消费地的加工中心主要进行以实现销售、强化服务为主要目的的加工。

5．储调中心

储调中心以储备为主要工作内容，其功能与传统仓库基本一致。

6．配送中心

配送中心是从事配送业务且具有完善信息网络的场所或组织，它基本符合下列要求：

（1）主要为特定客户或末端客户提供服务。

（2）配送功能健全。

（3）辐射范围小。

（4）提供高频率、小批量、多批次的配送服务。

7．物流中心

物流中心是从事物流活动且具有完善信息网络的场所或组织，它基本符合下列要求：

（1）主要面向社会提供公共物流服务。

（2）物流功能健全。

（3）聚焦辐射范围大。

（4）存储、吞吐能力强。

（5）为下游配送中心客户提供物流服务。

[任务实施]

1．说一说，你是如何理解仓库的含义的？

____

____

____

2．根据下列资料分析仓库的种类。

（1）中储旗下物流园区、物流中心总占地面积约 1 000 万平方米，其中露天堆场约 300 万平方米，库房约 300 万平方米，铁路专用线 57 条，具备公铁、公水联运功能。

（2）中铁快运自有公路运输及城市配送汽车近 3 000 辆，每日定点、定线开行 210 条公路干支线班车，分拨、仓储场地面积约 60 万平方米，日均运输包裹约 40 多万件，年发运量约 350 万吨。

（3）东莞金鑫实业有限公司成立于 2008 年 7 月，金鑫危险品仓库坐落在东莞市沙田镇立沙岛石化基地，2014 年 9 月开始试运营，到 2015 年 6 月正式运营。仓库现有甲类仓库 23 栋，合计 32 940 m^2仓储面积，其中 2 000 m^2的危险品保税仓。二期乙类及丙类共 5.5 万 m^2含 8 000 m^2的自动分拣货架仓，已投入使用。金鑫危险品仓库存放资质共 600 多种危险化学品名录，囊括了各大类别的危险品有效资质。

（4）上海粮油仓储有限公司嘉定粮食仓库，为上海良友集团旗下骨干企业，占地面积 283 亩，建筑面积 8.56 万平方米，沿河码头装卸岸线长 1 000 多米，拥有高平仓房、门架式仓房和苏式仓房等 40 幢 57 间，现有员工 135 名，主要承担粮食储存保管业务。

（5）上海海烟物流发展有限公司成立于 2003 年，仓库主体占地 18 000 ㎡，具有储存、分拣、配送、中转、流通加工、办公等功能。立体自动仓库约 8 000 ㎡，拥有约 74 000 个储位，合计年配送量约 3 255 万箱。

（6）东莞亚洲一号是集自动化立体仓库、地狼仓、天狼仓、智能分拣机技术于一体的现代高科技、高效率的仓库系统，建筑面积近 50 万平方米，单日订单处理能力达到 160 万单，自动立体仓库可同时存储超过 2 000 万件的中件商品。拥有 78 台“身高”22 m 的堆垛机，其大型交叉带分拣系统全长 22 km，相当于港珠澳大桥跨海段桥梁的总长度；分拣机上的 800 多个分拣滑道将包裹分拣运送到全国各地的亚洲一号及分拣中心，准确率达到 99.99%，达到全球顶级水准。

[拓展知识]

见二维码内容。

危险品仓库

任务二
仓库布局

[任务导入]

某公司中央仓库规划设计方案

一、中央仓库简介

中央仓库现有面积 500 ㎡，仓库储存的物资有办公用品、穿着用品、床上用品、防护用品、人用药物、日常用品、生产用品、维修配件、需冷藏的疫苗、兽用药品器械、农资物料等。

二、中央仓库存在的问题

仓库面积约 500 ㎡，因存储面积较小，货物存储没有分区、分类、定位码放，增加了货物存取和盘点难度，货架通道间距太小存取货物时经常把货物标示卡及货物刮掉，存取货物费时费力，根据作业和管理需要划分的收货区、待检入库区、待退换货区、待配送出库区都没有划分，采购货物集中到货会把仓库空间填满，发货时需要倒挪又增加了货物的搬运次数与移动距离，从而降低工作效率。因仓库存储面积有限，各猪场需要的兽用药品没有规划到中央仓库管理，直接配送到各个猪场，既增加了物流费用，也不利于药品的统筹管理。仓库大门为外开式，设计不合理，因大风天气较多，开大门时大风会把门刮坏；没有设计带顶棚的货物出入平台，不利于雨雪天气装卸货物。仓库没安装通风设施，夏季天气炎热，不利于货物保存。地面没做很好的处理，不利于打扫和保持卫生。

三、中央仓库设计规划原则

以现有的业务模式、货物分析、设计规划、平面布置为参考，遵循方便仓库作业和物资的储存安全，最大限度地利用仓库面积，防止重复搬运、迂回运输和避免仓储通道阻塞，符合安全保管和消防工作要求，货物分类，定位码放及先入先出的原则，综合仓库当前需要和长远利益进行设计规划。

四、库房内部规划

中央仓库根据作业和管理需要划分为常规物料存放区，维修配件存放区，疫苗冷柜存放区，兽用药品器械存放区，农资物料存放区，仓库物流设备存放区，其他部门杂物存放区，办公区，待检入库区、待退换货区、待配送出库区，主通道和货架通道及货架间距面积总需求面积约 1 000 ㎡，各区域需求面积具体如下。

（1） 常规物料存放区。

常规物料主要是指办公用品、穿着用品、床上用品、防护用品、人用药物、日常用品、生产用品等，根据货物分析仓库现有的 291 种常规物料的安全库存需要存储面积及常规库存需要库容约 120 ㎡，需要货架约 20 组（货架内尺寸 1.35 m × 0.6 m，外尺寸 1.5 m × 0.6 m）。

（2） 维修配件存放区。

根据货物分析仓库现有的 113 种维修配件的安全库存需要存储面积 15 ㎡，需要货架约 10 组（货架内尺寸 1.35 m × 0.6 m，外尺寸 1.5 m × 0.6 m）。

（3） 疫苗冷柜存放区。

需要一个 828 L 和一个 400 L 的冷柜，占地面积约为 5 ㎡

（4） 兽用药品器械存放区。

根据各养猪场使用的药品和器械数量分析，安全库存需要存储面积及常规库存需要库容约 200 ㎡。需要货架约 200 组，因药品器械类物品重量较大，用仓库现有样式的货架不太实用，因此改用承重式中型货架。具体规格待定。

（5） 农资物料存放区。

农资物料是指化肥种子农药及种植用工具等，根据 2016 年农资物料存储面积预计需要存储面积 200 ㎡。因化肥及农药的气味非常大，不适合与常规物料及生产物资一起存放，建议专门建立农资仓库或者建立简易型大棚存放。

（6） 仓库物流设备存放区。

仓储物流设备有液压升降车一辆，塑料托盘和焊接爬高楼梯需要的占地面积约 10 ㎡。

（7） 其他部门杂物存放区。

物流部运输车用物资和洗刷车用物资；综合部存放轮胎及其他部门需要暂存仓库的物品。需要面积约 20 ㎡。

（8） 办公区域仓库办公室需要面积为 20 ㎡。

（9） 待检入库上架区是采购到货卸车检查货物核对数量后暂存等待上货架区域，需求面积约 60 ㎡。

（10） 待退换货区是暂时存放不具备验收入库条件和需要调换退货物料的区域，需要面积约为 20 ㎡。

（11） 配送出库区是存放根据各场需求分拣出的需要配送和采购到货后需要配送的货物，占地面积约 60 ㎡。

（12） 主通道和货架通道及货架间距面积。

主通道宽 3 m，货架间通道宽 1.5 m，货架与墙间距 0.2 m。总占地面积约为 350 ㎡。

五、仓库外部装卸货区域规划

1．卸货平台

设置在入库门口位置，面积 60 ㎡，安装有防雨雪顶棚。

2．装货平台

设置在入库门口位置，面积 60 ㎡，安装有防雨雪顶棚。

六、仓库建筑要求

仓库顶部安装无动力通风机，仓库地面做环氧地坪处理，仓库门设计成两个，分别为出库门口和入库门口，门口设计水平推拉门。仓库布线要求明线布局，以便日后查找问题出处，选择相应符合仓库要求的套管进行安装。

本次学习任务：

1．分析仓库布局形式。

2．分析并进行仓库功能区域划分。

3．分析并设计区域动线。

[相关知识]

一、仓库布局规划概述

仓库布局规划就是根据物流作业量和物流动线，确定各功能区域的面积和各功能区域的相对位置，最后得到仓库的平面布置图。

（一）影响仓库平面布置的因素

1．仓库的专业化程度

仓库的专业化程度主要与库存物品的种类有关。库存物品种类越多，仓库的专业化程度越低，仓库平面布置的难度越大；反之则难度越小。因为储存物品种类越多，各种物品的理化性质有所不同，所要求的储存保管保养方法及装卸搬运方法也将有所不同，因此，在进行仓库平面布置时，必须考虑不同的作业要求。

2．仓库的规模和功能

仓储的规模越大、功能越多，需要的设施设备就越多，设施设备之间的配套衔接就成为平面布置中的重要问题，从而增加了布置的难度。

（二）仓库平面布置的要求

仓库平面布置要适应仓储作业过程的要求，要有利于仓储作业的顺利进行。

（1）物品流向应该是单一流向。仓库内物品的卸车、验收存放地点之间的安排要适应仓储生产需要，按一个方向流动。

（2）最短的搬运距离。根据作业方式、仓储物品品种、地理条件等合理安排库房、专用线与主干道的相对位置，尽量减少迂回运输。

（3）最少的装卸环节。减少在库物品的装卸搬运次数，物品的卸车、验收、堆码作业最好一次完成。

（4）最大限度地利用空间。仓库平面布置是立体设计，应有利于物品的合理储存和充分利用库容。

仓库平面布置要有利于提高仓储经济效益。要因地制宜，充分考虑地形、地质条件，利用现有资源和外部协作条件，根据设计规划和库存物品的性质更好地选择和配置设施设备，以便最大限度发挥其效能。

仓库平面布置要有利于保证安全和职工的健康。仓库建设时应严格执行《建筑设计防火规范》（GB 50016—2014）的规定，留有一定的防火间距，并有防火防盗安全设施；作业环境的安全卫生标准要符合国家的有关规定，有利于职工的身体健康。

（三）单层仓库平面布置原则

（1）重、大件物品以及周转量大和出入库频繁的物品宜靠近出入口布置，以缩短搬运距离，提高出入库效率。

（2）易燃的物品应尽量靠外面布置，以便管理。

（3）要考虑充分利用面积和空间，使布置紧凑。

（4）有吊车的仓库，汽车入库的运输通道最好布置在仓库的横向方向，以减少辅助面积，提高面积利用率。

（5）仓库内部主要运输通道一般采用双行道。

（6）仓库出入口附近一般应留有收发作业用的区域。

（7）仓库内设置管理室及生活间时，应该用墙将其与库房隔开，其位置应靠近道路一侧的入口处。

二、仓库的平面设计

（一）仓库的布局设计

仓库的布局设计是为了在保证货物储存要求的前提下合理有效地利用库房面积而进行的布局规划。仓库的布局规划合理与否将直接影响到仓库各项作业的效率和储存货物的安全。仓库的布局设计主要包括仓库总平面布局和仓库作业区布局。

仓库总平面区一般可划分为仓储作业区、辅助作业区、行政管理区、院内道路、停车场和绿化带等，如表 2-1 所示。

表 2-1　仓库总平面布局

总平面区	主要功能
仓储作业区	仓库的主要业务如货物保管、检验、包装、分类、整理等都是在这个区域里进行的

续表

总平面区	主要功能
辅助作业区	在辅助作业区内进行的活动是为主要业务提供各项服务
行政管理区	由办公室和生活场组成
院内道路	在仓库中需要有库内运输道路。货物出入库和库内搬运要求库内、外交通运输线衔接，并与库内各个区域有效连接
停车场和绿化带	在规划各区域时，要遵照相应的法律法规并使不同区域所占面积与仓库总面积保持适当的比例

在仓库总平面布局时应适应储运作业流程，有利于储运活动的正常进行，注意单一流向设置，做到“最短的运距，最少的装卸环节，最大限度利用空间”。同时，设计时要因时制宜，充分考虑地形、地质条件，满足商品运输和存放的要求，有利于提高经济效益，并保证安全作业和文明作业。

仓储作业区是仓库的主体。主要包括仓储保管区和非保管区。保管区，又称储存区，主要是指存储货物的区域。非保管区主要指除了保管区域的其他场所，主要包括通道、收发货区、拣货区、墙间距、暂存区、流通加工区、办公控制区等。仓库作业区各区域的主要功能如表 2-2 所示。

表 2-2　仓库作业区各区域的主要功能

功能区	主要功能
储存区	主要用于存储或分类存储经过检验的货物
收发货区	供收货、发货时临时存放物品的作业场地，可设月台。可分为收货区和发货区，也可以划定一个收发货区收货、发货共用。因为通常和理货区域一起，也把它们合称为收货理货区和发货理货区，主要完成商品到达仓库后的卸货、清点、检验、分类、入库等工作
拣货区	进行货物的分拣及分拣出来后的配货与配装作业
流通加工区	根据流通或销售的需要进行必要的生产性和流通性加工的区域，主要进行分装、切装、混装、刷唛、包装等流通加工作业
暂存区	作业过程中，临时放置设备或货物的地方。可分为货物存放区和设备暂存区。货物暂存区主要用于将入库后立即需要出库的货物暂时存放，为送货做准备。设备暂存区主要用于存放托盘、箱笼、搬运车等工具
办公控制区	仓库管理人员需要一定的办公地点，统一协调管理出库作业区
通道	即库内的通道，分为运输通道（主通道）、作业通道（副通道）和检查通道。作业通道的宽度一般在 1.5 m 以上，检查通道的宽度一般为 0.5 m
墙间距	一方面是使货垛和货架与库墙保持一定的距离，避免物品受潮，同时也可以作为检查通道或作业通道。墙间距的一般宽度为 0.5 m 左右

（二）仓库平面布局形式

平面布局是对保管场所内的货垛（架）、通道、垛（架）间距、收发货区等进行合理规划，并正确处理它们的相对位置。保管面积是库房使用面积的主体，它是货垛、货架所占面积的总和。货垛、货架的排列形式决定了仓库内部平面布局的形式。仓库内部平面布局一般有以下三种形式。

1. 横列式

横列式是指货位、货架或货垛与库房的宽向平行排列布置，如图 3-11 所示。

横列式布局的特点是：货垛整齐美观、存取查点方便、通风采光良好。但由于主通道占用面积多，仓库空间利用率较低。

2. 纵列式

纵列式是指货位、货架或货垛与库房的宽向垂直排列布置，如图 3-12 所示。其特点是：仓库空间利用率较高，主干道货位利于存放周转期短的物品，支干道货位利于存放周转期长的物品，但不利于通风采光及机械化作业。

3. 混合式

混合式就是横列式和纵列式在同一库房内混合布置货位或货架的一种形式，如图 2-13 所示，兼有上述两种方式的特点。混合式是最常用的一种平面布局方式。

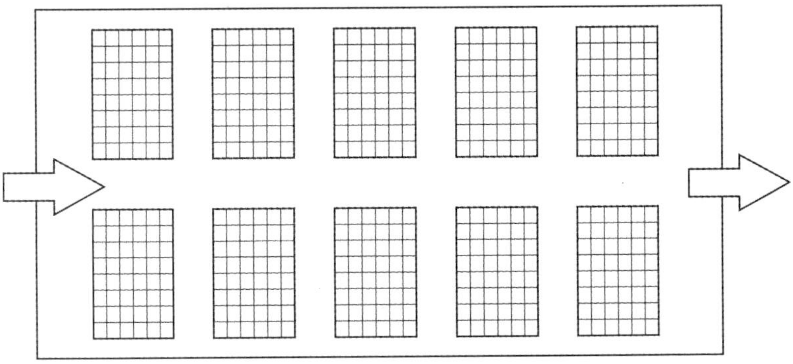

图 2-11　横列式布局

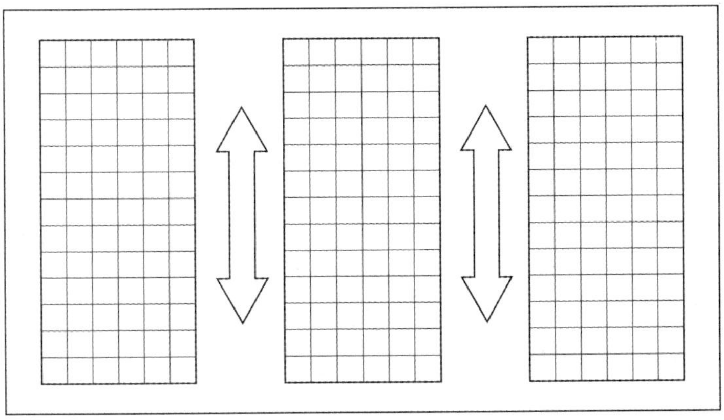

图 2-12　仓库纵列式布局

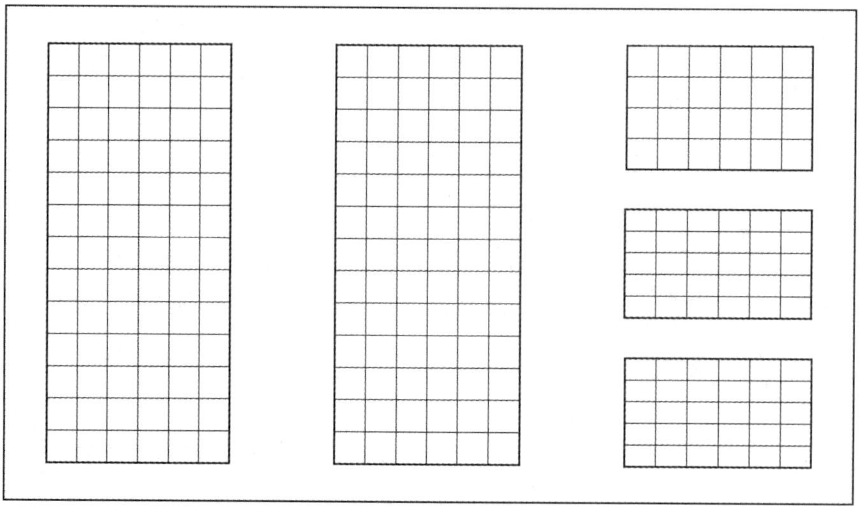

图 2-13　仓库混合式布局

露天货场货位的布局形式多采取与货场的主作业通道呈垂直方向排列，以便于装卸和搬运。货位布局既要考虑操作的需要，又要考虑物品的安全。要留出一定的作业通道、垛距、墙距等，要合理、充分利用库房面积，尽量提高仓库、货场的利用率。

三、仓库动线规划

仓库动线是指由人或物在仓库内移动形成的一系列的点连接而成的线。如拣货员由拣货设备存放区至某个拣货储位，再到其他储位，最后至复核区，这一系列的行动点构成的线即为拣货动线。

1．按出货频率规划

仓库动线的规划通常先要考虑仓库物品的出货频率高低，而有效快速控管仓库物品最常用的方法是 ABC 分类法。ABC 分类法是按照销售量、缺货成本、周转次数、供应商的稳定性、库存风险成本等指标来分类。例如：将出货频率高的货品存放在接近出入口处，出货频率低的货品存放在远离出入口处，以缩短出入库搬运距离，减少所需的作业时间和物流成本，有效提高仓库的利用率。

2．按搬运难易程度规划

在仓库布局时，常常需要考虑货品的搬运难易程度来设计合理的动线。需要考虑体积、形状、重量单位的大小，以确定货品所需堆码的空间。通常，重而大的货品保管在地面上或货架的下层位置，越轻的货品可以储放在越上层的货架。为了货架的安全并方便人工搬运，人的腰部以下的位置通常宜储放重物或大型货品，而体积小或重量轻的货品则可堆存在较远或较高储区。因此，仓库管理基本思路中，会将重量重、体积大的货物储存于坚固并接近出库区或易于移动的位置，由此可缩短拣货时间和搬运路径，并简化清点工作。

四、仓库动线类型

动线优化遵循的基本原则是不迂回、不交叉，防止无效搬运，避免动线冲突和搬运中的安全隐患。在实际规划过程中，一般是根据整体进出货的特性来选择合适的动线类型。常见的动线类型有 U 形、L 形、I 形和 S 形 4 种。

1．U 形动线

U 形动线：进货区和出货区设置在仓库的同一侧，如图 2-14 所示。货物由“进—存—出”形成了一个类似倒 U 字形的移动路线。在传统仓储中，经常会将入库月台和出库月台合并为进出库月台，作为货物进出作业供应，也属于 U 形动线。

遵循 U 形动线的仓库各功能区的运作范围经常重叠，交叉点也比较多，容易降低运作效率。另外，由于进出仓库的货物在同一月台上进行收发，也容易造成混淆，特别是在繁忙时段及处理类似货物的情况下。解决的方法是可以组建不同小组，分别负责货物进出。

由于 U 形动线的出、入库月台集中在同一边，因此只需在配送中心其中一边预留货车停泊及装卸货车道，这样一方面可以更有效利用配送中心外围空间，另一方面也可以集中月台管理，减少月台监管人员数量。在土地少而人工成本高的情况下，采用 U 形动线的配送中心是很常见的。

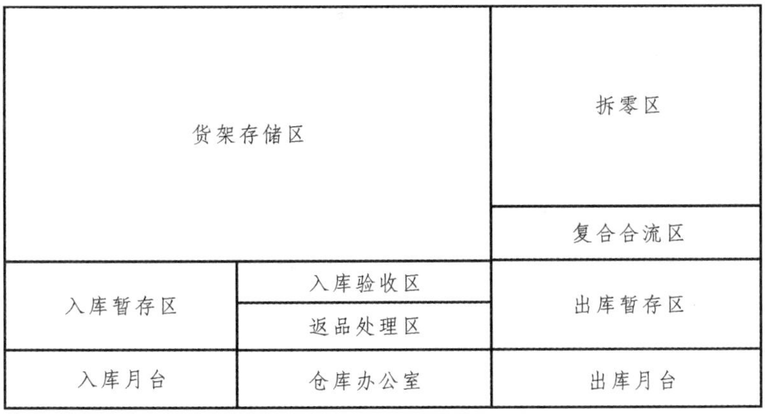

图 2-14　U 形动线

U 形动线的主要特点：

（1）月台资源能综合利用。

（2）适合越库作业。

（3）使用同一车道供车辆出入。

（4）易于控制货物安全。

2．L 形动线

L 形动线货物的进货区和出货区设置在仓库相邻的两侧，如图 2-15 所示。货物由“进—存—出”形成一个 L 字形的移动路线。需要快速处理货物的配送中心通常会采用 L 形动线，把货物出入配送中心的途径缩至最短，货物流向呈 L 形。

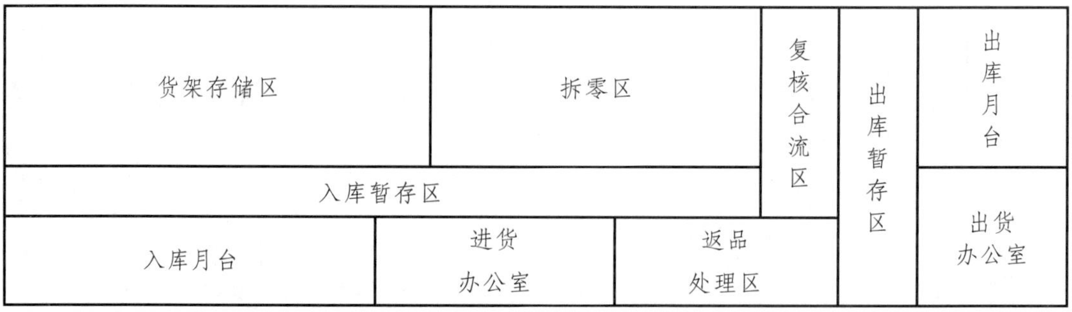

图 2-15　L 形动线

L 形动线的主要特点：

（1）可以应对进出货高峰同时发生的情况。

（2）适合有库存和无库存两种情况并存的配送作业。

（3）可同时处理高频率和低频率的货品。

（4）适用于流通加工中心。

3. I 形动线

I 形动线货物的出货区和进货区设置在仓库相对的两侧，如图 2-16 所示。货物由“进—存—出”形成了一个类似 I 字形的移动路线。由于 I 形仓库的运作流向是呈直线型的，各运作动线平行进行，因此无论是人流或是物流，相互碰撞交叉点相对来说是最少的，可降低操作人员和物流搬运车相撞的可能性。

I 形仓库存在的最大问题是出、入库月台相距甚远，增加货物的整体运输路线，降低效率，但是由于直线型的流程较为简单，操作人员比较容易适应，可以弥补该方面的不足。此外，由于出、入库月台分布在仓库的两旁，需至少两队保安负责两个月台的监管，因此增加了人力投入及运作成本。I 形仓库特别适合快速流转的货物，如以货物转运业务为主的物流中心通常设置为 I 形。

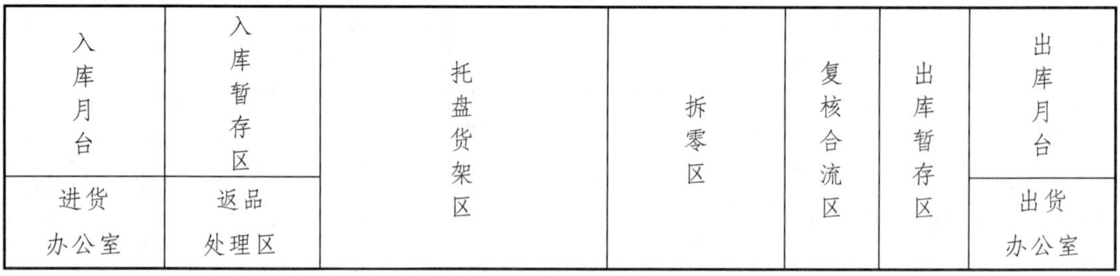

图 2-16　I 形动线

I 形动线主要特点：

（1）可以应对进出货高峰同时发生的情况。

（2）适用于无库存的转运中心。

在实际规划过程中，由于业务流程的复杂性，有可能将两种动线结合起来应用。例如 L 形动线和 I 形动线结合成 T 形动线等。如果仓库分为上线两层或多层，动线立体设计将更加复杂。

4．S 形动线

需要经过多步骤处理的货品一般采取此种动线，如图 2-17 所示。

S 形动线主要特点如下：

（1）可以满足多种流通加工等处理工序的需要，且在宽度不足的仓库中作业。

（2）可与 I 形动线结合在一起使用。

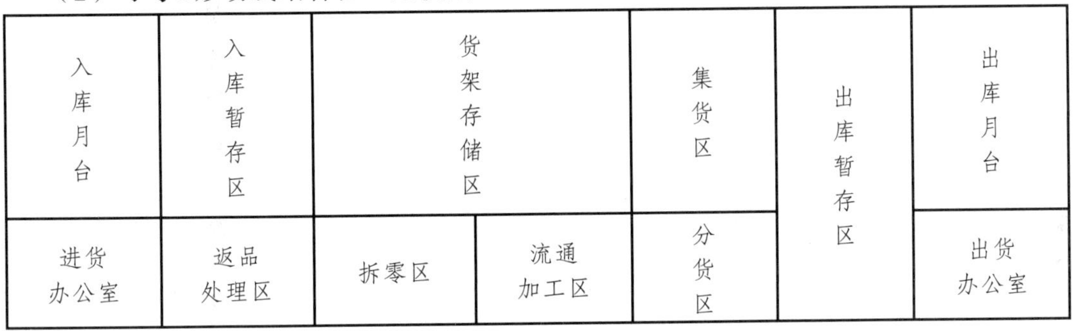

图 2-17　S 形动线

[任务实施]

1．有一个长 40 m，宽 10 m、高 8 m 的仓库，先对其区域进行布局设计。根据仓库区域和设备的图示说明（见表 2-3），按照横列式布局的要求，绘制仓库区域布局图。

将设计好的仓库布局图绘制在方框内，完成仓库布局图。

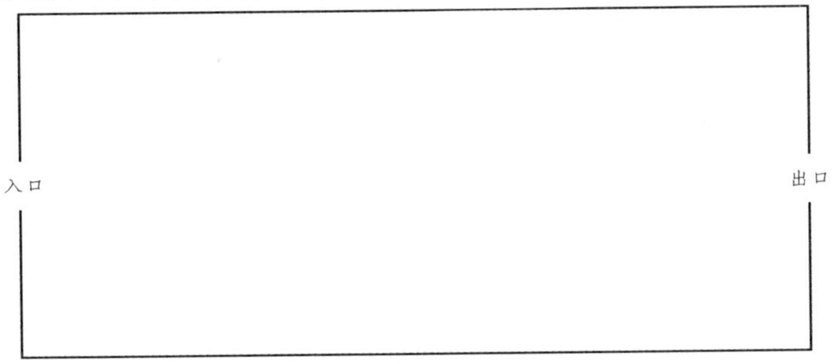

表 2-3　仓库区域和设备的图示说明

序号	图示	说明
1	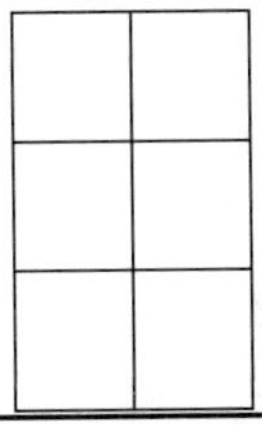	重力式货架（长 3 m、宽 1.5 m、高 5 m），共 20 组

续表

序号	图示	说明
2	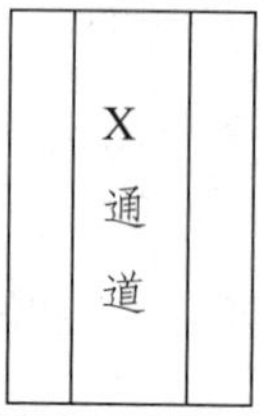	通道，包括主通道（1.5～3 m）、副通道（1 m）和检查通道（0.5 m）
3		月台，包括入库月台和出库月台
4	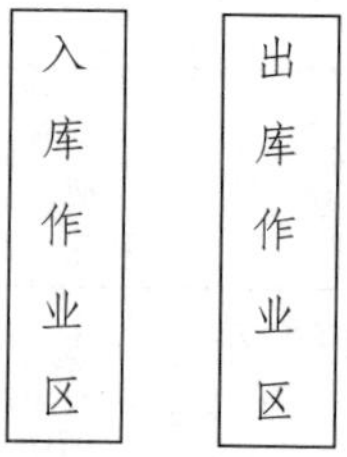	作业区，包括入库作业区和出库作业区

2．华夏物流供应链集团现根据业务发展需要，计划在上海闵行区新建一个分拨中心，分拨中心支持干线到货、上海市区的配送点配送以及嘉兴、杭州等地区的分拨任务，日均分拣量 4 000 单，现租用某家汽车配件供应商的仓库园区，总部计划将该分拨中心的日均分拣量提升至 10 000 单（员工数量达 150 人）。根据上海闵行仓的平面图，结合需求，完成空间规划和动线设计。仓库的平面结构图如图 2-18 所示。

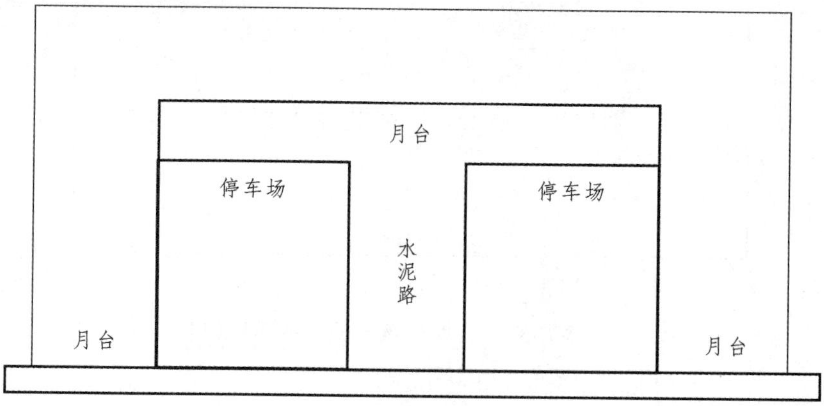

图 2-18 仓库的平面结构

[拓展知识]

仓库选址

[项目小结]

（1）仓库是保管和存放货物的建筑物和场所的总称，也是对货物进行集中、整理、保管和分发等作业活动的场所。

（2）仓库的分类：仓库从不同角度可以分成不同的类型。

（3）影响仓库平面布置的因素：仓库的专业化程度、仓库的规模和功能。

（4）仓库平面布置的要求：物品流向应该是单一流向、最短的搬运距离、最少的装卸环节、最大限度地利用空间。

（5）单层仓库平面布置原则：重、大件物品以及周转量大和出入库频繁的物品宜靠近出入口布置，以缩短搬运距离，提高出入库效率；易燃的物品应尽量靠外面布置，以便管理；要考虑充分利用面积和空间，使布置紧凑；有吊车的仓库，汽车入库的运输通道最好布置在仓库的横向方向，以减少辅助面积，提高面积利用率；仓库内部主要运输通道一般采用双行道；仓库出入口附近一般应留有收发作业用的区域；仓库内设置管理室及生活间时，应该用墙将其与库房隔开，其位置应靠近道路一侧的入口处。

（6）仓库的布局设计是为了在保证货物储存要求的前提下合理有效地利用库房面积而进行的布局规划。仓库总平面区一般可划分为仓储作业区、辅助作业区、行政管理区、院内道路、停车场和绿化带等。

（7）仓库动线规划：U 形动线、L 形动线、I 形动线、S 形动线。

[项目实训]

某公司计划新建一座仓库，面积约 20 000 ㎡，总体为一块长 200 m、宽 100 m 的矩形区域，建成后为周边区域单位提供包括仓储等在内的综合物流服务。仓库规划场地北侧与西侧区域对外连接，交通便利，东侧与南侧为规划道路，规划道路建成后，可考虑与外界的交通连接。由于北侧与西侧区域功能规划较易起步，可有效利用现有道路，对后续工程能起到滚动发展的作用，故工程位置出入口选择在区域北侧与西侧。本仓库主要开展库内物资的交易、中转、分拨、堆存及信息处理等增值服务。

根据以上信息，以小组为单位完成：

（1） 仓库内部布置。要求：库房合理布局，功能区完备，包括出入库理货区、储存区（托盘货架区、轻型栈板货架区、就地堆存区）、包装区、流通加工区、设备暂存区、现场控制区（办公区），各功能区分布满足商品作业顺序，设计区域动线。

（2） 各小组形成 PPT，课堂进行汇报。

[课后练习]

一、单项选择题

1.（　　）是经海关批准，在海关监管下专供存放未办理关税手续而入境或过境物资的场所。

A．特种仓库　　B．公用仓库　　C．保税仓库　　D．出口监管仓库

2．（　　）可以用来表示出入库频率。

A．库存量利用系数　　B．单位面积的库容量

C．全员平均劳动生产率　　D．装卸作业机械化程度

3．货垛整齐美观、存取查点方便、通风采光良好，但仓容利用率降低，这是（　　）布局方式。

A．纵列式　　B．横列式　　C．混合式　　D．倾斜式

4．可以根据库存物资在库时间的不同和进出频繁程度安排货位，这是（　　）布局方式。

A．纵列式　　B．横列式　　C．混合式　　D．倾斜式

5．对于机械化程度高的大型仓库，其面积可达（　　）。库房的长度应大于装卸线长度，库房的宽度可取长度的 1/8~1/3。

A．1 000~2 000 ㎡　　B．1 500~2 500 ㎡

C．2 000~3 000 ㎡　　D．2 500~3 500 ㎡

6．小型仓库的宽度一般在 10~13 m，中型仓库为（　　）。

A．10~15 m　　B．15~25 m　　C．20~30 m　　D．20~25 m

二、简答题

1．仓库货区布置的基本思路有哪些？

2．如何确定仓库的规模？

3．简述装卸搬运设备的配置原则。

三、案例分析

某公司的原材料仓库和厂房设计如图 2-19 所示，工厂生产采用 JIT 生产方式，即仓库送货采用高频率小批量的送货方式。

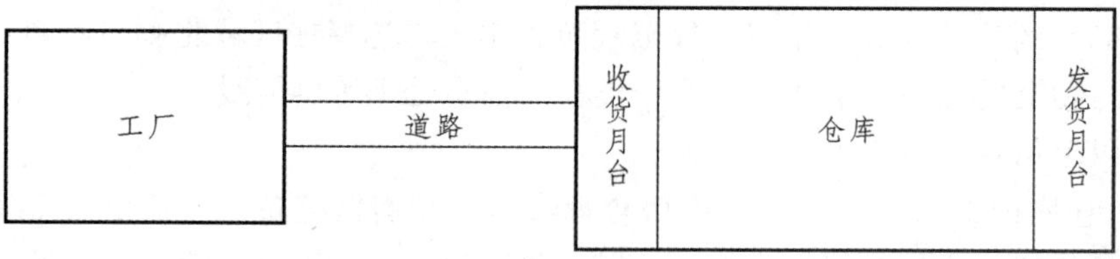

图 2-19　设计布局

图中，收货月台和发货月台的大小均为 100 m × 30 m，仓库大小为 100 m × 250 m，道路长度为 400 m，工厂大小为 100 m × 300 m，工厂发货平台到工厂内最短的送货距离为 430 m，最长送货距离为 650 m，根据以上信息，请完成如下任务：

（1）分析该仓库的布局形式以及该种布局形式的特点。

（2）指出该仓库布局的不合理之处，并对布局进行优化，画出合理的布局图，包含各功能分区的安排，进行区域动线设计，同时说明新布局中仓库设计采用了哪种布局形式。

项目三

入库作业管理

学习目标

知识目标

1．掌握入库作业基本流程、入库前的准备工作。

2．理解入库作业计划及其内容，影响入库作业计划的各种因素。

3．掌握入库验收的内容及验收中出现问题的处理方式。

技能目标

1．能够在库管员指导下进行入库准备工作级编制入库作业计划。

2．能够对入库货物进行验收，并准确规范填写验收结果，对验收中出现的问题进行处理。

3．能够进行入库理货、上架、入库信息录入等操作。

素质目标

1．具备计划观念。

2．培养恪尽职守的职业素养。

3．培养团队协作精神。

项目导学

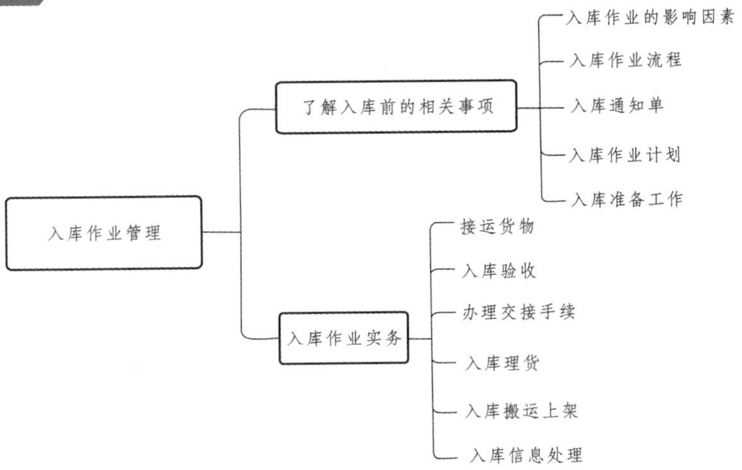

案例导入

电器行业的一个重要特点就是物品的贬值率特别高，物品每存放在仓库一天要损失

5%的利润。长虹在绵阳市拥有40多个原材料库房，50多个成品库房，200多个销售库房，近200家供应商。为了提高库存物资的周转率，长虹集团在入库作业管理中使用了现代化的信息处理技术。

长虹的入库操作包括收货、验收、上架等操作。根据供应商提供的条码对入库的原材料进行识别和分类。通过条形码进行标识，确保系统可以记录每个单体的信息，进行单体跟踪。仓库收货员接到供应商的送货单之后，利用Symbol MC3000扫描即将入库的各种原材料的条码，并扫描送货单上的条码号，通过无线局域网络传送到仓库数据中心，在系统中检索出订单，实时查询该入库产品的订单状态，确认是否可以收货，提交给长虹的ERP系统。

收货后，长虹的ERP系统会自动记录产品的验收状态，同时将订单信息发送到收货员的Symbol MC3000手持终端，并指导操作人员将该产品放置到系统指定的库位上。然后扫描库位条码，系统自动记录该物品存放库位并修改系统库存，记录该配件的入库时间。

通过这些步骤，长虹的入库作业完成，仓库管理人员可以在系统中追踪到每一个产品的库存状态，实现实时监控。

任务一

了解入库前的相关事项

[任务导入]

华夏物流供应链集团广州物流中心有普通仓库和立体仓库两种类型的仓库。普通仓库有 3 个储区，即平置库存储区、高架库存储区和密集型存储区（“货到人”储区），各仓库储存条件如下：

（1）平置库存储区地坪荷载为 3 t/m^2，库高 6 m，可用宽度受限为 9 m。

（2）高架库存储区货位规格为 1 200 mm ×1 000 mm ×1 000 mm，单货位承重为 500 kg；托盘规格为 1 200 mm ×1 000 mm ×160 mm；单位托盘重量为 10 kg；作业预留高度不少于 150 mm。

（3）密集型存储区为四列六层货架，单货位规格为 800 mm × 600 mm ×500 mm；单货位承重为 50 kg；周转箱规格为 600 mm ×400 mm ×360 mm；单位周转箱重量为 2 kg；作业预留高度不少于 100 mm；且物品包装（高度）至少应有 1/3 在周转箱中。

立体化仓库储存条件如下：

自动化立体仓库货位规格为 1 100 mm ×1 300 mm×1 000 mm；单货位承重为 500 kg；托盘规格为 1 200 mm × 1 000 mm × 160 mm；单位托盘重量为 10 kg；作业预留高度不少于 150 mm。

2021 年 10 月 27 日，华夏物流供应链集团广州物流中心收到供应商入库通知单 1 份，到货物品为飞鹤奶粉、海飞丝洗发水、华为笔记本电脑和伊利纯牛奶。其中海飞丝洗发水、飞鹤奶粉和伊犁纯牛奶等货物主要是为“双 11”大促提前准备的备货，计划存储至普通仓库；华为笔记本电脑计划存储至立体化仓库。该批货物计划到货日期为 2021 年 10 月 28 日上午 10 点，入库通知单如表 3-1 所示。

表 3-1　入库通知单

单号：20211027001							2021 年 10 月 27 日
序号	货物名称	型号/规格	单位	包装	数量	重量/kg	堆码极限
1	飞鹤奶粉	飞鹤星飞帆 3 段 700 克*6 罐 450 mm×300 mm ×245 mm	箱	纸箱	1 200	6	5 层
2	海飞丝洗发水	325 mm×157 mm×237 mm	箱	纸箱	600	8	4 层
3	华为笔记本电脑	MateBook D14 498 mm×312 mm×127 mm	台	纸箱	900	2．5	6 层
4	伊利纯牛奶	250ml*24 盒 350 mm×205 mm×115 mm	箱	纸箱	4 200	7	8 层

华夏物流供应链集团广州物流中心仓库部门需要快速高效完成该批货物的入库。

本次学习任务：

1. 熟悉货物入库的作业流程。
2. 熟悉入库准备工作内容。
3. 编制入库作业计划。

[相关知识]

入库作业是指货物进入仓库时，仓储部门所进行的接运、装卸、搬运、核单、验收货物、交接手续、登账等一系列操作活动。

一、入库作业的影响因素

仓储部门在进行入库作业前，首先要考虑影响入库作业的主要因素，以便合理配备人力和物力。

（一）供应商及其送货、到货信息

货物的供应商及其送货、到货信息会直接影响入库作业，影响因素包括供应商数量、供应商送货车型、供应商送货时间、货物中转运输和接运方式、货物到达时间、每台车的卸货时间等。

（二）货物的种类、性质和数量

货物的种类、性质和数量也会直接影响入库作业，如日平均送达的货物品种和最多品种数量、日平均供货数量和最多供货数量，以及货物尺寸、重量、包装形态、搬运方式、物理化学性质、储存方式等。

（三）入库作业组织的配备情况

入库作业组织的配备情况主要包括仓储设备、作业人员的配备和作业流程的安排。仓储设备是仓储作业的必备工具，其作业负荷较大，能够大大提高作业效率并降低作业人员的劳动强度。所以，仓储设备的种类、数量等会影响入库作业的效率。同时，作业人员的数量、岗位安排、作业流程安排等因素也会直接影响入库作业效率。

二、入库作业流程

入库作业是指仓储部门按照存货方的要求合理组织人力、物力等资源，按照入库作业程序，认真履行入库作业各环节的职责，及时完成入库任务的工作过程。入库工作质量直接影响到物品的储存保管以及出库业务等工作能否顺利进行。入库作业基本流程如图 3-1 所示。

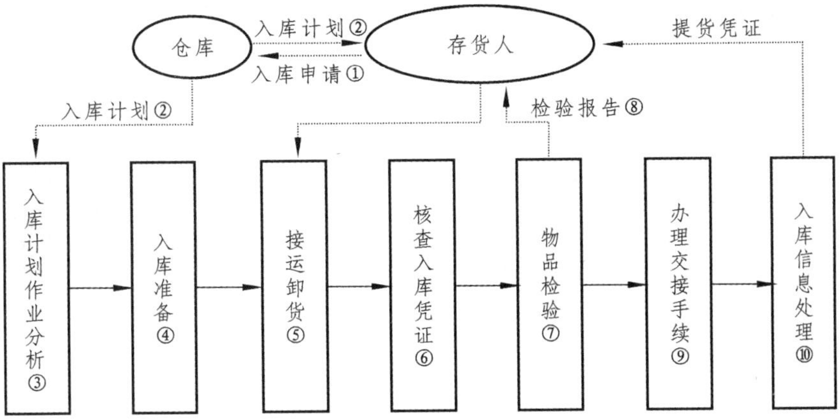

图 3-1　入库作业基本流

三、入库通知单

入库通知单是存货人给仓库的一个客户委托，即存货人向仓储企业提出入库申请的书面形式。一般入库通知单是货主或货主委托方为下达入库任务，根据仓储协议，在一批货物由司机送达仓库前下达给仓库，仅仅起到预报入库信息的作用。

入库通知单的内容一般应包括编号、日期、订单号、供应商、存货人、物品编号、物品名称、物品属性、物品件数、物品重量、包装材质及规格、存放地点等信息。

四、入库作业计划

入库作业计划是存货人发货和仓库部门进行入库前准备的依据。入库作业计划主要包括：到货时间，接运方式，包装单元与状态，存储时间，物品的名称、品种、规格、数量、单件体积与重量，物品的物理、化学、生物特性等详细信息。

仓库部门要对入库作业计划的内容进行分析，并根据物品在库时间和货物信息合理安排货位。仓库部门通过对入库作业计划做出测评与分析之后即可处理入库信息，并进行物品入库前的准备工作。

微课：入库准备

五、入库准备工作

按照物品的入库时间和到货数量，按计划安排好接运、卸货、检验、搬运物品的作业人员和班次；仓库管理员要准备好物品入库所需的各种报表、单证、账簿，以备使用。特别要做好货位准备、苫垫材料准备、验收及装卸搬运设备的准备等。

（一）货位准备

1．平置库货位准备

物品存储位置的确定主要考虑平置库平面布局、物品在库时间、物品物动量（货物的出库量）高低等关键因素。高物动量物品应放置在离通道或者库门较近的地方。

知识链接：物动量ABC分类

物品占地面积的确定：

① 单位包装物底面积=长×宽

② 单位面积重量=单位物品毛重÷单位包装物底面积

③ 层数 a=库高÷箱高（从净高考虑可堆层数 a）

④ 层数 b=地坪单位面积最高载荷量÷单位面积重量（从地坪载荷考虑可堆层数 b）

⑤ 若物品包装所允许的堆码层数 c 确定，则该批货物可堆层数=min{层数 a，层数 b，层数 c}

⑥ 占地面积=（总件数÷可堆层数）×单位包装物底面积

2．货架库货位准备

如果货物需要上架储存，在明确存储位置和货物数量的同时，可能还需要准备相应数量的托盘。

决定物品存储位置的关键因素是物动量分类的结果，高物动量物品一般应该选择首层货物，中物动量物品应选择中间层货物，低物动量物品则应选择在上层货位。

为保证计划入库物品能顺利入库，仓管人员应在入库前准备出足够的货位和上架所需的托盘。在确定货位和托盘数量时应考虑的因素主要包括：物品种类与包装规格、货架货位的设计规格、托盘规格、叉车作业要求、作业人员的熟练程度与技巧等。

货架仓库与平置库不同的地方还包括货位净高的要求以及叉车作业空间的预留，一般预留空间≥90 mm。

（二）苫垫材料的准备

货物确定后还要做好防雨、防潮、防尘、防晒准备，即准备好存储所需的苫垫材料。苫垫材料应根据货位位置和到货物品特性进行合理的选择。

选择垫垛材料时要考虑到能使物品免受地坪潮气的侵蚀，并满足垛底通风的需求。其主要材料包括：枕木、方木、木板、石条、水泥墩、防潮纸（布）及各种人工垫板等。

选择苫盖材料时主要考虑能使物品免受风吹、雨打、日晒、冰冻的侵蚀，主要包括塑料布、席子、油毡纸、铁皮、苫布及各种人工苫盖瓦等。

（三）验收及装卸搬运设备的准备

仓库理货人员根据物品情况和仓储管理制度确定验收方法，准备验收所需要的计件、检斤、开箱、装箱、丈量、移动照明等器具。同时，根据将要到达物品的特性、货位、设备条件、人员等情况，科学合理地制定卸车搬运工艺，备好相关作业设备，安排好卸货站台或者场地，保证装箱搬运作业的效率。

[任务实施]

1．结合本任务导入案例，讨论华夏物流供应链集团广州物流中心的入库作业流程。

2．如果华夏物流供应链集团广州物流中心接受了 2021 年 10 月 27 日收到的入库申请，那接下来要做哪些准备工作？

3．分析华夏物流供应链集团广州物流中心 2021 年 10 月 27 日收到的入库通知单，完成以下问题：

（1）填写表 3-2 的货物属性及分类分析表。

表 3-2　货物属性及分类分析表

序号	货物名称	物品属性	具体分类
1	飞鹤奶粉		
2	海飞丝洗发水		
3	华为笔记本电脑		
4	伊利纯牛奶		

（2）为华夏物流供应链集团广州物流中心仓库设计一份入库计划单。

（3）根据案例中的信息及物动量信息（见表 3-3），针对上述货物编制入库作业计划。作业计划包括入库物品的物动量 ABC 分类，货物组托以及货位选择。

表 3-3　物动量表

序号	货物名称	累计周转量
1	伊利纯牛奶	2 000
2	……	4 200
4	飞鹤奶粉	5 000
5	……	5 400
6	海飞丝洗发水	5 600
7	华为笔记本电脑	5 700
8	……	6 000

[拓展知识]

物品存储方式

任务二
入库作业实务

[任务导入]

连云港燕菲女士风衣股份有限公司成立于2000年，是一家以国际贸易为主，兼营国内贸易和纺织品检验检测等业务的综合性股份制企业。公司凭借优质的产品、专业的服务以及十几年来国际化经营过程中积累的经验和优势，与一大批国际知名企业建立起战略合作伙伴关系，赢得了良好的声誉和获得了较高的知名度。截止到目前，该公司的发展趋势为国际贸易出口和国内的批发。其主要的工作范围有：货物的入库、仓库的保管、出库等流程。其服务中心是以经营成本为目标，为客户提供安全、方便、满意的服务。

连云港燕菲女士风衣股份有限公司于2021年12月1日收到客户编号为YANFEI001的原材料供应商扬捷贸易总公司的一批货物如表3-4所示。

表3-4　入库通知单

序号	货物名称	产品编号	单位	包装规格	数量
1	女士风衣 Aa	TIAN001a	袋	50件/袋	20
2	女士风衣 Bb	TIAN001b	袋	50件/袋	20
3	女士风衣 Cc	TIAN001c	袋	50件/袋	20
4	女士风衣 Dd	TIAN001d	袋	50件/袋	20
5	女士风衣 Ff	TIAN001f	袋	50件/袋	20

燕菲仓库保管员收到该批货物入库通知单（DFGH001），编制作业计划单号为RTY001的入库单，将该批原材料存放于编号YU001的仓库，但在入库验收时发现扬捷贸易公司的女士风衣Ff质量未过关，包装出现破损，要求产品编号TIAN001f的女士风衣全部退货，于是该保管员于当时编制作业计划为HBM001的退货申请单（退货单号是EFG001），要求扬捷更换产品编号TIAN001f的女士风衣Ff，送货单号是QUM001。

其他合格产品暂放编号CPBM001的仓库暂存区，待货品（女士风衣Ff）更换完毕后一起入库。

本次学习任务：

1. 理解4种不同接运货物的方式。
2. 熟悉入库凭证种类及物品验收的内容。
3. 分析判断不同计量单位货物的检验方法。

4. 理解并阐述四种不同码盘方式的特点、正确选择码盘方式。
5. 熟悉入库信息的具体内容，正确填写入库单、明细账，完成入库信息的处理。

[相关知识]

微课：入库货物接运

一、接运货物

接运货物的主要任务是及时准确地将货物提取入库，并保证手续清楚、责任分明。

接运货物的方式主要有库内接货、铁路专用线接货、到承运单位接货和自提货 4 种。

（一）库内接货

库内接货是指供货单位或其委托的承运单位将物品直接送达仓库的一种供货方式。当物品到达后，接货人员及验收人员应直接与送货人员办理接货工作，当面验收并办理交接手续。

如果有差错，应该会同送货人查实，并由送货人出具书面证明、签章确认，以留作处理问题时的依据。

（二）专用线接货

专用线接货指仓库备有铁路专用线承担大批量的货物接运。一般铁路专用线都与公路干线联合。在这种联合运输的形式下，铁路承担长距离的货物运输，汽车承担直接面向收货方的短距离的货物运输。

1．接车卸车准备

接货人员在接到车站到货的预报后，首先确定卸车的位置，力求缩短场内搬运距离，并准备好卸车所需的人力和机具，确保能够按时完成卸车作业。在接到车到站的确切报告后，接货人员要及时赶到现场，引导货车停靠在预定的位置。

2．卸车前检查及卸车作业

在进行卸货作业前，接货人员要先对车中的货物进行大致的检查以防止误卸，并划清物品运输事故的责任。货物检查无误后，接货人员就可以安排相关人员进行卸车作业了。

3．卸货后现场进行清理

检查车内货物是否已经全部卸完，然后关好车门、车窗，并通知车站取车。

4．填写到货台账

到货台账中应该包括到货名称、规格、数量、到货日期、货物发站、发货单位、送货车皮号、货物有无异状等信息。

5．办理内部交接手续

此时，接货人员应将到货台账及其他有关资料与收到的货物一并交给仓库管理人员，并让仓库管理人员为货物办理入库手续。

（三）车站码头提货

由外地托运单位委托铁路、水运、民航等运输部门或邮递货物到达本埠车站、码头、民航、邮局后，仓库依据货物通知单派车提运货物。

1．安排接运工具。

了解货物的特性、单件重量、外形尺寸等情况，选择并安排接运工具。

2．前往承运单位

接货人员应带领接运人员前往承运单位，准备接货。

3．出示领货凭证

应向车站出示预先收到的由发货人寄来的领货凭证。如果没有收到领货凭证，也可凭单位证明或在货票存查联上加盖单位提货专用章，将货物提回。

到码头提货的手续与车站稍有不同，接货人员要事先在收到的提货单上签名并加盖单位公章或附上单位提货证明，然后到港口货运处取得货物运单，并到指定的库房提取货物。

4．检查货物状况

首先应根据运单和有关资料认真核对货物的名称、规格、数量、收货单位等相关信息，然后再仔细对货物进行外观检查。如果发现疑点或有与运单记载不相符合的情况，接货人员应当与承运部门当场检查确认，并让其开具文字证明。

5．装载并运回货物

对于检查无误的货物，安排装卸人员进行装卸，并将货物运回仓库。

6．办理内部交接

货物运到仓库后，接货人员要逐一点清，交给接货的仓库管理人员，并办理相应的交接手续。

（四）自提货

自提货是指接货人员到供货单位处提货，此时验收与提货同时进行。自提货应按以下要求办理：

（1）提货人员在提货前要了解和掌握所提货物的品名、规格、数量及入库验收的有关要求和注意事项，准备好提货所需的机具。

当供货单位点交所提货物时，提货人员要负责查看货物的外观质量，点验件数和重量，并验看供货单位的质量合格证等有关证件。

（2）现场点交，办理签收手续。货物提运到库后，保管员、提货员、随车装卸工人要密切配合，逐件清点交接。同时核对各项凭证、资料是否齐全，最后由保管员在送货单上签字，并及时组织复验。

微课：货物验收

二、入库验收

（一）核查入库凭证

1．入库凭证类型

（1）入库通知单与订货合同：入库通知单和订货合同副本是仓库接受物品的凭证，应与所提交的随货单证及货物内容相符。

（2）供货商单证：主要有送货单、装箱单、磅码单、原产地证明等。

（3）承运人单证：主要是运单，还有普通或商务记录、报关员与提运员交接记录、接运员与送货员交接记录等。

2．核对相关凭证

在核对凭证时，仓库管理人员要先对上述证件记录内容进行核实，然后再根据这些证件上所示的内容对货物进行逐项核对。

（1）进行证证核对：仓库管理人员在对证件进行核对时，要按照货物运送的过程对相应证件进行分类整理，然后根据证件之间的相关性核对各种证件的真实性及准确性。

（2）进行物证核对：核实物品的类别、型号、规格与凭证是否一致。

（二）实物验收

1．检验货物包装

对货物包装的检验是对货物质量进行检验的一个重要环节。货物包装的完整程度及干湿状况与内装货物的质量有着直接的关系。通过观察货物包装的好坏可以有效地判断出货物在运送过程中可能出现的损伤，并据此制定对货物的进一步检验措施。因此，在验收货物时，仓库管理人员需要首先对包装进行严格的检验。主要检查有无被撬、开缝、污染、破损、水渍等不良情况。同时，还要检查包装是否符合有关标准要求，包括选用的材料、规格、制作工艺、标志、打包方式等。另外对于包装材料的干湿度也要进行检查，包装的含水量是影响物品保管质量的重要指标，一些包装物含水量高表明物品已经受损，需要做进一步检验。

2．验收货物数量

数量验收是保证货物数量准确不可缺少的重要步骤，是在初验的基础上，于质量验收之前做进一步的货物数量验收，即所谓的细数验收。按货物性质和包装情况，数量检验可以分为三种形式，即计件法、检尺求积法和检斤法。

在做数量验收之前，应根据物品来源、包装好坏或有关部门规定，确定对到库货物是采取抽验方式还是全验方式。一般情况下，数量检验应全验，即按件数交货的全部进行点数，按重量交货的全部检斤，按理论换算重量交货的全部先检尺，后换算成重量，以实际检验的数量为实收数量。如果货物管理机构对全验和抽验有统一规定时，则按规定办理。在进行数量验收时，必须注意同供货方采取相同的计量方法。采取何种方式计数要在验收记录中做出记载，出库时也要按同样的计量方法计数，避免出现误差。

（1）计件法。

计件是按件数供货或以件数为计量单位的货物在做数量验收时清点件数。

一般情况下，计件货物应全部逐一清点。若运输包装（外包装）完好，销售包装（内包装）数量固定，一般不拆包，只清点大包装，特殊情况下可拆包抽查，若有问题可扩大抽查范围，直至全查。固定包装的小件货物如包装完好，打开包装对保管不利，可不拆。

一般情况下，国内货物只检查外包装，不拆包检查；进口货物则按合同或惯例办理。

（2）检尺求积法。

检尺求积是对以体积为计量单位的货物，如木材、竹材、沙石等，先检尺、后求体积，所做的数量验收。

（3）检斤法（重量验收）。

检斤是对按重量供货或以重量为计量单位的货物做数量验收时的称重。金属材料和某些化工产品采取的验收方式多半是检斤验收。按理论换算重量供应的货物先要通过检尺，然后按规定的换算方法换算成重量验收。进口货物原则上应全部检斤，但如果订货合同规定理论换算重量交货则按合同规定的执行。所有检斤的物品，都应填写磅码单。

① 物品的重量。物品的重量一般有毛重、皮重、净重之分。

毛重是指物品包括包装重量在内的实际重量；皮重是指物品包装的重量；净重是指物品本身的重量，即毛重减去皮重后的数。仓库管理中通常所说的物品重量是指物品的净重。

对于那些没有包装或包装所占重量比较小的物品，可以采用对物品直接过磅的方法得到物品的重量。

② 重量验收标准。由于不同地区的地心引力差异、磅秤精度差异及运输装卸损耗的因素造成物品过磅时重量数值的差异称为磅差。

$$\text{实际磅差率}=\frac{\text{实收重量}-\text{应收重量}}{\text{应收重量}}\times 1000‰$$

$$\text{索赔重量}=\text{应收重量}-\text{实收重量}$$

仓库管理人员在确定重量验收是否合格时，是根据验收的实际磅差率与允许磅差率的比较来判断的。若实际磅差率未超出允许磅差率范围，说明该批物品合格；若实际磅差率超出允许磅差率范围，说明该批物品不合格。

不同的物品有不同的允许磅差率范围，总的来说，价格越昂贵的物品其允许磅差率的范围就越小。

表 3-5 是常见金属的允许磅差率范围表，仓库管理人员在实际工作中可以将其作为参考。

表 3-5 常见金属的允许磅差率范围

品种	有色金属	钢铁制品	钢材	生铁、废铁	贵金属
允许磅差率	±1‰	±2‰	±3‰	±5‰	±0‰

3．验收货物质量

货物质量验收就是检验货物质量指标是否符合规定，主要包括外观检验、尺寸精度检验、机械物理性能检验和化学成分检验 4 种形式。一般仓库只做外观检验和尺寸精度检验，后两者检验如果有必要，由仓库技术管理职能机构取样，委托专门检验机构进行检验。

仓库对到库货物进行质量检验需根据仓储合同约定来实施，合同没有约定的，按照货物的特性和惯例确定。

对于不需要进行进一步质量检验的货物，仓库管理人员在完成上述检验并判断货物合格后就可以办理入库手续了。对于那些需要进一步进行内在质量检验的货物，仓库管理人员应该通知质量检验部门进行质量检验，待检验合格后才能办理入库手续。

4．填写验收记录

凡是经过检验的货物都要填写检验报告，如表 3-6 所示。

表 3-6 检验报告

<table>
<tr><td colspan="2">供货商</td><td></td><td colspan="2">订单号</td><td></td><td>验收员</td><td></td></tr>
<tr><td colspan="2">运单号</td><td></td><td colspan="2">合同号</td><td></td><td>验收日期</td><td></td></tr>
<tr><td colspan="2">发货日期</td><td></td><td colspan="2">到货日期</td><td></td><td>复核员</td><td></td></tr>
<tr><td>序号</td><td>物品名称</td><td>物品编码</td><td>规格型号</td><td>计量单位</td><td>应收数量</td><td>实收数量</td><td>差额</td></tr>
<tr><td></td><td></td><td></td><td></td><td></td><td></td><td></td><td></td></tr>
<tr><td></td><td></td><td></td><td></td><td></td><td></td><td></td><td></td></tr>
</table>

（三）问题处理

在物品验收过程中，可能会出现单证不齐、数量短缺、质量不符合要求等问题，应区别不同情况，及时处理并填写问题物品处理记录表，如表 3-7 所示。验收中发现问题的物品应单独存放，妥善保管，防止混杂、丢失、损坏。

表 3-7 问题物品处理记录单

常见问题处理	数量溢余	数量短少	品质不合格	包装不合格	规格品类不合格	单证与实物不符
通知供货方						
按实收签收						
维修整理						

续表

常见问题处理	数量溢余	数量短少	品质不合格	包装不合格	规格品类不合格	单证与实物不符
查询等候处理						
改单签收						
拒绝收货						
退单退货						

1．包装问题

在清点大件时发现包装有水渍、玷污、损坏、变形等情况，应进一步检查内部细数和质量，并由送货人开具包装异状记录或在送货单上注明，同时通知保管员单独堆放，以便处理。

2．数量不符

经验收后发现货物的实际数量与凭证上所列的数量不一致时，应由收货人在凭证上详细做好记录，按实际数量签收，并及时通知送货人和发货方。

仓库在物品验收过程中如发现物品数量与入库凭证不符、质量不符合规定、包装出现异常等情况时，必须做出详细记录。同时将有问题的物品另行堆放，并采取必要的措施，防止损失继续扩大，并立即通知业务部门或邀请有关单位现场察看，以便能及时做出处理。

3．质量问题

在与铁路、交通运输部门初步验收时如发现质量问题应会同承运方清查点验，并由承运方编制商务记录或出具证明书，作为索赔的依据。如确认责任不在承运方，也应做好记录，由承运者签字，以便作为向供货方联系处理的依据。

在拆包进一步验收时发现质量问题，应将有问题的物品单独堆放，并在入库单上分别签收，同时通知供货方，以划清责任。

凡货物质量不符合规定要求的，应及时填写退货单，如表 3-8 所示，向供货单位办理退货、换货手续或凭“货运记录”向相关责任单位索赔。

表 3-8　退货单

厂商：　　　　　　　　年　月　日　　　　　　　编号：

货物条码	名称	规格	数量	备注	签章
退货理由					

主管：　　　　　　　　　　　　填表人：

三、办理交接手续

交接手续是指仓库对收到的货物向送货人进行的确认，表示已经接收货物。办理完交接手续，意味着划分清楚运输、送货部门和仓库的责任。完整的交接手续包括如下步骤。

1．接收物品

仓库通过理货、查验物品，将不良物品剔除、退回或者编制残损单证等明确责任，确定收到物品的确切数量以及物品表面状态是否完好。

2．接收文件

接收送货人送交的货物资料、运输的货运记录以及随货在运输单证上注明接收的文件名称、文号等，如图纸、准运证等。

3．签署单证

仓库与送货人或承运人共同在送货人交来的送货单上签字，并留存相应单证。若送货单与交接清单不一致或物品、文件有差错时，还应附上事故报告或说明，并由有关当事人签章，等待处理。

四、入库理货

入库理货主要是指将入库验收完成的货物进行整理。整托入库的货物验收完成后可直接搬运上架，零散的货物需进行码盘作业，组盘完成后搬运上架。

（一）四种托盘货物堆码方式

托盘货物的堆码方式（码盘方式）主要有以下四种基本类型。

1．重叠式

重叠式码放方式也称直堆法，是逐件、逐层向上重叠码高，一件压一件的堆码方式。即各层码放方式相同，上下对应，层与层之间不交错堆码。如图 3-2 所示。

优点：操作简单，工人操作速度快，包装物四个角和边重叠垂直，承压能力大。

缺点：层与层之间缺少咬合，稳定性差，容易发生塌垛。

适用范围：货品底面积较大情况下，比较适合自动装盘操作。

图 3-2　重叠式堆码

2．纵横交错式

纵横交错式堆码是将长短一致，宽度排列能够与长度相等的商品，一层横放，一层竖放，相邻两层货品的摆放旋转 90º，层次之间交错堆码。如图 3-3 所示。

优点：操作相对简单，层次之间有一定的咬合效果，稳定性比重叠式好。

缺点：咬合强度不够，稳定性不够好。

适用范围：比较适合自动装盘堆码操作。

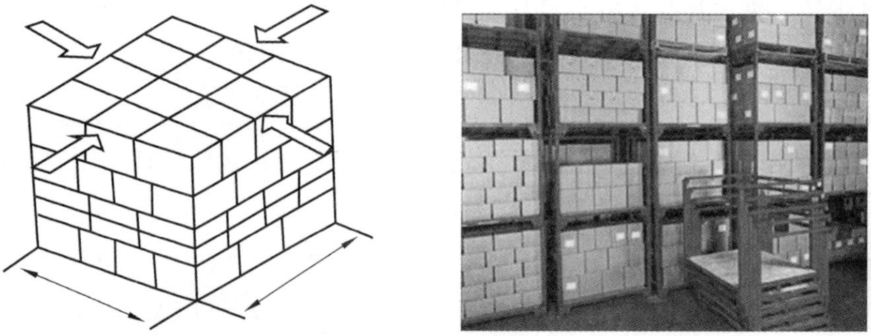

图 3-3　纵横交错式堆码

3．正反交错式

正反交错堆码方式是指同一层中，不同列的货物垂直码放，相邻两层货物的码放形式是另一层旋转 180º的形式。这种方式类似于建筑上的砌砖方式，不同层间咬合强度较高，相邻层之间不重缝，因而码放后稳定性较高，但操作较为麻烦，且包装体之间不是垂直面相互承受载荷。

优点：稳定性高，不容易倒塌，美观程度高，卡板得到充分利用；

缺点：堆码相对复杂、堆码时间相对较长。

适用范围：成箱货物在长方形托盘上堆码，货物的长宽尺寸比为 3：2 或 6：5。

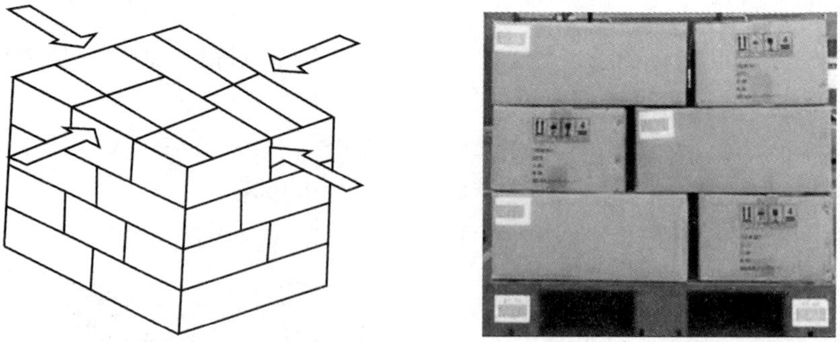

图 3-4　正反交错式堆码

4．旋转交错式

旋转交错式堆码方法是指第一层相邻的两个包装体都垂直码放，第二层摆放方式相同，与第一层货物方向相差 180º，第三层参照第一层，以此类推。如图 3-5 所示。

优点：稳定性好，不易塌垛。

缺点：操作难度大，中间的空心导致托盘使用率不高。

适用范围：比较适合自动装盘堆码作业。

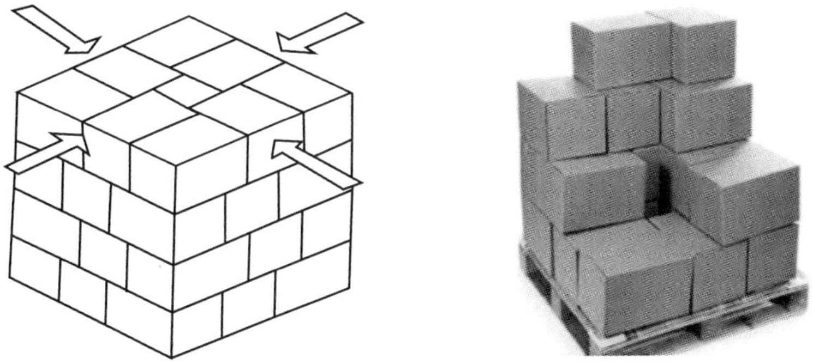

图 3-5　旋转交错式堆码

五、入库搬运上架

入库搬运上架是入库环节中的搬运装卸操作，是指仓管员使用液压托盘车等搬运工具，将理货完成的托盘货物从入库理货区搬运至保管区的托盘货架交接区暂存，然后由操作员使用堆高车等工具将货物上架至指定的货架储位的操作过程。

码盘作业原则

（一）装卸搬运

装卸搬运是指在同一区域内，以改变“物”的存放状态和位置为主要内容的活动。具体而言，装卸主要指在垂直方向上改变“物”的存放状态和位置，搬运主要是指在水平方向上改变“物”的存放状态和位置。

装卸搬运作业的基本活动包括装车、卸车、堆垛、入库、出库以及连接上述各项动作的短程输送，是随运输和保管等活动而产生的必要活动。在物流过程中，搬运作业是不断出现和反复进行的，它出现的频率高于其他各项物流活动，且每次搬运活动都要花费很长时间，所以搬运往往成为决定物流速度的关键。

（二）装卸搬运工具

装卸搬运一般用到的工具有叉车、手动液压搬运车（手动托盘车）、手推车、传送带，如图 3-6 所示。装卸货物时，徒手一次只能搬运一件货物，不能有丢、摔、扔等暴力操作行为。如果运输车辆与月台之间有一定的落差，为了作业安全与方便，可以采用可移动式楔块、升降平台、车尾附升降台、吊钩等工具。

手推车

移动式升降平台车

传送带

叉车

堆垛机

手动液压搬运车

图 3-6 常用的装卸搬运工具

（三）常见的装卸搬运标志

装卸搬运要依据货物外包装上标志进行，主要依据为国家物流标准规定的包装储运标志的相关内容（进行）。常见的包装储运标志如表 3-9 所示。

表 3-9 常见的包装储运标志

图示	释义	图示	释义
 小心轻放	用于碰震易碎、需轻拿轻放的运输包装件	 向上	用于指示不得倾倒、倒置的运输包装件
 由此吊起	用于指示吊运运输包装件时放链条和绳索的位置	 怕湿	用于指示不得倾倒、倒置的运输包装件
 禁止翻滚	用于不得翻滚搬运的运输包装件	 堆码重量极限	用于指示允许最大堆码重量的运输包装件
 重心点	用于指示运输包装运输件重心所在	 怕热	用于怕热的运输包装件
 远离放射源及热源	用于指示需远离热源及反射源的运输包装件	 堆码层数极限	用于指示允许最大堆码层数的运输包装件，图中“N”为实际堆码层数，印刷或喷涂时用阿拉伯数字表示

续表

图示	释义	图示	释义
 禁止手钩	用于搬运运输包装件时禁用手钩	 温度极限	用于指示运输包装件应该保持的温度极限

（四）装卸搬运的原则

装卸搬运作业在操作过程中，需遵循一定的原则，确保装卸搬运作业能够高效进行。具体如表 3-10 所示。

表 3-10　装卸搬运作业原则

序　号	作业原则	说　明
1	有效作业原则	尽量减少和避免不必要的装卸搬运，只做有用功，不做无用功
2	集中作业原则	有利于装卸搬运设备的配置和使用，提高机械化作业水平，以及合理组织作业流程，提高作业效率
3	简化流程原则	简化装卸搬运流程包括两个方面的内容：一是尽量实现作业流程在时间和空间上的连续性；二是尽量提高货物放置的活载程度
4	安全作业原则	作业过程中需确保工作人员及货物安全
5	系统优化原则	针对货物特性进行系统优化

六、入库信息处理

知识链接：装卸搬运的特点

（一）填写入库单

入库单是仓库统一设置的记录入库货物信息的单证，应包括货物的名称、编号、实际验收数量、存放货位等内容。仓库保管员根据入库货物验收结果据实填写入库单并签收。在填写入库单时，仓库管理人员应该做到内容完整、字迹清晰，并于每日工作结束后，将入库单的存根联整理好后统一保存，以便记账、查货、发货。

在实际中每个企业的入库单格式不完全一样。有的简单，有的复杂，有些还需要注明供货单位、采购价格、结算方式等，所以视企业的不同需求而有所区别。

（二）登记明细账

为了便于对入库货物的管理，正确地反映货物的入库、出库及结存情况，并为对账、盘点等作业提供依据，仓库管理人员要建立并登记实物明细账，以记录库存物品动态。

登账的主要内容有：货物名称、规格、数量、累计数或结存数、存货人或提货人、批次、金额、货位号，接（发）货经办人。

1．账册类型

实物明细账可分为无追溯性要求的普通实物明细账和有追溯性要求的库存明细账两种。

（1）普通实物明细账。

对只需反映库存动态的货物，如进入流通的货物或企业内的工具、备品备件等，可采用普通实物明细账记账，如表 3-11 所示。

表 3-11　物品明细账

品名		规格型号			
单位		供应商名称			
年　月　日	收发凭证号	摘要	入库数量	出库数量	结存数量

（2）库存明细账。

对有区分批次和有追溯性要求的货物，如企业生产所需的零部件、原材料等，可采用有可追溯性的库存明细账记账，如表 3-12 所示。

表 3-12　库存明细账

存货名称：　　存货编号：　　规格：　　计量单位：　　库区：

年　月　日	凭证号	摘要	收入		发出		结存	
			批号	数量	批号	数量	批号	数量

2．登账的方法

为了保证实物明细账的准确性、可用性，仓库管理人员在填写账册时要做到实事求是，依据合法的凭证，掌握正确的记录方法，并采用恰当的书写方式。

（1）登记凭证。

仓库管理人员登记实物明细账时必须以正式合法的凭证，如货物入库单和出库单、领料单等为依据。

（2）记录方法。

仓库管理人员在记账时应依时间顺序连续、完整地填写各项记录，不能隔行、跳页，并对账页一次编号，在年末结存转入新账后，旧账页应该入档妥善保管。

（3）书写要求。

仓库管理人员在记账时应该使用蓝、黑墨水笔，并注意书写内容的工整清晰，数字最好只占空格的 2/3，以便于改错。

当发现记账错误时，不得乱擦、挖补、涂抹或用其他药水更改字迹，而应在错处画一条红线，表示注销，然后在其上方填上正确的文字或数字，并在更改处加盖更改者的印章，红线画过后，原来字迹必须仍可辨认。

（三）设置货卡

货卡，又叫料卡，它是一种实物标签，是仓库管理人员管理货物的“耳目”。货物入库后，将货物名称、规格、数量或出入库状态等内容填在料卡上，称为立卡。

1. 货卡的种类和内容

货卡按其作用不同可分为状态卡和保管卡。

（1）状态卡。

状态卡是用于表明货物所处业务状态或阶段的标识。根据 ISO-9000 国际质量体系认证的要求，在仓库中应根据货物的状态，按可追溯性要求，分别设置待检、待处理、不合格和合格等状态标识（见图 3-7）。

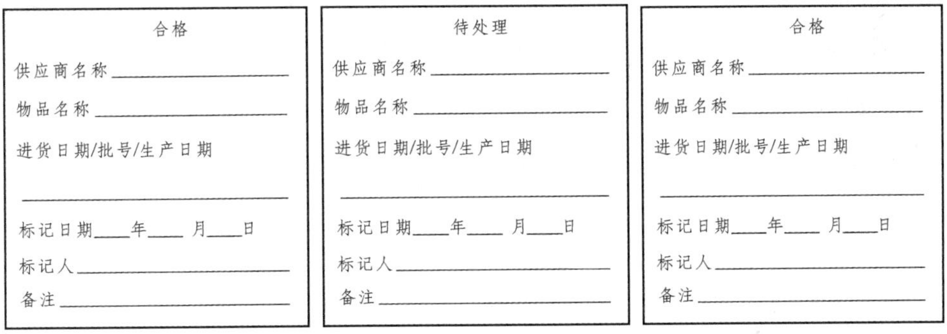

图 3-7 状态卡

（2）保管卡。

保管卡包括标识卡和储存卡。

标识卡用于表明货物的名称、规格、供应商和批次等。根据 ISO-9000 国际质量体系认证的要求，在仓库中应根据不同供应商和不同入库批次，按可追溯性要求，分别设置标识卡。

储存卡是用于表明货物的入库、出库与库存动态的标识，如图 3-8 所示。

品名______ 规格 ______

年		摘要	收入数量	发出数量	结存数量
月	日				

图 3-8 储存卡

对于设置了专门的待检区、待处理区、合格产品区、不合格产品区的仓库，设置保管卡时可以省略货物的状态；为了便于对货物存量进行控制及管理，可以在保管卡上增加估计用量、安全库存等信息。

仓库管理人员可以根据仓储业务，对保管卡的具体内容做适当调整。保管卡采用何种形式应根据仓储业务的需要来确定。

2．货卡的放置

货卡便于仓库管理人员随时与实物核对，有利于进、出库作业的及时进行，从而达到减少差错的发生、提高仓库作业效率的目的。为了使货卡充分发挥作用，仓库管理人员在设置货卡时需要注意以下两个问题。

（1）选择恰当的放置位置。

货卡一般悬挂在上架物品的下方或放在物品堆垛物品的正面，悬挂位置要明显、牢固，并便于随时填写。

（2）及时更新内容。

使用货卡时，仓库管理人员要根据作业的内容，及时更新货卡上的内容。

当新物品入库时，要为其设置专门的货卡；当物品入库、出库、盘点后，要立即在卡上的相关位置填写具体信息；当某物品清库后，要将货卡收回，并放置于该物品的档案中。

（四）建立物品档案

建档是对货物入库、出库作业全过程的相关资料的整理、核对，建立档案。

1．收集档案资料

（1）入库时的资料。

① 货物出厂时的各种凭证和技术资料，如物品技术证明、合格证、装箱单、发货明细表等。

② 货物运输过程单据、普通记录或货运记录、公路运输交接单等。

③ 货物验收入库的入库通知单、验收记录、磅码单、技术检验报告等。

（2）保管时的资料。

包括货物入库保管期间的检查、保养、损益、变动等情况的记录，以及库内外温湿度记载及对物品的影响情况。

（3）出库时的资料。

物品出库时的凭证，如领料单、出库单、调拨单等。

2．建档工作要求

（1）应一物一档：建立货物档案应该是一物（一票）一档。

（2）应统一编号：货物档案应进行统一编号，并在档案上注明货位号，同时在实物保管明细账上注明档案号，以便查阅。

（3）应妥善保管：货物档案应存放在专用的柜子里，由专人负责保管。

[任务实施]

1．分析 4 种接运方式的不同并填在表 3-13 中。

表 3-13　接运方式分析

接运方式	适用场合	办理程序
库内接货		
铁路专用线接货		
到承运单位接货		
自提货		

2．泰丰公司为联华集团重要的供应商，2021 年 12 月 25 日，泰丰公司委托德邦物流运输的一批货物到达广州联华南沙配送中心 1 号库，货物明细表如表 3-14 所示。

表 3-14　德邦物流送货单

接收单位：广州南沙配送中心　　　　　　　　　　　　日期：2021 年 12 月 25 日

序号	货物名称	包装及规格	单位	数量	备注
1	长城干红葡萄酒	纸箱 460 mm×260 mm×252 mm	箱	500	易碎
2	散装法式面包	周转箱 740 mm×560 mm×400 mm	个	2 000	
3	泰国香米	散装	kg	500	防潮

送货单位：（盖章）　　　送货员：　　　收货单位：（盖章）　　　收货员：

（1）分析讨论仓库接受物品的凭证种类。

______

______

______

（2）分析货物验收的内容。

______

______

______

（3）讨论不同计量单位货物应采用的检验方法，并填写表 3-15。

表 3-15　检验方法分析

货物名称	计量单位	检验方法
长城干红葡萄酒	箱	
散装法式面包	个	
泰国香米	kg	

3．杭嘉配送中心 6 号仓库接到一批货物的入库通知，确认入库的货物为心相印纸巾，640 箱，外包装规格为 580 mm × 300 mm × 200 mm；娃哈哈纯净水，1 000 箱，外包装规格 380 mm × 285 mm × 270 mm．仓库现有作业托盘尺寸为 1 200 mm × 1 000 mm。根据货物和托盘尺寸，选择合适的码盘方式，绘制出码盘示意图。

4．泰鑫图书配送中心接到明天出版社发过来的入库通知单，如表 3-16 所示。

表 3-16　入库通知单

入库通知单号：MT20211226001

客户：明天出版社

收货地点：上海市闵行区泰鑫图书配送中心

收货人：李 xx　　电话：1715845xxxx

发货日期：2021 年 12 月 26 日　　计划到货日期：2021 年 12 月 27 日

序号	商品编号	商品名称	包装规格	单位	计划数量	备注
1	65320981	罗尔德·达尔作品典藏	220 mm×180 mm×160 mm	箱	50	
2	65309012	杨红樱笑猫日记	265 mm×210 mm×240 mm	箱	60	
3	61203299	曹文轩大语文系列	297 mm×223 mm×240 mm	箱	35	
				合计	145	

制单人：张一一　　审核人：王丽

明天出版社的所有商品的出入库和库内保管由泰鑫图书配送中心仓储部的仓管员负责。

2021 年 12 月 27 日 09:00，仓管员小李根据“入库通知单”编制入库单号为 TXMT20211227001 的“入库单”。2021 年 12 月 27 日 11:00 该通知单的货物到达泰鑫图书配送中心，在收货验收过程中，仓管员小李发现有 2 箱编号为 65320981 的图书的外包装破损，里面的图书已经出现水渍，仓管员小李经过和出版社协商，把这 2 箱图书当场拒收并由送货司机直接带回给出版社，除了拒收的 2 箱图书外，其他均与《入库通知单》一致，当日 12:00 完成验收，仓管员根据实际收货情况，在《入库单》上确认并签字。

请以泰鑫图书配送中心仓管员身份制作空白入库单、空白明细账、空白保管卡，并正确填写入库单、明细账。

货运交接责任划分和货运事故的处理

[拓展知识]

见二维码内容。

[项目小结]

（1） 入库作业的影响因素：供应商及其送货、到货信息；货物的种类、性质和数量；入库作业组织的配备情况。

（2） 入库作业流程主要包括以下环节：入库申请、入库计划、入库计划作业分析、入库准备、接运卸货、核查入库凭证、物品检验、办理交接手续、入库信息处理等。

（3） 入库通知单是存货人给仓库的一个客户委托。内容一般应包括编号、日期、订单号、供应商、存货人、物品编号、物品名称、物品属性、物品件数、物品重量、包装材质及规格、存放地点等信息。

（4） 入库作业计划是存货人发货和仓库部门进行入库前准备的依据。入库作业计划主要包括：到货时间，接运方式，包装单元与状态，存储时间，物品的名称、品种、规格、数量、单件体积与重量，物品的物理、化学、生物特性等详细信息。

（5） 入库准备工作：按照物品的入库时间和到货数量，按计划安排好接运、卸货、检验、搬运物品的作业人员和班次；仓库管理员要准备好物品入库所需的各种报表、单证、账簿，以备使用。特别要做好货位准备、苫垫材料准备、验收及装卸搬运设备的准备等。

（6） 接运货物的方式主要有库内接货、铁路专用线接货、到承运单位接货和自提货4种。

（7） 入库凭证类型：入库通知单与订货合同、供货商单证、承运人单证等。

（8） 实物验收的内容包括：检验货物包装、验收货物数量、验收货物质量、填写验收记录。

（9） 交接手续是指仓库对收到的货物向送货人进行的确认，表示已经接收货物。办理完交接手续，意味着划分清楚运输、送货部门和仓库的责任。完整的交接手续包括如下步骤：接收物品、接收文件、签署单证。

（10） 四种托盘货物堆码方式：重叠式、纵横交错式、正反交错式、旋转交错式。

（11） 入库搬运上架是入库环节中的搬运装卸操作，是指仓管员使用液压托盘车等搬运工具，将理货完成的托盘货物从入库理货区搬运至保管区的托盘货架交接区暂存，然后由操作员使用堆高车等工具将货物上架至指定的货架储位的操作过程。

（12） 入库信息处理包括：填写入库单、登记明细账、设置货卡、建立物品档案。

[项目实训]

根据以下资料进行储存方案设计及货位优化。

2021年12月25日，某仓库运营部接到入库任务单，要对六种商品进行入库。这六种商品的周转量分别是：550箱、500箱、300箱、290箱、220箱、200箱。假设仓库面积560 m²，高度4.5 m，能够满足两层货架仓储作业，对所要入库的商品进行入库方案设计及货位优化。设计时首先要分析商品物动量，把物动量大的商品储存在方便取放的货位。然后进行码盘组托，按照成本最低原则，选择合适数量的托盘。码盘后选择合适的设备将货物搬运至货位，然后画出货位储存图。入库任务单如表3-17所示。

表3-17 入库任务单

入库任务单编号：W21122501		计划入库时间：到货当日				
序号	商品名称	包装规格（长×宽×高）/mm	单价/（元/箱）	重量/kg	入库数量/箱	限制堆码层数
1	冠生园蜂蜜	395×245×265	160	9.5	30	5
2	涪陵榨菜	330×235×240	160	9.3	36	6
3	好吃点华夫饼	455×245×200	180	2.5	32	5

续表

4	金牌肉松	460×260×230	200	4.8	20	5
5	多丽油漆	295×245×240	200	9	36	6
6	马大姐酥糖	495×395×320	150	15	8	5

方案设计需要用到的信息如下。

1．入库商品库存周转量统计表

库存周转量统计表如表 3-18 所示。

表 3-18　库存周转量统计表

序号	货品名称	周转量/箱	序号	货品名称	周转量/箱
1	冠生园蜂蜜	550	4	金牌肉松	290
2	涪陵榨菜	300	5	多丽油漆	200
3	好吃点华夫饼	500	6	马大姐酥糖	220

2．托盘规格

尺寸为：1200 mm × 1 000 mm × 160 mm。

3．货架信息

货架是 2 排 2 列 2 层；货位参考尺寸：2800 mm（长）× 1 000 mm（宽）× 1 350 mm（高），双货位。货位条码编制规则为库区、排、列、层 4 号定位法。如 01010202，代表的信息是 1 号库区第 1 排第 2 列第 2 层。货位操作空间≥150mm，表示该货位上已有商品。如图 3-9 所示。

4．托盘码放示意图要遵循的规定和至少包含的信息

（1）画出托盘码放的完整的奇数层俯视图和偶数层俯视图。

（2）在图上标出托盘的长、宽尺寸（以 mm 为单位）。

（3）用文字说明堆码后的层数。

（4）用文字说明此类商品所需托盘的个数。

（5）将托盘上的货物以浅灰色填涂。

（6）货物组托时均需压缝。

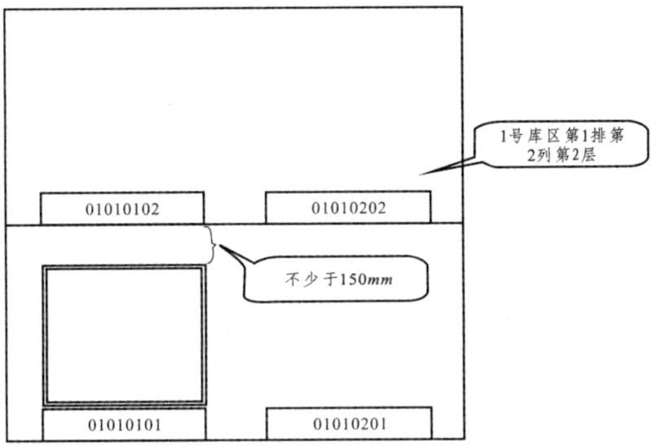

图 3-9 货位信息示意图

储存方案设计及货位优化步骤如下。

步骤一：入库商品的物动量 ABC 分类。将分类过程及结果填入表 3-19。

表 3-19 入库商品物动量 ABC 分类表

序号	商品名称	周转量/箱	周转比例	累计周转比例	ABC 分类

步骤二：货物组托。根据组托要求、托盘规格、入库商品包装规格，采用合适的托盘堆码方式进行货物组托，计算所需托盘数量。

____

____

____

____

步骤三：绘制货物组托示意图。画出货物组托主视图、奇数层俯视图、偶数层俯视图，并对组托情况进行描述。

步骤四：绘制货位存储图。根据入库商品物动量 ABC 分类及组托结果，将入库商品进行上架储存，并在图 3-10 和 3-11 中标明入库商品的存放位置，绘制货位存储图。

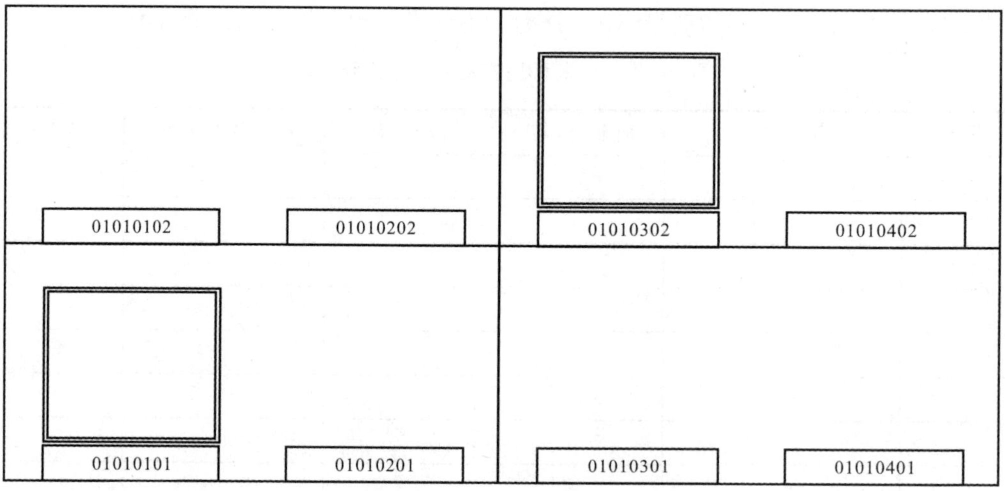

图 3-10　第一排储位图

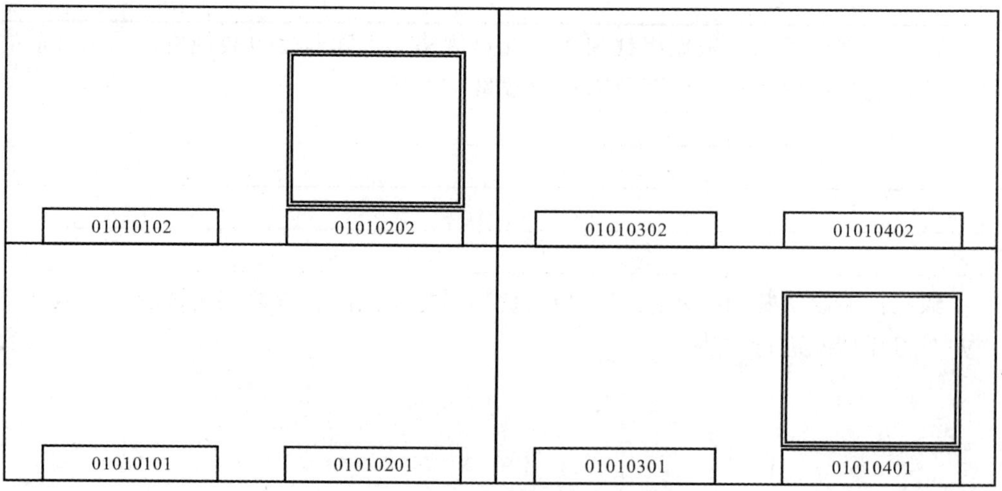

图 3-11　第二排储位图

[课后练习]

一、单项选择题

1. 了解在货物入库期间，保管期间仓库的库容，设备、人员的变动情况，以便(　　)。

A．安排工作　B．保管货物　C．安排转仓　D．安排过库

2. 在货物入库前，根据所确定的苫垫方案，准备相应的材料，并组织（　　）作业。

A．堆码　B．衬垫铺设　C．码盘　D．上架

3. 根据货物、货位、设备条件、人员等情况，合理科学地制定卸车（　　），保证作业

A．生产工艺　B．流水线　C．搬运工艺　D．方案

4. （　　）的主要内容有：物品名称、规格 数量、件数、累计数或结存数、存货人或提货人、批次、金额、货位号或运输工具、接（发）货经办人。

A．立卡　B．货牌　C．看板　D．登账

5. 按货物的（　　）归类，并集中存放在适当场所，这是大多数仓库采用的方法。

A．自然属性　B．物理属性　C．化学性质　D．形状

6. 货物（　　）是记录入库货物信息的单据，应该记录有货物的名称、货物编号、实际验收数量、货物价值及价格等内容。

A．出库单　B．入库单　C．转仓单　D．登账

7. （　　）有两种：一种是无追溯性要求的普通实物明细账，另一种是有追溯性要求的库存实物明细账。

A．入库单　B．货卡　C．实物明细账　D．仓单

8. 货物（　　）主要包括以下三方面内容：第一，货物的状态，如待检、待处理、不合格、合格等；第二，货物的名称、规格、供应商和批次等；第三，货物的入库、出库与库存动态等信息。

A．登账　B．立卡　C．货牌　D．保管卡

9. 货物（　　）反映了货物从入库、保管及出库的所有变化过程的信息。

A．档案　B．立卡　C．入库单　D．仓单

10. （　　）接货是仓库直接和铁路部门在库内发生货物交接的一种方式。

A．公路专用线　B．铁路专用线　C．航空　D．水路

二、简答题

1. 简述货物入库准备。
2. 基本的入库作业流程包括哪些步骤?
3. 入库方式有几种?
4. 简述货物入库单的流转环节。

三、案例分析

位于日本东京和平岛流通基地内的学研社以出版和销售杂志、书籍为主，兼营与教育相关的教学器材、教材、体育用品、文具、玩具等。随着销售量的急剧上升，学研社

总公司为日本 4 000 多家特约销售店服务，每天的物流量高达 1 万吨左右。

为适应迅速发展的业务需要，该公司曾几次改进仓储进出库作业方式。1964 年公司决定将传统的仓库改建为仓储配送中心，引进托盘化作业，传送带包装拣货等，为现代装卸搬运、仓储保管打下了基础。1974 年公司采用了自动化立体仓库技术，商品出入库作业全部实现自动化，并将计算机用于库存管理和编制出库作业路线图等。近年来，公司为提升服务、节省成本，开发了新一代仓储、配送信息网络系统。

学研社的书籍、教材类均属多品种、小批量、规格、形状、尺寸各异的商品。该类入库商品在 4 楼卸车码盘验收后暂时保管。其后打包成标准包装进入拣选作业线。零星出库商品用纸箱重力式货架移动，等待拣选，然后根据运输用标签进行拣选。拣选商品中的标准包装贴上标签进入自动分拣系统。传送带全长 430 m，水平搬运，并从 4 楼向 1 楼的垂直搬运带出货，送往高速自动分拣系统。经激光扫描器扫描，自动阅读标签上的条形码，自动分拣到指定的分拣滑道。每天的处理能力约为 300 t。

杂志类属少品种、大批量、规格、形状、尺寸基本统一的商品。该类入库商品在 1 楼收货、验货、热缩包装集装化后装载在托盘上，暂时储存在托盘重力式货架上保管。部分存放在 2 楼重力式货架的杂志，得到补货指令，便自动通过垂直输送机运到 1 楼出库。根据出库的信息，商品自动地被拣选，计算机系统打印出配送用的标签，自动粘贴在纸箱上。在 1 楼的出货站台，一旦汽车到达，出货商品由水平输送机等自动送到出货处装车。而零星商品在 3 楼拣货、配货后，由垂直输送机向 1 楼运送出货，一天的出货量为 300 t。

讨论：

1. 该公司的商品是如何分区分类储存的？
2. 若想确保商品质量安全，在货位选择时应注意哪些问题？

项目四
在库作业管理

学习目标

知识目标

1. 理解堆码原则及货垛的“五距”要求。

2. 熟悉不同形式的堆码方法和苫垫方法。

3. 掌握储位编码的相关知识。

4. 熟悉仓库温湿度的变化规律及控制方法。

5. 理解 ABC 分类法的原理，掌握 ABC 分类法的步骤及不同类别的管理措施。

6. 理解定量订货法与定期订货法的原理及应用。

7. 熟悉盘点工作内容，理解盘点方法的使用。

技能目标

1. 能够在普通仓库中进行货物堆码与苫垫作业。

2. 能够利用检测仪器对仓库温湿度进行测量，并采取合理的调节与控制措施。

3. 能够进行储位管理优化。

4. 能够进行数据的收集及整理，进行 ABC 分类，并对不同类型货物采取不同的管理措施。

5. 能够根据储存货物的特点，选用合适的库存控制方法，进行库存控制。

6. 能够进行盘点作业及正确处理盘点盈亏。

素质目标

1. 通过小组合作，培养学生的团队协作精神。

2. 通过对储位管理及库存控制相关知识的学习，培养学生的成本和节约意识。

3. 培养对工作认真负责、精益求精的职业精神。

项目导学

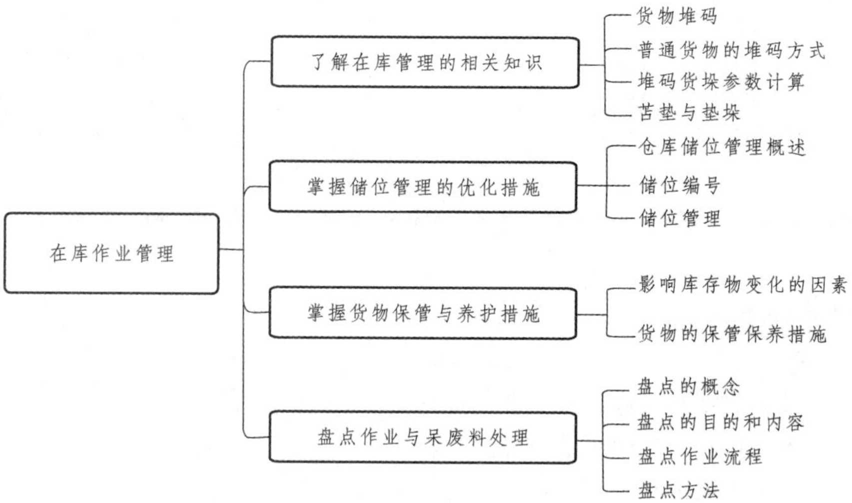

案例导入

嘉兴可思汗超市位于嘉兴学院内，地理位置上，靠近生活区，主要顾客来源是校内学生、老师及职工，超市提供日常用品。但在开学初期，相对于较旺盛的购买力，可思汗超市的货架上经常出现缺货现象，严重影响顾客的消费体验。而且此情况不仅出现在一家可思汗超市中，几家连锁店都出现了这样的问题。购货区货需要补货的商品较多、补货不及时，补货时间较长等等，这都充分地说明了可思汗超市的库存管理出现了严重问题。针对以上问题，可思汗超市进行了库存及储位优化管理。

一、出入库订单分析——EIQ 分析法

EQ（订单量）分析是单张订单出货数量的分析。通过对可思汗超市仓库商品出入库数据的 EQ 分析，来进行相关拣货设备分级使用。对于订单数量大的订单，可以使用高效快捷的拣货设备等。

EN（订货品项数）分析是单张订单出货品项数分析。通过 EN 分析可以了解客户订货品项数的多寡，决定拣货方式。通过对可思汗超市出入库商品数据的 EN 分析，仓库管理员更好地掌握了客户订购品项数，降低仓库拣货时间成本与仓库人力管理成本。

IQ（品项数量）分析是各单一品项出货总数量分析。通过 IQ 分析能再次进行 ABC 分析让管理人员易于了解主要产品的状况以及需加强控管的商品。IQ 分布图也能影响商品储区的规划弹性、甚至于影响拣货系统的设计。

IK（品项受订次数）分析是各单一品项出货次数分析。即是统计各种品项被不同客户重复订货的次数，有助于了解产品别的出货率。由分析得知产品出货次数频率，再配合 IQ 分析，进一步划分储区及储位配置，优化仓储及拣货系统的设计。

二、基于 ABC 分类进行储位优化

可思汗超市的库存物资种类繁多达 200 多种，也算是在中小型超市中品类繁多的超

市。并且 200 多种商品每个品种的价格不尽相同，而且库存数量并不相等。为了使有限的时间、资金、人力和物力等资源得到更加有效的利用，依据库存物资的重要程度不同，以某类库存货物品种数占物资品种数的百分比和该类物资金额占库存物资总金额的百分数大小为标准，将库存物资分为 A、B、C 三类进行分级管理。

ABC 分类的标准没有统一及严格的规定、必须根据可思汗超市仓储配送的具体特点制订有针对性的 ABC 分类标准。通过对近一周有效历史订单信息汇总数据进行分析，计算消耗总额（库存物资消耗总量乘上其单价），采用如下分类标准：依照消耗总额从高到低进行排序，将最高的、累计至 64. 67%的物资划为 A 类，将消耗金额次高的 29.95%划归为 B 类，最低的 5.38%划归为 C 类。

通过以上管理措施，可思汗超市出现缺货的频率大大下降，就算是出现缺货，现场也能快速进行补货，服务质量得到提升，顾客满意度得到提高。

任务一

了解在库管理的相关知识

[任务导入]

华夏物流供应链集团广州物流中心收到供货商发来的入库通知单，计划到货日期为2021年12月28日上午10点，内容如下：

品名：五金工具　　　　　　包装规格：500 mm × 400 mm × 600 mm

包装材质：松木　　　　　　单体毛重：80 kg

包装标识限高：5层　　　　　数量：1 500箱

如果此批货物入库后码垛堆存，仓库管理员需计算出至少需要多大面积的储位，如果仓库地坪荷载为2.5 t/m^2，库高6 m，可用宽度受限仅为5 m，需计算出计划堆成的货垛的垛长、垛宽及垛高各为多少箱。

本次学习任务：

1. 理解仓库物品堆码的意义、原则。
2. 分析不同堆码方式的特点及适用范围。
3. 堆码货垛参数计算。

微课：货物堆码

[相关知识]

一、货物堆码

（一）堆码的定义

堆码就是将货物整齐、规则地摆放成货垛的作业（《中华人民共和国国家标准物流术语》）。根据货物的特性、形状、轻重及包装质量等因素，结合仓库储存条件，将货物堆码成一定的货垛，就是堆码。

（二）堆码的重要意义

1．对货物质量具有一定的保护作用

正确的堆码方式可以减少货物堆放时造成的损坏，便于识别和检查货品质量。

2．提高仓库的空间利用率

合理的堆码能够有效利用库房容积，从而提高仓库的空间利用率。

3．实现装卸机械化，提高装卸效率

科学的堆码可实现装卸作业单元化，防止装卸搬运中出现货物的掉落，从而节省装卸搬运时间，提高装卸作业效率。

（三）堆码的原则

1．分类存放

分类存放是货物储存保管的基本原则，是保证货物质量的重要手段。具体包括以下几点内容：

① 同一品种物品在同一地方保管。

② 不同类别的货物需要分类存放，甚至需要分区分库存放。

③ 不同规格、不同批次的货物也要分位、分堆存放。

④ 残损货物要与原货分开。

⑤ 对于需要分拣的货物，在分拣之后应分位存放，以免混串。

⑥ 不同流向的货物、不同经营方式货物的分类分存。

2．面向通道

一是所有货物的货垛、货位都要一面与通道相连，处在通道旁，以便能对其进行直接作业；二是货垛以及存放货物的正面要尽可能面向通道，以便查看；三是仓库通道与堆垛之间要保持适当的宽度和距离，以提高货物装卸的效率。

3．上轻下重

安排放置场所时要把重的货物放在货架下边，把轻的货物放在货架的上边。需要人工搬运的大型货物则以腰部的高度为基准。堆码时要适当选择垛底面积、堆垛高度和衬垫材料，提高货垛的稳定性，保证堆码的牢固、安全，不偏不歪、不倚不靠和使货物不受损害。

4．充分利用空间

有效利用库内容积，尽量向高处码放。同时，为防止破损、保证安全，应当尽可能多地使用货架等立体储存设备。

5．先进先出

对于易变质、易破损、易腐败的货物与机能易退化、老化的货物，应尽可能按先进先出的原则，加快周转。

6．根据出库频率选定位置

出货和进货频率高（物动量大）的货物应放在靠近出入口、易于作业的地方；流动性差（物动量小）的货物应放在距离出入口稍远的地方；季节性货物则依其季节特性来选定放置的场所。

7．货垛整齐有序

堆垛排列整齐有序，同类货物垛形统一，形成良好的库容。货垛横成行、纵成列，物品包装上的标志一律朝外，便于查看与拣选。

8．定量存放，便于点数

为了方便检查和盘点，能够使库管员过目成数，在堆码时，垛、行、列、层、包等数量力求整数，每垛应有固定的数量，通常采用“五五堆码”，即每垛按 5 或 5 的倍数存放。

面对某些过磅称重物品不能成整数的情况，应该明确标出重量、分层堆码，或成捆堆码，定量存放。

二、普通货物的堆码方式

根据货物的包装方式、形状等特点，普通货物堆码方式可分为散堆方式、货架方式、成组堆码方式、垛堆方式四种（见图 4-1）。

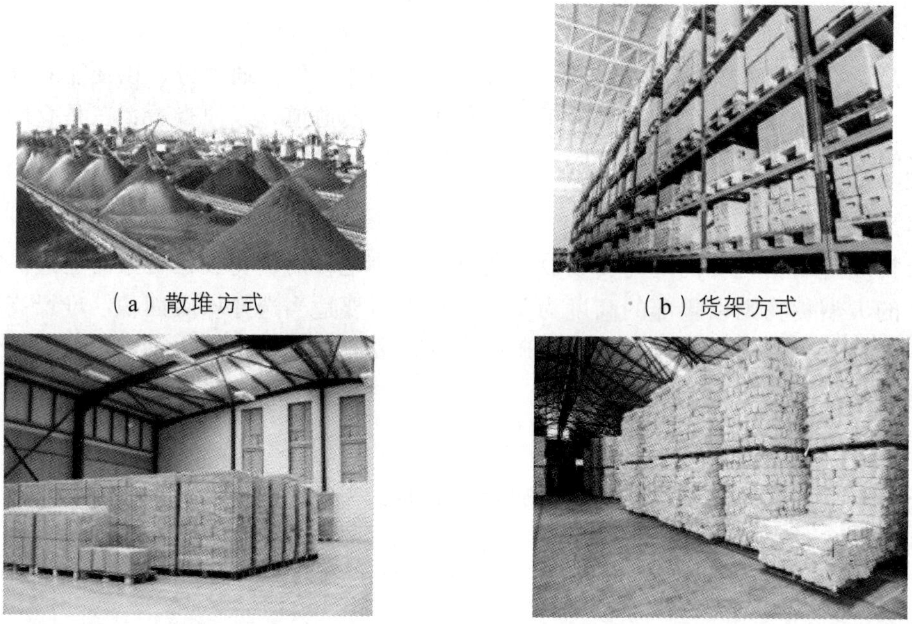

（a）散堆方式　（b）货架方式

（c）成组堆码方式　（d）堆垛方式

图 4-1　普通货物堆码方式

（一）散堆方式

散堆方式就是将无包装的散货在库场上堆成货堆的一种存放方式，特别适用于大宗散货，如煤炭、矿石、散粮和散化肥等，也可适用于库内的少量存放的谷物、碎料等散装物品。这种堆码方式简便，便于采用现代化的大型机械设备，节省包装费用，提高仓容的利用率，降低运费，因此是目前物品库场堆存的一种发展趋势。

（二）货架方式

货架方式是采用通用或者专用的货架进行物品堆码的方式，适合于存放小件物品或不宜堆高的物品。货架能够提高仓库的利用率，减少物品存取时的差错。

（三）成组堆码方式

成组堆码方式是采用成组工具（托盘、集装箱、吸塑等）先将货物组成一组，使其堆存单元扩大，从而可以用装卸机械成组搬运、装卸、堆码。成组堆码一般每垛 3 ~ 4 层，采用这种方式可以提高仓库利用率，实现安全搬运和堆存，提高劳动效率，加快流转。

（四）垛堆方式

垛堆方式指对有包装的物品（如箱、桶、袋、箩筐、捆、扎等）或长、大件物品进行堆码。垛堆方式能够增加货垛的高度、提高仓库利用率，能够根据货物的形状、特性和货位的实际情况，把货垛堆码成各种形式，以利于保护货物。

根据货物的独有特性，如形状、面积、体积、包装方式等，常见的垛堆方法有重叠式堆码、纵横交错式堆码、仰伏相间式堆码、压缝式堆码、通风式堆码、栽柱式堆码、衬垫式堆码、宝塔式堆码。

1．重叠式

重叠式也称直堆法，是逐件、逐层向上重叠堆码，一件压一件的堆码方式，各层堆码方式相同，上下对应，层与层之间不交错堆码。该方法优点是操作简单，工人操作速度快，包装物四个角和边重叠垂直，承压能力大，便于计数；缺点是层与层之间缺少咬合，稳定性差，容易发生塌垛。该方法适用于袋装、箱装、箩筐装物品以及平板、片式物品等，且适合底面积较大货物的自动堆垛操作。

2．纵横交错式

纵横交错式堆码是指每层物品的排列方向都与前一层相垂直，一层横向放置，另一层纵向放置，逐渐向上堆放的堆码方式。该方法优点是操作相对简单，层次之间有一定的咬合度，稳定性比重叠式好；缺点是咬合强度不够，稳定性不够好。该堆码方法主要适用于管材、捆装、长箱装等货物的堆码。

3．仰伏相间式

对上下两面有大小差别或凹凸的货物，如槽钢、钢轨等，可以将物品仰放一层再伏放一层，采用仰伏相向相扣的方式堆垛，如图 4-2 所示。该垛型极为稳定，但操作不便。

4．压缝式

压缝式堆码是指将底层货物并排摆放，上层货物放在下层两件货物之间的堆码方式。如图 4-3 所示。

图 4-2　仰伏相间式堆码

图 4-3　压缝式堆码

5．通风式

通风式堆码是指货物在堆码时，任意两件相邻的货物之间都留有空隙，以便通风。该种堆码方式的层与层之间采用压缝式或者纵横交错式的方法。通风式堆码可以用于所有箱装、桶装以及裸装物品的堆码，可以起到通风防潮、散湿散热的作用。

6．栽柱式堆码

码放前先在堆垛两侧栽上木桩或者铁棒，然后将货物平码在桩柱之间，码放几层后用铁丝将相对两边的柱拴连，再往上摆放货物的方法叫做栽柱式堆码，如图 4-4 所示。此码法适用于棒材、管材等长条状物品。

7．宝塔式

宝塔式堆码是指在码垛时，每堆一层相应地减少货物，直到减至不能继续堆放，如图 4-5 所示。这样的堆码方式的结构比较牢固，稳定性较高。

8．衬垫式

衬垫式堆码是指在码垛时隔层或隔几层铺放衬垫物，衬垫物平整牢靠后再往上码放货物。该方法适用于形状不规则且较重的物品，如无包装电机、水泵等。

三、堆码货垛参数计算

（一）货垛的技术参数

1．货垛高度

货垛的垛高会直接影响仓库的容量、安全及货垛的稳定性。普通物品货垛的垛高主要取决于物品的性质与包装；轻泡物品的垛高主要受仓库空间高度的影响；重货的垛高受仓库地坪载荷的影响。所以在确定垛高时要综合考虑仓库空间的高度、仓库地坪设计载荷及物品自身特性和包装对垛高的要求等因素。

$$H=\min\{H_{地坪}, H_{货高}, H_{库高}\}$$

式中：H——货垛高度；

$H_{地坪}$——地坪载荷允许货垛高度；

$H_{货高}$——货物包装允许货垛高度；

$H_{库高}$——仓库空间允许货垛高度。

图 4-4　栽柱式堆码

图 4-5　宝塔式堆码

实际货垛最大高度 H 由 $H_{地坪}$、$H_{货高}$、$H_{库高}$三个指标共同确定，选用三者中的最小值，才能在保证库场地坪安全及物品不被压坏的前提下实现仓库空间利用最大化。

对于形状一致的箱装物品，其可堆码层数的确定方法如下。

（1）地坪载荷允许货垛高度（单位：层）的确定。

如果以一件物品来计算，则：

$H_{地坪}$=仓库地坪每平方米核定载重量/单位面积物品重量

其中，单位面积物品重量=每件物品的毛重/物品的底面积

如果以整垛物品来计算，则：

$H_{地坪}$=整垛货物实占面积×仓库地坪每平方米核定载重量/（每层物品件数×每件物品毛重）

（2）仓库空间允许货垛高度（单位：层）的确定。

$H_{库高}$=仓库可用高度/每件物品的高度

2．底层排列和占地面积

（1）底层排列。

计算出货垛高度后进行货垛底层排列。底层排列主要是进行底层数的计算。对于规格整齐、形状一致的箱装物品，可在确定出物品的堆码层数之后确定底层物品的数量，最后再确定货垛底层的排列方式。物品堆码时，底层货品的数量可由下式初步计算：

底层货品数量=该批货品总件数/可堆层数

（2）占地面积。

① 箱装、规格整齐划一、计件的商品可用以下公式计算：

占地面积=总件数/总层数×每件商品的底面积

② 计重商品的计算公式：

占地面积=总重量×每件商品的底面积/（总层数×每件商品毛重）

3．垛形

垛形是指货垛的外部轮廓形状，一般按货垛的立面形状可分为矩形、三角形、梯形、半圆形等。

（1） 矩形货垛。

矩形货垛或称为平台垛，是先在底层以同一个方向平铺摆放一层物品，然后垂直继续向上堆积，每层物品的件数、方向相同，垛顶呈平面，垛形呈长方体（见图 4-6）。实际操作时从一端开始，逐步后移。

图 4-6　矩形货垛

矩形货垛适用于同一包装规格整份批量物品，如包装规则、能够垂直叠放的方形箱装物品、大袋物品、规则的成组物品、托盘成组物品等。

矩形货垛具有整齐、便于清点、占地面积小、方便堆陆操作等优点。但矩形垛不具有很强的稳定性，特别是硬包装、小包装的物品有货垛端头倒塌的危险，所以在必要时（如太高、长期堆存、端头位于主要通道等）要在两端采取一定的加固措施。对于堆放很高的轻质物品，往往在堆码到一定高度后向内收半件物品后再向上堆码，从而使货垛更加稳固。

（2）　三角形货垛。

三角形货垛又称为起脊垛，即先按矩形货垛的方法码垛到一定的高度，以卡缝的方式将每层逐渐缩小，最后使顶部形成屋脊形。三角形货垛是堆场场地堆货的主要操形，货操表面的防雨遮盖从中间起向下倾斜，方便排泄雨水，防止水湿物品。

三角形货垛由于顶部压缝缩小以及形状不规则，造成清点物品不便。另外，由于起脊的高度使货垛中间的压力大于两边，因而采用三角形货垛时库场使用定额要以脊顶的高度来确定，以免中间底层物品或库场被压坏。

（3）　梯形货垛。

梯形货垛又称为立体梯形垛，它是在最底层以同一方向排放物品的基础上向上逐层同方向减数压缝堆码，垛顶呈平面，整个货垛呈下大上小的立体梯形状。梯形货垛适用于包装松软的袋装物品和上层面非平面而无法垂直叠码物品的堆码，如横放的卷形、桶装、捆包物品。梯形货垛极为稳固，可以堆放得较高，以充分发挥仓容利用率。

为了增加梯形货垛的空间利用率，在堆放可以立直的筐装、矮桶装物品时，底部数层可以采用矩形货垛的方式堆放，在码放一定高度后再使用梯形货垛。

（二）货垛的“五距”

物品堆码时要确保“五距”要求，“五距”即墙距、柱距、顶距、灯距和垛距。堆码时，不能倚墙，不能靠柱，不能碰顶，不能贴灯，不能紧挨旁边的货垛，必须留有一定的间距。货垛“五距”的确定要严格遵守《中华人民共和国消防法》《危险品安全管理条例》的要求，不要随意修改。

1．墙距

为了防止库房墙壁和货场围墙上的潮气对物品的影响，也为了开窗通风、消防工作、建筑安全、收发作业，货垛必须留有墙距。墙距分为库房墙距和货场墙距，其中，库房墙距又分为内墙距和外墙距。内墙是指墙外还有建筑物相连，因而潮气相对少些；外墙则是指墙外没有建筑物相连，所以墙上的湿度相对大些。库房的外墙距不小于 0.5 m，内墙距不小于 0.3 m；货场只有外墙距，一般为 0.8~3 m。

2．柱距

为了防止库房柱子的潮气影响货物，也为了保护仓库建筑物的安全，必须留有柱距，一般为 0.2~0.3 m。

3．顶距

货垛堆放的最大高度与库房、货棚屋顶间的距离称为顶距。顶距能便于搬运作业，能通风散热，有利于消防工作，有利于收发、查点。平房仓库顶距不小于 0.3 m；人字形库房以屋架下弦底为货垛的可堆高度，即垛顶不可以触梁；多层库房底层与中层的顶距不小于 0.3 m，顶层须大于或等于 0.5 m。

4．灯距

货垛与照明灯之间的必要距离称为灯距。为了确保储存货物的安全，防止照明灯发出的热量引起靠近货物的燃烧而发生火灾，货垛必须留有灯距。灯距严格规定不少于 0.5 m.

5．垛距

货垛与货垛之间的必要距离称为垛距，常以支道作为缘距。垛距的设置要能方便存取作业，起通风、散热的作用，方便消防工作。库房垛距一般不小于 0.5 m，货场垛距一般不少于 1.5 m。

库房“五距”如图 4-7 所示。

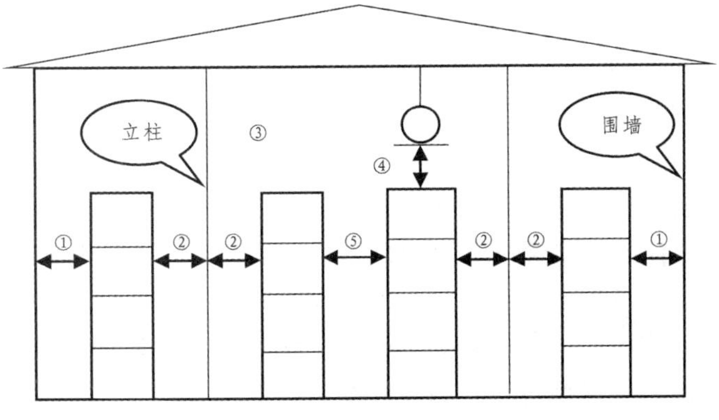

①墙距；②柱距；③顶距；④灯距；⑤剁距

图 4.7 库房“五距”

四、苫垫与垫垛

微课：垫垛和苫盖

苫垫是指用某种材料对货物进行苫盖和铺垫的操作和方法。物品在储存保管中进行合理的上盖和下垫是保护货物质量的必要措施。

苫垫是否合理关系到储存货物的安全与质量，在具体选择苫垫方式时应根据货物的性能、季节气候的变化以及是否便于管理来确定。

（一）物品的苫盖

苫盖是指采用专用苫盖材料对货垛进行遮盖，以减少自然环境中的阳光、雨水、冰雪、风、露水、霜降、灰尘与潮气等对货物的侵蚀、损害，并使货物由于自身理化性质所造成的自然损耗尽可能减少，保护其在储存期间的质量。特别是在露天存放的码垛，一般都应进行妥善的苫盖，以避免物品受损。需要苫盖的物品在堆垛时应根据物品的特性、储存期的长短、存放货场的条件，注意对苫盖材料的选择，物品苫盖如图 4-8 所示。

图 4-8　物品苫盖

1．苫盖的要求

苫盖的基本要求是顶面必须倾斜，避免雨雪积水渗入货垛。苫盖物不能苫到地面，苫盖物的下端应离开地面 1 cm 以上，避免阻碍货垛通风和对地面雨雪积水产生虹吸现象。苫盖物必须捆扎牢固，防止被风刮落。

（1）选择合适的苫盖材料。

通常使用的苫盖材料有塑料布、席子、油毡纸、苫布等，也可以利用一些物品的旧包装材料改制成苫盖材料。若货垛需苫盖较长时间，一般可用两层席子中间夹一层油毡纸作为苫盖材料，这样既通风透气又可防雨雪、日晒；若货垛只需临时苫盖，可用苫布。为了节省苫盖成本，还可以制成适当规格的通用型苫瓦，方便实用，可以反复利用。

选择苫盖材料时应考虑苫盖材料是否会对货物产生不良反应，苫盖材料的成本是否与货物价值匹配，苫盖材料是否适合当地气候条件等。

（2）苫盖要牢固。

每张苫盖材料都需要牢固固定，必要时在苫盖物外用绳索、绳网捆扎或者采用重物镇压，确保刮风不揭开。对于露天存放的物品苫盖尤其要固定可靠，在经常受台风袭击的地区，贵重物品、散装粉末类物品应尽量避免在露天货场存放。

（3）苫盖接口要紧密。

由于货物或者场地的需要，苫盖物必须有接口时，接口处要拴牢或者压实，要有一定深度的互相叠盖，不能留迎风接口或留空隙；苫盖必须拉挺、平整，不得有折叠和凹陷，防止积水。

（4）苫盖物底部与垫垛平齐

苫盖物的底部必须与垫垛的上表面平齐，不腾空、不拖地，并牢固地绑扎外侧或地面的绳桩，衬垫材料不露出垛外，以防雨水顺延渗入垛内。

2．苫盖的方法

（1）就垛苫盖法。

直接将大面积苫盖材料覆盖在货垛上遮盖，适用于三角形货垛、矩形货垛及大件包装物品的苫盖，一般采用大面积的帆布、油布、塑料膜等材料。该方法操作便利，但基本不具有通风条件，如图 4-9 所示。因此，就垛苫盖法适合于对通风要求不高的物品，并且使用过程中要注意地面需保持干燥。

（2）鱼鳞苫盖法。

是一种用席子、苫布、苫瓦等面积较小的苫盖材料，自下而上将物品层层压茬围盖的苫盖方法，因从外形看酷似鱼鳞，故称鱼鳞苫盖法（见图 4-10）。若货物还需要通风透气的储存条件，可将席子、苫布等苫盖材料的下端反卷起来，使空气流通。鱼鳞苫盖法具有较好的通风条件，但每件苫盖材料都需要固定，操作比较繁琐、复杂。

图 4-9　就垛苫盖法

图 4-10　鱼鳞苫盖法

（3）固定棚架苫盖法。

该方法使用预制的苫盖骨架与苫叶合装而成的简易棚架，不需要基础工程，可随时拆卸和通过人力移动。不需要时可以拆除，节省空间，较为快捷，且具有良好的通风条件。固定棚架苫盖法如图 4-11 所示。

（4）活动棚架苫盖法。

将苫盖物料制作成一定形状的棚架，棚架下装有滑轮可以推动。货物堆垛完毕后，移动棚架到货垛上进行遮盖（见图 4-12）。活动棚架本身需要占用仓库位置，固定轨道要占用一定使用面积，需要较高的购置成本。

图 4-11　固定棚架苫盖法

图 4-12　活动棚架苫盖法

（二）物品的垫垛

垫垛是指在物品堆码前，在预定的货位，根据保管的要求和堆放场所的条件，使用适合的衬垫材料进行铺垫（见图 4-13）。垫垛的目的是使货物与地面隔离，避免地面潮气自垛底侵入，并使垛底通风；通过强度较大的衬垫物使重物的压力分散，从而减少对地坪的压力；避免地面污染物污染货垛。

图 4-13　物品垫垛

1．垫垛的要求

在露天货场垫垛时，首先应把地面整平夯实，再摆放垫墩，垫墩之间可视具体情况留一定的间距，必要时可在垫墩上铺一层防潮纸，然后再放置储存货物。

在库房或者货棚内是否以及如何垫垛要根据地坪和物品防潮要求而定，一般水泥地坪只需垫一层垫墩。有的物品可以不垫，只铺一层防潮纸。有的库房地坪做了防潮层，也可不垫垛。

所使用的衬垫物必须保证不会对拟存物产生不良影响；衬垫物要摆平、放正，并保持同一方向，间距适当；直接接触货物的衬垫面积与底面积相同，衬垫物不要伸出货垛外；衬垫物要有足够的强度和足够的高度，露天货场的高度要达到 0.3 ~0.5 m，库房内的高度达到 0.2 m 即可；对化工材料、棉麻以及其他易受潮、易腐烂的货物应尽可能加高垫层，使垛底通风。

危险品对衬垫物有要求，如易燃气体应采用木垫，不宜采用石块、水泥条和铁架等易产生撞击火花的衬垫材料。

2．衬垫材料

常见的衬垫材料有枕木、废钢轨、货板、货板架、水泥墩、条石、模板、垫架等垫高材料和苇席、防潮纸、塑料薄膜等。实际使用时应根据不同的储存条件和要求，采用不同的垫垛材料。

采用货板进行垫垛时应尽量采用标准尺寸。根据国际标准化组织（ISO）的规定，货板尺寸有 800 mm × 1 200 mm、1 200 mm × 1 600 mm。我国常用的有 2 000 mm × 1 200 mm 、2 000 mm × 1 100 mm、1 800 mm × 1 100 mm 等几种尺寸。

3．常用的垫垛方法

常用的垫垛方法主要有 3 种。

（1）码架式：码架是用垫木为脚，上面钉着木条或木板的构架，专门用于垫垛。码架规格不一，常见的有：长 2 m、宽 1 m、高 0.2 m 或 0.1 m。码架式垫垛是用若干个码架拼成所需货垛底面积的大小和形状。不同储存条件所需码架的高度不同：楼上库房使用的码架高度一般为 0.1 m；平库房使用的码架高度一般为 0.2 m；货棚、货场使用的码架高度一般为 0.3 ~0.5 m。

（2）垫木式：采用规格相同的若干根枕木或垫石按货位的大小、形状排列，作为垛垫。枕木和垫石一般是长方体的，其宽和高相等，约为 0.2 m，而枕木长约 2 m，垫石长约 0.3 m。这种垫垛方法最大的优点是拼拆方便，节省储存空间，适用于底层库房及货棚、货场垫垛。

（3）防潮纸式：即在垛底铺上一张防潮纸作为垛垫，常用芦席、油毡、塑料薄膜等作为防潮纸。当地面干燥，且储存的物品对通风要求不高时，可在垛底垫一层防潮纸防潮。

知识链接：常见的几种物料堆放的方法

4．衬垫面积的确定

对于底面积比较小但是重量比较大的计重货物，为防止其压坏仓库地坪，必须进行垫垛，以分散重物对地面的压力。故计重货物存放前需要根据确定的衬垫面积进行垫垛。确定的衬垫面积必须保证货物连同衬垫物对地面产生的压强小于或等于地坪能够承受的压力。

[任务实施]

1．说说仓库物品堆码的重要意义。

2．请结合表 4-1 中的货品，讨论分析物品堆码的方式及特点，并填入表 4-1 中。

表 4-1　堆码方式及特点分析

序号	物品	堆码方式	特点
1	煤炭		
2	盒装牛奶		
3	集装笼装塑料件		
4	筐装蔬菜		

3．华夏物流供应链集团广州物流中心收到供货商发来的入库通知单，计划到货日期为 2021 年 12 月 28 日上午 10 点，内容如下：

品名：五金工具　　包装规格：500 mm × 400 mm × 600 mm

包装材质：松木　　单体毛重：80 kg

包装标识限高：5 层　　数量：1 500 箱

（1）如果此批货物入库后码垛堆存，请计算至少需要多大面积的储位。

（2）如果仓库地坪荷载为 2.5 t/m^2，库高 6 m，可用宽度受限仅为 5 m，请计算计划堆成的货垛的垛长、垛宽及垛高各为多少箱（垛形要求为重叠堆码的平台垛）。

（3）请画出垛堆示意图。

4．2021 年 12 月 28 日，鑫林仓储公司收到幸福家具公司原木一批，存储时间为 1 个月，其间按照家具公司生产计划逐批配送，鑫林仓储公司计划使用货物堆场进行存放，原木相关信息如表 4-2 所示。

表 4-2　货品信息

品名	规格	数量	单位重量	备注
原木	R40 cm，L5 m	2 000 根	80 kg	堆码层数不超过 6 层，防止日晒雨淋

（1）确定原木的堆码垛形。

（2）按照堆垛相关要求，计算所需面积。

（3）确定垫垛方法，选择垫垛材料，制定垫垛要求。

（4）确定苫盖方法，选择苫盖材料，制定苫盖要求。

[拓展知识]

见二维码内容。

码垛机器人的优势

任务二

掌握储位管理的优化措施

[任务导入]

上海佳用文化用品公司（下称“佳用”）主要生产经营学生文具、办公文具、礼品文具、画具画材、创业礼品等共计各品类近 300 项，采用线上线下销售，公司自主管理仓储配送，随着业务规模的不断增加，不但出货效率低于同行业水平，还经常遭到客户投诉，投诉的主要原因有线上采购的商品不能及时发货、发错货等。近半年来，客户满意度从 97%下降到 90%，再这样下去，公司将面临经营危机。公司自主管理仓储配送显得力不从心,决定将仓储配送业务外包给第三方物流公司——上海国盛仓储有限公司(下称“国盛”）。国盛接手以后先对佳用仓库进行了全面的调查，在调查中国盛发现仓库存在如下现象：放在一层的商品外包装上积了很多灰尘，而叉车不停地上架、下架商品；同一类货品分散在不同区域，拣货人员在不停地交叉穿梭；现场呈现一幅繁忙的景象。经过深入了解，国盛发现佳用仓储配送效率及质量不高的主要原因是原来的仓库储位管理不科学，固此国盛决定先从储位管理入手帮助佳用走出困境。

本次学习任务：

1. 理解储位管理的要素。
2. 运用多种不同的方法对储位编号。
3. 制定储位管理策略。

[相关知识]

一、仓库储位管理概述

（一）储位管理意义

现代仓储管理与传统的仓储管理相比，更加注重仓储的时效性，是一种动态的管理，重视商品在拣货出库时的数量位置变化，从而配合其他仓储作业。储位管理就是利用储位来使商品处于“被保管状态”并且能够明确显示所储存的位置，同时当商品的位置发生变化时能够准确记录，使管理者能够随时掌握商品的数量、位置以及去向。

如何有效地掌控货品的去向及数量呢？当然，最有效的方法就是利用储位来使货品处于被保管状态而且能够明确地指示储位的位置，并且货品在储位上的变动情况都能确实记录下来。一旦货品处于被保管状态，就能时时刻刻掌握货品的去向及数量，知道其去向并了解其位置之所在，而储位管理就是提供此位置的管理法则，这也就是储位管理的意义所在。

（二）储位管理要素

1．储位空间

不同类型的仓库所注重的功能也有所不同，有的强调报关功能，有的强调配送功能。因此，对储位空间的考虑，如果是在保管功能的仓库中，主要是仓库保管空间的储位分配；如果是在重视配送的仓库中，则为了便于拣货及补货而进行储位配置。

在储位配置规划时，首先要确定储位空间，那就必须要考虑到空间的大小、柱子的排列、梁下高度、通道、机械回旋半径等基本因素，再配合其他外在因素的考虑，方可做出合理的安排。

2．货物

对于如何管理放置在储位空间中的物品，我们须考虑如下的影响因素。

（1）供应商：即确认商品是他处供应而来，还是自己生产而来。

（2）商品特性：确认此商品的体积、质量、单位、包装、周转快慢、季节性的分布及自然属性（腐蚀性或是否溶化等）、对温湿度的要求、气味的影响等。

（3）量的影响：如生产量、进货量、库存决策、安全库存量等。

（4）进货时效：采购前置时间、采购作业特殊要求。

（5）品项：种类类别、规格大小等。

货物摆放时应考虑如下几点。

（1）储位单位：确定货物是单品、箱，还是栈板，且确定其商品特性为何？

（2）储位策略的决定：确定货物是定位储放、随机储放、分类储放，分类随机储放，还是其他的分级、分区储放。

（3）储位指派原则的运用：靠近出口，以周转率为基础。

（4）商品相依性。

（5）商品特性。

（6）补货的方便性。

（7）单位在库时间。

（8）以订购概率为基础。

商品摆放好后，就要做好有效的在库管理，随时掌握库存状况，了解其品项、数量、位置、入出库状况等所有资料。

3．人员

仓库人员主要包括保管人员、搬运人员、拣货或补货人员等。仓库的作业人员在存取商品时，基本要求是省时、高效。要达到存取效率、省时、省力的目的，则要求作业流程合理、简短；储位配置及标志要简单、清楚、一目了然，并且要做到好存、好拿、好找。

4．关联要素

除了上述三项基本要素，即储位空间、物品、人员以外，其他关键的要素为储放设备，搬运与输送设备。亦即当物品的储放不是直接堆叠在地板上时，则必须考虑相关的栈板、料架等；人员不是以手抱、捧物品时，则必须考虑使用输送机、笼车、堆高机等输送与搬运设备。

（1）搬运与输送设备。

在选择搬运与输送设备时，应考虑商品特性、物品的单位、容器、栈板等因素，以及人员作业时的流程与状况，再加上储位空间的配置等，选择合适的搬运与输送设备。同时还要考虑设备成本与人员使用操作的方便性。

（2）储放设备。

储放设备同搬运与输送设备考虑的一样，如商品特性，物品的单位、容器，栈板等商品的基本条件，再选择适当的设备配合使用。例如使用自动仓库设备，或是采用固定料架，流动架等料架。有了料架设备后，必须将其做标志、区隔，或是用颜色进行辨识管理等。若是在拣货作业，则考虑电子辅助标签的应用。而出货、点货时，无线电传输设备的导入等都应纳入考虑。而后，应将各储位及料架等逐一编码，以方便管理。而编码的原则，则是必须简明易懂、好作业。

5．作业要求

除了上述的基本要素与关联要素之外，也应考虑作业的要求目标（此要求目标应作为决策时的指导原则）。作业要求目标有以下八点。

（1）空间使用率要高。

（2）作业方便。

（3）进出货效率高。

（4）先进先出。

（5）商品好管理。

（6）盘点容易。

（7）库存掌握无浪费。

（8）配送快，无缺货。

6．资金

所有考虑规划，最后仍要回归到花费多少。是否超出预算能力的问题上。因此投资成本及经济效益具有决定性的影响，不可不慎。综上所述，进行储位管理时，事先应面面俱到，方能做到有效管理。

（三）仓库储位管理内容

为了大幅度提高仓库空间的利用率，科学、合理的储位规划是必不可少的一个重要环节，也是最大限度提高仓库空间利用率的一种重要手段。储位的规划主要包括以下几个方面的内容：面积规划、物料的堆砌方式规划、物料的标志、料位的设定等。

二、储位编号

为了建立良好的保管秩序，应对储位进行统一编号。储位编号是将库房、货场、货棚、货垛、货架按物品存放的具体位置按顺序、统一编列号码，并做出明显标志。在物品收发作业过程中，按照货位编号可以迅速、方便地进行查找，不但提高了作业效率，而且有利于减少差错。

（一）储位编号的要求

1．标志设置要适宜

库房的编号一般写在库房的外墙上或库门上，货场的编号一般写在场地上，货棚编号书写的位置可根据具体情况而定。

2．标志制作要规范

统一使用阿拉伯数字、英文字母或者两者结合后制作货位标志。

3．编号顺序要一致

基本上都应以进门的方向左单右双或以自左向右的规则按顺序编号，划分若干货位，并标于明显处。

（二）储位编号的方法

1．地址法

地址法是指利用保管区中的现成参考单位，如建筑物的栋、区段、排、行、层、格等，按相关顺序编号，如同地址的市、区、路、号一样。储位编号的方法一般采用“三号定位”方法、“四号定位”方法、“六号定位”方法。常采用的是“四号定位”方法，即将库序号、货架号、货架层号、货位号的顺序编号。下面以四号定位法为例进行储位编号。

（1）库房编号。

把整个仓库的所有储存场所以其地面位置按顺序编号。库房的号码可统一写在库房外墙上或库门上，编号要清晰、醒目，易于查找，如图 4-14 所示。

图 4-14　库房编号

（2）库房内货位编号。

根据库内业务情况，按照库内主干道、支干道分布，划分为若干货位，按顺序以各种简明符号与数字来编制货区、货位的号码，并标于明显处，如图 4-15 所示。

图 4-15　库房内货位编号

（3）货架上的货位编号。

在收发多品种物品及进行拼装作业的仓库中，往往在一个库房内有许多货架，每个货架又有许多格作为存货的货位。可先按仓库内的货架进行编号，然后再对每个货架的货位按层、位进行编号。如图 4-16 所示。应按从上到下（也有企业从下到上）、从左到右、从里到外编排。货位编号可以用符号或数字，数字可以是 1 ~n 位。在实际应用时可以根据企业仓库的实际情况和需求来定。

图 4-16　货架上的货位编号

微课：储位分配

三、储位管理

（一）储位管理策略

1. 定位储存

每一项储存货品都有固定储位，货品不能互用储位。

2. 随机储存

每一种货品被指派储存的位置都是经由随机过程产生的，

而且可经常改变。

3．分类储放

所有的储存货品按照一定特性加以分类，每一类货品都有固定储放的位置。同属一类的不同货品又按一定的法则来指派储位。分类储放通常按产品相关性、流动方式、产品尺寸和重量、产品特性来分类。

4．分类随机储放

每一类货品具有固定的存储位置，但每个存储区内的储位指派是随机的。

5．共同储放

在确定知道各货品进出仓库的具体时间的前提下，不同的货品可以共用相同储位。

（二）储位布局注意事项

（1）根据货物特性分区分类储存，将特性相近的货物集中存放。

（2）将单位体积大、单位重量大的货物存放在货架底层，并且靠近出库区和通道。

（3）将周转率高的货物存放在进出库装卸搬运较便捷的位置。

（4）将同一供应商或者同一客户的货物进行集中存放，以便于进行分拣配货作业。

（三）储位优化

1．储位优化意义

传统的仓储作业管理常常把货品放在货品到达时最近的可用空间或不考虑商品动态变化的需求和变化了的客户需求模式，按照沿袭多年习惯和经验来放置物品。采取传统型货品布局会导致流程速度慢、效率低以及空间利用不足。然而，现代物流尤其是在供应链管理模式下的新目标是：用同样的劳动力或成本来做更多的工作；利用增值服务把仓库由劳动力密集转化成资金密集的行业；减少订单履行时间，从而提供更快捷、更周到的服务。

储位优化管理是用来确定每一种货物的恰当储存方式，在恰当的储存方式下的空间储位分配。储位优化管理追求不同设备和货架类型特征、货品分组，储位规划、人工成本内置等因素以实现最佳的储位布局，从而有效掌握商品变化，最大化节约成本。储位优化管理为正在营运的仓库挖掘效率和减少成本，并为一个建设中的配送中心或仓库提供营运前的关键管理做准备。

2．储位优化策略

进行储位优化时需要很多的原始数据和资料，对于每种商品，我们需要知道品规编号、品规描述、材料类型，以及储存环境、保质期、尺寸、重量、每箱件数、每托盘箱数等，甚至应包括客户订单的信息在内。一旦收集到完整的原始数据后，选用怎样的优化策略就显得尤为重要。调查表明，应用一些直觉的和想当然的方法会产生误导，甚至造成相反的结果。一个高效的储位优化策略可以增加吞吐量、改善劳动力的使用、减少工伤、更好地利用空间和减少产品的破损。以下一些储位优化的策略可供参考选择。

（1）周期流通性的储位优化：根据在某段时间段内如年、季、月等的流通性并以商品的体积来确定存储模式和存储模式下的储位。

（2）销售量的储位优化：在每段时间内根据出货量来确定存储模式和空间分配。

（3）单位体积的储位优化：根据某商品的单位体积，如托盘、箱或周转箱等的容器和商品的体积来进行划分和整合。

（4）分拣密度的储位优化：具有高分拣密度的商品应放置在黄金区域以及最易拣选的拣选面。

通常储位优化是一种优化和模拟工具，它可以独立于仓库管理系统进行运行。因此，综合使用多种策略或交替使用策略在虚拟仓库空间中求得满意效果后再进行物理实施不失为一种较好的方法。

3．储位优化计算法则

（1）以周转率为基础法则：即将货品按周转率由大到小排序，再将此序分为若干段（通常分为三段至五段），同属于一段中的货品列为同一级，依照定位或分类存储法的原则，指定存储区域给每一级货品，周转率越高，越应离出入口近。当进货口与出货口不相邻时，可依进、出仓次数来做存货空间的调整，图 4-17 是按照周转率高低进行的储位分配示意图，展示了 A、B、C、D、E、F、G、H 八种货品进出仓库的情况，当出入口分别在仓库的两端时，可依货品进仓及出仓的次数比率来指定其储存位置。

（2）产品相关性法则：这样可以缩短提取路程，减少工作人员疲劳，简化清点工作。围绕可以利用历史订单数据做分析。

（3）产品同一性法则：所谓同一性法则，是指把同一物品储放于同一保管位置的原则。这样作业人员对于货品保管位置就能简单熟知，并且对同一物品进行存取时花费的搬运时间最少，是提高物流中心作业生产力的基本原则之一。否则，当同一货品散布于仓库内多个位置时，物品在存放、取出等作业时不方便，给开展盘点工作以及作业人员对料架物品掌握程度都可能造成困难。

（4）产品互补性原则：互补性高的货品也应存放于邻近位置，以便缺货时可迅速以另一品项替代。

（5）产品相容性法则：相容性低的产品不可放置在一起，以免损害品质。

（6）产品尺寸法则：在进行仓库布置时，我们应同时考虑物品单位大小以及由于是相同的一批物品而形成的整批形状，以便能供应适当的空间以满足某一特定要求。因此在存储物品时，必须要有不同大小位置的变化，用以容纳不同大小的物品和不同的容积。此法则可以使物品存储数量和位置适当，使得拨发迅速，搬运工作量及工作时间都能减少。一旦未考虑存储物品单位大小，将可能造成存储空间太大从而浪费空间，或造成存储空间太小从而无法存放；如未考虑存储物品整批形状，也可能造成整批形状太大从而无法同处存放。

（7）重量特性法则：

所谓重量特性法则，是指按照物品重量不同来决定储放物品于储位的高低位置。一般而言，重物应保管于地面上或料架的下层位置，而重量轻的物品则保管于料架的上层位置；以人手进行搬运作业时，人腰部以下高度的储放位用于保管重物或大型物品，而腰部以上高度的储放位则用来保管重量轻的物品或小型物品。

（8）物品特性法则：物品特性不仅涉及物品本身的危险及易腐蚀等特性，同时也可能影响其他的物品，因此在物流中心布局阶段即应考虑。

（9）物品面向通道保管：仓库管理者应首先考虑出入库的时间和效率，面向通道进行保管，容易使物品在仓库内移动，出入库更加方便。

（10）依据先进先出的原则：保管的一条重要原则是对于易变质、易破损、易腐败的物品和机能易退化，老化的物品，应尽可能按先入先出的原则，加快周转。由于商品的多样化、个性化，使用寿命普遍缩短，所以这一原则是十分重要的。

规则可以根据共性和个性的特点来制定，比如药品仓库的储存条件必须符合 CSP 规定的要求。当规则被制定后，规则间的优先级也必须明确。

通过储位优化能够实现在少量的空间里有更多的分拣面。对于流通量大的商品，应满足人体工程需求和保证通路畅通便捷以提高营运效率；而对于那些周转不快的商品，希望通过优化来使其占据很少的空间以至在小的面积中有更多种商品可以来分拣，从而减少拣选的路程。

[任务实施]

1．根据本任务导入中的案例资料，进行如下思考。

（1）分析国盛公司在储位管理中要考虑的要素。

____

____

____

____

（2）国盛公司应采取哪些措施对储位进行优化管理？

____

____

____

____

2．某仓库 A 货区共有 10 组货架，每组 2 排，每排货架有 4 层，每层 4 个货位，分别储存 5 种货品：康师傅夹心原味饼干、漓泉啤酒、盼盼奶油面包干、伊利纯牛奶、好吃点脆香饼干。每种货品的周转量如表 4-3 所示，仓库平面布局如图 4-17 所示。

（1）请分别用地址法、区段法和品类群法对储位进行编号。

（2）请进行该仓库的货物储位分配，把货物的序号填到图 4-17 相应的货区上。

表 4-3　5 种货品周转量

序号	货品编码/条码	货品名称	出库量/箱	所需货区数
1	6982010061891	康师傅夹心原味饼干	60	3
2	6958786200067	漓泉啤酒	25	2
3	6944848456599	盼盼奶油面包干	170	1
4	6944848456589	伊利纯牛奶	1050	3
5	6944848456527	好吃点脆香饼干	188	1

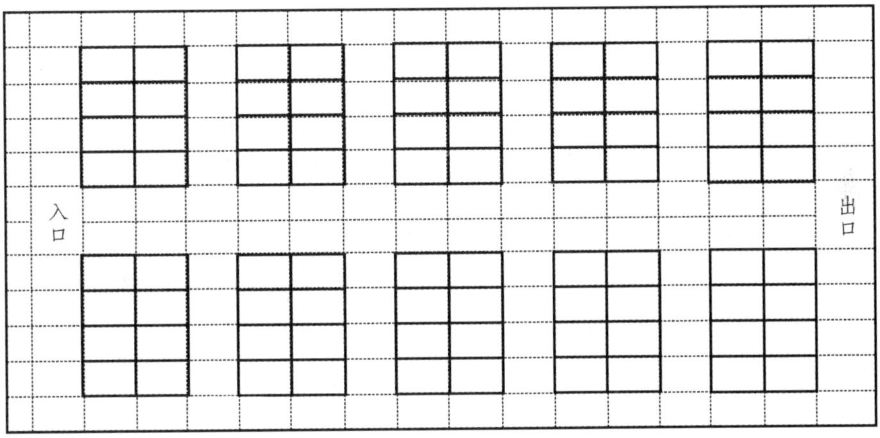

图 4-17　仓库平面布局图

[拓展知识]

仓库布局“先进先出”的操作方法

任务三

掌握货物保管与养护措施

[任务导入]

某医院药品保管养护制度

（1）库房保管员及各药房组长应熟悉药品的性能和储存条件，在库药品储存要严格遵循以下要求；

① 药品应按其温、湿度要求储存于相应的库（柜）中，其中，常温库（10~30℃）、阴凉库（0~20℃）、冷库（柜）（2~10℃），相对湿度应保持在 45%~75%。

② 实行色标管理，合格药品库（区）为绿色，待验药品库（区）及退货药品库（区）为黄色，不合格药品为红色。

③ 药品与非药品、内服药与外用药之间应分开存放；中药材和中药饮片应分库存放；易串味药品单独密闭存放；易燃、易爆、强腐蚀性等危险性药品必须设专库存放，并有必要的安全措施；麻醉药品、第一类精神药品、医疗用毒性药品做到专人专库（柜）加锁保管，专账记录，账物相符。

④ 药品应严格按药品外包装图示标志的要求和批号码放在地架或货架上，严禁出现货物直接接触地面、倒置及混垛现象，怕压的药品应控制码放高度，定期翻垛，零头药品存放于货架上。

⑤ 药品与仓库地面、墙壁、顶棚、散热器之间应有相应的间距或隔离措施，药品与墙、屋顶（梁）的间距不小于 30cm，与地面间距不小于 10cm，垛与垛之间不少于 30 cm。

（2）库房保管员负责建立药品台账，出入库及时准确，确保账物相符，杜绝错人、漏人、错发、漏发等错误，每季度盘存一次。

（3）库房保管员和各药房组长应根据存储药品的周转情况定期进行养护和检查，并建立养护检查记录。

① 库存药品每季度进行循环养护、检查，每月对特殊管理药品、重点养护药品、近效期药品每月进行养护、检查，发现药品可能存在质量问题时，应及时采取有效措施予以处置。

② 每日上午、下午各一次对药房和药库温度、湿度进行检查，一旦发现温、湿度超出规定范围，应及时采取调控措施，并予以记录。

③ 做好药品的效期管理，近效期药品应有明显标记，建立近效期药品月报表。

（4）库房保管员根据临床用药情况制定科学、合理的采购计划，出库药品应做到“先进先出、近期先出、按批号发放”，并应进行复核和质量检查，如有发现质量可疑的问题，应暂停出库，及时送食品药品监督管理部门确认或药品检验机构检验。

（5）定期对设备进行养护，并应做好养护记录，库房保持整洁、卫生，门窗严密。

本次学习任务：

1. 分析影响库存物变化的因素。
2. 分析仓库温湿度的变化规律。
3. 分析不同种货品对温湿度的要求及仓库温湿度对在库物品的影响。
4. 使用温湿度测定工具进行仓库空气的温湿度测定。
5. 学会控制预调节仓库温湿度。

[相关知识]

一、影响库存物变化的因素

物品质量出现变化，是由一定因素引起的。为了保养好物品，确保物品的安全，必须找出变化原因，掌握物品质量变化的规律。通常引起物品变化的因素有内因和外因两种，内因决定了物品变化的可能性和程度，外因是促进这些变化出现的条件。

（一）影响库存物变化的内因

物品本身的组成成分，分子结构及其所具有的物理性质、化学性质和机械性质，决定了其在储存期发生损耗的可能程度。通常情况下，有机物比无机物易发生变化，无机物中的单质比化合物易发生变化，固态物品比液态物品稳定且易保存保管，液态物品又比气态物品稳定并易保存保管；化学性质稳定的物品不易变化、不易产生污染；物理吸湿性、挥发性、导热性都差的物品不易变化；机械强度高、韧性好，加工精密的物品易保管。

1. 物品的物理性质

物品的物理性质主要包括物品的吸湿性、导热性、耐热性、透气性和透水性等。

（1）吸湿性。

吸湿性是指物品吸收和放出水分的特性。物品吸湿性的大小，吸湿速度的快慢，直接影响该物品含水量，对物品质量的影响极大，是许多物品在储存期间发生质量变化的重要原因之一。

（2）导热性。

导热性是指物体传递热能的性质。物品的导热性，与其成分和组织结构有密切关系，物品结构不同，其导热性也不一样。同时物品表面的色泽与其导热性也有一定的关系。

（3）耐热性。

耐热性是指物品耐温度变化。而不致被破坏或显著降低强度的性质。物品的耐热性，除与其成分、结构和不均匀性有关外，还与其导热性、膨胀系数有密切关系。导热性大而膨胀系数小的物品，耐热性良好，反之则较差。

（4）透气性和透水性。

物品能被水蒸气透过的性质，称为透气性；物品能被水透过的性质叫透水性。这两种性质在本质上都是指水的透过性能。物品透气性、透水性的大小，主要取决于物品的组织结构和化学成分。结构松弛，化学成分含有亲水基团，其透气性、透水性都大。

2．物品的机械性质

物品的机械性质是指物品的形态、结构在外力作用下的反应。物品的这种性质与其质量关系极为密切，是体现适用性、坚固耐久性和外观的重要内容，它包括物品的弹性、可塑性、强度、韧性、脆性等。这些物品的机械性质对物品的外形及结构变化有很大的影响。

3．物品的化学性质

物品的化学性质是指物品的形态、结构以及物品在光、热、氧、酸、碱、温度、湿度等作用下，发生改变物品本质相关的性质。与物品储存紧密相关的物品的化学性质包括：物品的化学稳定性、毒性、腐蚀性、燃烧性、爆炸性等。

（1）化学稳定性。

化学稳定性是指物品受外界因素作用，在一定范围内，不易发生分解、氧化或其他变化的性质。化学稳定性不高的物品容易丧失使用性能。物品的稳定性是相对的，稳定性的大小与其成分结构及外界条件有关。

（2）毒性。

毒性是指某些物品能破坏有机体生理功能的性质。具有毒性的物品，主要是用作医药、农药及化工物品等。有的物品本身有毒；有的蒸气有毒；有的本身虽无毒，但分解化合后会产生有毒成分等。

（3）腐蚀性。

腐蚀性是指某些物品能对其他物质进行破坏的化学性质。具有腐蚀性的物品，本身具有氧化性和吸水性，因此，不能把这类物品与棉、麻、丝、毛织品以及纸张、皮革制品等同仓储存，也不能与金属制品同仓储存。例如，盐酸可以与钢铁制品作用，使其遭受破坏；烧碱能腐蚀皮革、纤维制品和人的皮肤；硫酸能吸收动植物物品中的水分，使它们炭化而变黑；漂白粉的氧化性，能破坏一些有机物；石灰有强吸水性和发热性，会灼热皮肤和刺激呼吸器官等。因此在保管时要根据物品不同的性能，选择储存的场所，安全保管。

（4）燃烧性。

燃烧性是指有些物品性质活泼，发生剧烈化学反应时常伴有热，光同时发生的性质。具有这一性质的物品被称为易燃物品。常见的易燃物品有红磷、火柴、松香、汽油、柴油、乙醇、丙酮等低分子有机物。易燃物品在储存中应该特别注意防火。

（5）爆炸性。

爆炸是物质由一种状态迅速变化为另一种状态，并在瞬息间以机械功的形式放出大量能量的现象。能够发生爆炸的物品要专库储存，并应有严格的管理制度和办法。

4．化学成分

（1）无机成分的物品。无机成分物品的构成成分中不含碳，但包括碳的氧化物、碳酸及碳酸盐，如无机化肥、部分农药、搪瓷、玻璃、五金及部分化工物品等。

（2）有机成分的物品。有机成分物品指以含碳的有机化合物为其成分的物品，但不包括碳的氧化物、碳酸与碳酸盐。有机成分的物品如棉、毛、丝、麻及其制品，化纤、塑料、橡胶制品、石油产品、有机农药、有机化肥、木制品、皮革、纸张及其制品、蔬菜、水果、食品、副食品等。这类物品成分中，结合形式也不相同，有的是化合物，有的是混合物。

5．物品的结构

物品的种类繁多，各种物品又有各种不同形态的结构，所以要求用不同的包装盛装。如气态物品，其分子运动快、间距大，多用钢瓶盛装，其形态随盛器的不同而变；液态物品，分子运动比气态物品慢，间距比气态物品小，其形态随盛器的不同而变；只有固态物品，本身有一定外形。虽然物品形态各异，但概括起来，可分为外观形态和内部结构两大类。

物品的外观形态多种多样，所以，在进行保管时应根据其体形结构合理安排仓容，科学地进行堆码，以保证物品质量的完好。物品的内部结构即构成物品原材料的成分结构，是人的肉眼看不到的，必须借助于各种仪器来进行分析观察。物品的微观结构，对物品性质的影响往往极大。

影响物品发生质量变化的内在因素是相互联系、相互影响的统一整体，工作中绝不能孤立对待。

（二）影响物品质量变化的外因

物品储存期间的变化虽然是物品内因引起的，但与储存的外界因素也有密切关系。这些外界因素主要包括：自然因素、人为因素和储存期。

1．自然因素

自然因素主要指温度、湿度、有害气体、日光、尘土、杂物、虫鼠雀害、自然灾害等。

（1）温度对库存物品的影响。

除冷暖库外，仓库的温度直接受天气温度的影响，库存物品的温度也随天气温度同步变化。一般来说，绝大多数物品在常温下都能保持正常的状态。大部分物品对温度的适应都有一定范围。低沸点物品，在高温下易挥发；低熔点的物品，温度高时易熔化变形；具有自燃性的物品，在高温下会因氧化反应而放出大量的热，当热量聚积不散时，会导致自燃发生；温度过低，也会对某些物品造成损害。

普通仓库的温度控制主要是避免阳光直接照射物品。仓库采用仓库建筑遮阳和苫盖遮阳两种遮阳方式。不同建筑材料的遮阳效果不同，混凝土结构遮阳效果最佳。怕热物品要存放在仓库内阳光不能直接照射的货位。

对温度较敏感的物品，在气温高时可以采用洒水降温（包括采取直接对物品洒水）而对于怕水物品，可以对苫盖、仓库屋顶洒水降温。在傍晚或夜间，将堆场物品的苫盖适当揭开通风，也是对露天堆场物品进行降温保管的有效方法。

物品自热是物品升温损坏的一个重要原因。对容易自热的物品，应经常检查物品温度，当发现升温时，可以采取通风方式降温和翻动物品散热降温，必要时，可以在货垛内通过存放冰块，释放干冰等降温。

此外，仓库里的热源也会造成温度升高，应避开热源，或者在高温季节避免使用仓库内的热源。

在严寒季节，气温极低时，可以采用加温设备对物品加温防冻。对突至的寒潮，在寒潮到达前对物品进行保暖苫盖，也能实现短期保暖的效果。

（2）湿度对库存物品的影响。

不同物品对环境湿度（相对湿度）要求有很大差别。霉菌、微生物和蛀虫在适宜的温度和相对湿度高于 60%时繁殖迅速，可在短时期内使棉毛丝制品、木材、皮革、食品等霉变、腐烂。具有吸湿性的物品，在湿度较大的环境中会结块。绝大多数金属制品，电线，仪表等在相对湿度达到或超过 80%时其锈蚀速度加剧。但是某些物品的储存环境却要求保持一定的潮湿度，如木器、竹器及藤制品等，在相对湿度低于 50%的环境中会因失水而变形开裂，但是当相对湿度大于 80%时又容易霉变。纯净的潮湿空气对物品的影响不大，尤其是对金属材料及制品，但如果空气中含有有害气体时，即使相对湿度刚达到 60%，金属材料及制品也会迅速锈蚀。

（3）大气中有害气体对库存物品的影响。

大气中有害气体主要来自燃料，如煤、石油、天然气、煤气等放出的烟尘以及工业生产过程中的粉尘、废气对空气的污染，主要是氧、二氧化碳、二氧化硫、硫化氢、氯化氢和氮等气体。物品储存在有害气体浓度大的空气中，其质量变化明显。例如，二氧化硫气体溶解度很大，溶于水中能生成亚硫酸，当它遇到含水量较大的物品时，能强烈地腐蚀物品中的有机物及金属。

当空气中含有 0.01%的二氧化硫，能使金属锈蚀增加几十倍，使皮革、纸张、纤维制品脆化。目前，主要是从改进和维护物品包装或在物品表面涂油、涂蜡等方法入手，减少有害气体对物品质量的影响。

（4）日光、尘土、虫、鼠、雀等对库存物品的影响。

适当的日光可以去除物品表面或内部多余的水分，也可抑制微生物等的生长。但长时期在日光下曝晒会使物品或包装物出现开裂、变形、变色、褪色、失去弹性等现象。尘土、杂物会加速金属锈蚀，影响精密仪器仪表和机电设备的精密度和灵敏度；虫、鼠、雀不仅能毁坏物品和仓库建筑，还会污染物品。

（5）自然灾害主要有雷击、暴雨、洪水、地震、台风等。

2．人为因素

人为因素是指人们未按物品自身特性的要求或未认真按有关规定和要求作业，甚至违反操作规程而使物品受到损害和损失的情况。

（1）保管场所选择不合理。

由于物品自身理化性质，不同库存物在储存期要求的保管条件不同，因此，对不同库存物应结合当地的自然条件选择合理的保管场所。一般条件下，普通的黑色金属材料、大部分建筑材料和集装箱可在露天货场储存；怕雨雪侵蚀、阳光照射的物品放在普通库房及货棚中储存；要求存放在一定温湿度条件的物品应相应存放在冷藏、冷冻、恒温、恒湿库房中；易燃、易爆、有毒、有腐蚀性危险的物品必须存放在特种仓库中。

（2）包装不合理。

为了防止物品在储运过程中受到可能的冲击、压缩等外力而被破坏，应对库存物进行适当的捆扎和包装，如果捆扎不牢，将会造成倒垛、散包，使物品丢失和损坏。某些包装材料或形式选择不当不仅起不到保护的作用，还会加速库存物受潮变质或受污染霉烂。

（3）装卸搬运不合理。

装卸搬运活动贯穿于仓储作业过程的始终，是一项技术性很强的工作，各种物品的装卸搬运均有严格规定，如平板玻璃必须立放挤紧捆绑，大件设备必须在重心点吊装，胶合板不可直接用钢丝绳吊装等。

（4）堆码苫垫不合理。

垛形选择不当，堆码超高超重，不同物品混码、需苫盖而没有苫盖或苫盖方式不对都会导致库存物损坏变质。

（5）违章作业。

在库内或库区违章明火作业、烧荒、吸烟都可能会引起火灾，从而造成更大的损失，带来更大的危害。

3．储存期

物品在仓库中停留的时间越长，受外界因素影响发生变化的可能性就越大，而且发生变化的程度也越深。物品储存期的长短主要受采购计划、供应计划、市场供求变动、技术更新甚至金融危机等因素的影响，因此仓库应坚持先进先出的发货原则，定期盘点，将接近保存期限的物品及时处理，对于落后产品或接近淘汰的产品则限制其入库或随进随出。

微课：商品在库报管与养护

二、货物的保管保养措施

对库存物品进行保管保养不仅是一个技术问题，更是一个综合管理问题。由于 JIT 观念的广泛运用，库存的时间在不断缩短，现代仓库管理的重点也从静态管理转变为动态管理。又由于现代物流技术不断提高，物品养护技术也不断简单化，因而在这个阶段中，制定必要的管理制度和操作规则，并严格执行显得尤为重要。

（一）仓库作业过程管理措施

“以防为主，防治结合”是保管保养的核心，要特别重视物品损害的预防，及时发现和消除事故隐患，防止损害事故的发生。特别要预防发生爆炸、火灾、水浸，污染等恶性事故和会造成大规模损害的事故，在发生、发现损害现象时，要及时采取有效措施，防止损害扩大，减少损失。

仓库保管保养的措施主要有：经常对物品进行检查测试，及时发现异常情况；合理地对物品通风；控制阳光照射；防止雨雪水浸湿物品，及时排水除湿；除虫灭鼠；妥善进行湿度、温度控制；防止货垛倒塌；防霉除霉，剔出变质物品；对于特殊物品采取有针对性的保管措施等。

这些措施具体体现在仓库以下几个方面的工作中。

（1）严格验收入库物品。

要防止物品在储存期间发生各种不应有的变化，首先在物品入库时要严格验收，弄清物品及其包装的质量状况。对吸湿性物品要检测其含水量是否超过安全水平，对其他有异常情况的物品要查清原因，针对具体情况进行处理和采取补救措施，做到防微杜渐。

（2）适当安排储存场所。

由于不同物品性能不同，对保管条件的要求也不同，分区分类，合理安排存储场所是物品养护工作的一个重要环节。如怕潮湿和易霉变，易生锈的物品，应存放在较干燥的库房里；怕热易化、发黏、挥发、变质或易发生燃烧、爆炸的物品，应存放在温度较低的阴凉场所；一些既怕热，又怕冻，且需要较大湿度的物品，应存放在冬暖夏凉的楼下库房或地窖里。此外，性能相互抵触或易串味的物品不能在同一库房混存，以免相互间产生不良影响。尤其对于化学危险物品，要严格按照有关部门的规定，分区分类安排储存地点。

（3）科学进行堆码苫垫。

阳光、雨雪、地面潮气对物品质量影响很大，要切实做好货垛苫盖和货垛垛下苫垫隔潮工作，如利用石块、枕木、垫板、苇席、油毡或采用其他防潮措施。存放在货场的物品，货区四周要有排水沟，以防积水流入垛下，货垛周围要遮盖严密，以防雨淋日晒。

货垛的垛形与高度，应根据各种物品的性能和包装材料，结合季节气候等情况妥善堆码。含水率较高的易霉物品，热天应码通风垛。容易渗漏的物品，应码间隔式的行列垛。此外，库内物品堆码留出适当的距离，俗称“五距”。对易燃物品还应留出适当的防火距离。

（4）控制好仓库温、湿度。

应根据库存物品的保管保养要求，适时采取密封、通风、吸潮和其他控制与调节温、湿度的办法，力求把仓库温、湿度保持在适合物品储存的范围内。

（5）定期进行物品在库检查。

由于仓库中保管的物品性质各异，品种繁多、规格型号复杂，进出库业务活动每天都在进行，而每一次物品进出库业务都要检斤计量或清点件数，加之物品受周围环境因素的影响，物品可能在数量或质量上出现损失，对库存物品和仓储工作进行定期或不定期的盘点和检查非常必要。

（6）搞好仓库清洁卫生。

储存环境不清洁，易引起微生物、虫类寄生繁殖，危害物品。因此，对仓库内外环境应经常清扫，彻底铲除仓库周围的杂草、垃圾等物，必要时使用药剂杀灭微生物和潜伏的害虫。对容易遭受虫蛀、鼠咬的物品，要根据物品性能和虫、鼠生活习性及危害途径，及时采取有效的防治措施。

（二）仓库温、湿度控制与调节

1．仓库温湿度变化规律

（1）仓库温度的变化规律。

① 气温升降时，仓库温度会随之升降，仓库温度主要随气温的变化而变化。

② 仓库温度变化的时间总是在气温变化后 1 ~ 2 h。气温在日出前的瞬间最低，14 时温度最高；仓库温度以日出后 1 h 为最低，15 时为最高。

③ 库温与气温相比，夜间仓库温度高于气温，白天仓库内温度低于气温。

④ 仓库温度变化的幅度小于气温变化的幅度。假如气温变化的幅度为 10℃，则仓库温度变化的幅度仅为 5~6℃，所以，仓库的最高气温值常比气温的最高温度值低，仓库的最低温度值则比气温的最低温度值高。

⑤ 仓库内温度还受仓库建筑结构、材料、外表面颜色等多种因素的影响。货物温度直接反映着货物安全储存的状况，而仓库温度的变化直接决定货物的状态，大气温度又影响着仓库温度的高低。大气温度具有不可控性，所以关键在于如何通过控制仓库温度来实现对货物温度的控制。

（2）仓库湿度的变化规律。

库房内湿度随着大气湿度的变化而变化，日变化的时间迟于库房外，幅度也较小，但密闭条件较好的库房受大气湿度的影响较小。库房内各部位的湿度也因情况不同而不同。一般来讲，库房上部的相对湿度相比于接近地面部分的相对湿度更低，库房内的墙角、货架下由于空气不易流通，相对湿度比较高。特别是在没有水泥防潮层地面的库房，湿度的差异会更大。

几类常见物品的温湿度要求

2．空气温湿度的测定

（1）测定空气温度。

① 测定工具。

测定仓库温度的工具主要有水银温度计、酒精温度计、自记温度计和半导体点温计（见图 4-18）。

（a）酒精温度计

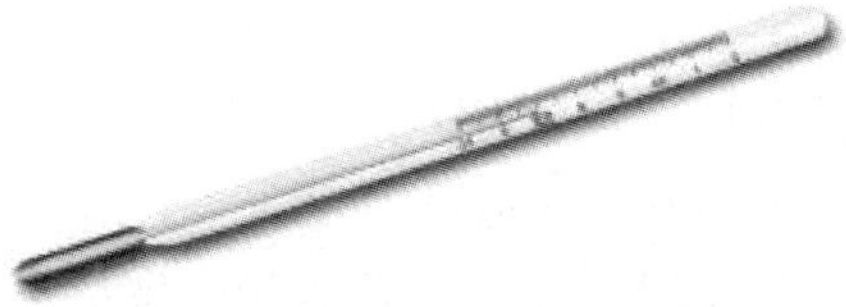

（b）水银温度计

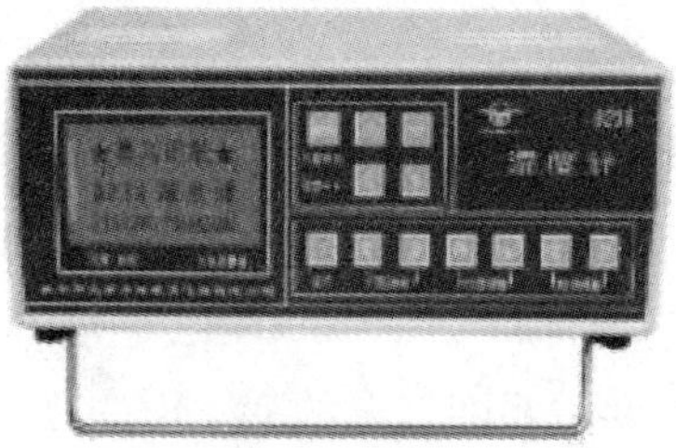

（c）自记温度计

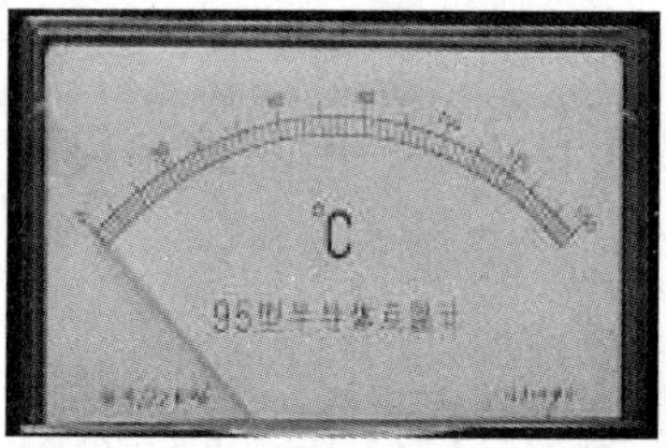

（d）

图 4-18　常用的温度计

② 使用注意事项。

a．水银温度计应放置在不受阳光直射、通风的地方，悬挂高度在 1.5 m 左右，以能平视观测为宜。

b．读取水银温度计或酒精温度计指数时要敏捷、准确，先看小数、后看整数。视线要与水银柱顶端平齐，手和头不要接近温度计球部，也不要对着球部呼吸。

c．自记温度计能够自动记录空气温度的变化，它的自记部分包括自记钟、自记纸、自记笔三部分。为保障其能够正常工作，仓库管理人员要做好上发条、更换记录纸及添加墨水的工作。

d．使用半导体点温计时，将测温头与被测物体接触，即可直接从显示屏上读取被测物体温度。

③ 记录空气温度。

对于仓库内的温度，可以通过自记温度计进行连续记录，也可以通过定时人工观测的方法进行间隙性的记录。当存储的货物对空气温度变化比较敏感时，应该加大检验力度，增加记录的频率。

（2）测定空气湿度。

① 测定工具。

在仓储工作中，测定空气湿度常用的工具主要是干湿球温度计、通风湿度计、毛发湿度计及自记湿度计（见图 4-19）。

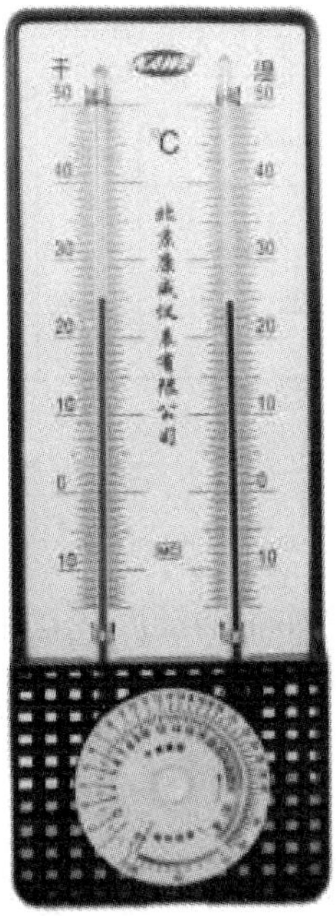

（a）干湿球温度计

（b）通风湿度计

（c）毛发湿度计

（d）自记温度计

图 4-19 常用的湿度计

② 使用注意事项。

a. 使用干湿球温度计测量库内湿度时，应将其放置在空气流通、不受阳光照射的地方，挂置高度与人眼齐平，约 1.5 m。

b. 在库房外使用干湿球温度计时，应将干湿球温度计悬挂于百叶箱内。百叶箱应放置在空旷、通风处，箱门朝北，箱体内外刷涂成白色。百叶箱中温度计的球部离地面高度为 2 m。箱内保持清洁，不放杂物，以免妨碍空气流通。

c. 通风湿度计属于精密测湿仪器，一般放置在对湿度要求较严格的库房，以便于测出储存环境的准确湿度值，也可用于对其他类型的测湿仪器进行校正。

d. 在气温低于-5℃的场合不适合使用干湿球温度计进行测温，此时可以采用毛发湿度计测量空气的相对湿度。

e. 在对湿度条件要求非常严格的库房中，可以使用自记湿度计，这样可测得每天或每周任意一段时间内湿度变化的详细数据，为分析研究湿度变化规律提供可靠依据。

③ 记录空气的湿度。

对空气湿度的记录作应该每日进行 2 次，8~9 时 1 次，13~14 时 1 次。重点仓库可以适当地增加观测及记录的次数。

仓库管理人员每检查完一遍温度及湿度都应该将其结果填写在《仓库温湿度记录表》中，具体内容如表 4-4 所示。

表 4-4 仓库温湿度记录表

日期	上午							下午						
	天气	干球	湿球	相对湿度	绝对湿度	调节措施	记录时间	天气	干球	湿球	相对湿度	绝对湿度	调节措施	记录时间

3．调节与控制仓库的温度

（1）库房的防热措施。

① 夜间开窗降温。

每天的最低温度出现在凌晨的 2~5 时，如果需要降低仓库中的温度，仓库管理人员可在固定的时间段打开库房门窗，进行自然通风或用排气风扇向库房内吹风，使库房内外空气对流，从而降低库房内的温度。

② 用空调机降温。

安装空调机的库房应该是密封的，当库房温度超过所储货物的安全保管温度时，仓库管理人员就可开动空调机降温。

③ 屋顶搭凉棚降温。

在露天货场搭建凉棚可以避免堆垛的物品被阳光直射，从而减少物品所吸收的热量，降低物品的温度。在多层建筑仓库的顶层搭建凉棚，可以利用棚下的空气层降低仓库内的温度。

④ 屋顶喷水降温。

在库房屋顶安装自动喷水设备，定时喷水，通过水的蒸发，降低温度。喷水时间一般安排在 11 时和 16 时之间，每隔半个小时喷水 1 次。在夏季可使库房内降温 5℃左右。

喷水也可用于在露天货场上堆储的铁桶装货物，通过在铁桶货垛的上空装设喷水管，给铁桶货垛“洗淋浴”，也能起到降温的效果。

⑤ 屋顶放置隔热材料降温。

夏季将库房的屋顶放置一层隔热材料，可以降低库房的温度。

（2）仓库的防冻措施。

① 附加保温材料保温。

在保温库上或者库房的屋顶加放一层保温材料，可增加仓库的保温效果。

② 利用暖气设备保温。

在库房内或者库房的墙内安装暖气，可保持库房所需的库温。

③ 封闭仓库保温。

因下雪或温湿度的骤然变化会造成货物的损坏，如沥青、树脂、油毡、皮革、木制和纤维制品、优质钢材、线材、有色金属型板材等，这些货物必须存入保温或非保温的封闭仓库中。在冬季到来之前，要用保温材料封闭仓库的窗户、仓门，对于库顶，也采取相应的保温措施，将整个仓库封闭起来，以防止温度降低对货物造成损坏。

4．调节与控制仓库的湿度

调节与控制仓库的湿度时主要采用通风、密封、吸潮、空气调节自动化 4 种方法。

一些常见环境湿度最佳范围

（1）通风。

通风是指根据大气自然流动的规律，有计划、有目的地组织库内外空气的对流与交换的重要手段，是调节库内温、湿度，净化库内空气的有效措施。仓库通风按通风动力，可分为自然通风和强迫通风两种方式。

（2）密封。

密封是将储存物品的一定空间使用密封材料尽可能严密地封闭起来，使之与周围大气隔离，防止或减弱自然因素对物品的不良影响，创造适宜的保管条件。密封的目的通常主要是防潮，但同时也能起到防锈蚀、防霉、防虫、防热、防冻、防老化等综合效果。密封是相对的，不可能达到绝对严密的程度。

（3）除湿。

空气除湿是利用物理或化学的方法，将空气中的水分除去，以降低空气湿度的一种有效方法。除湿的方法主要有：利用冷却法使水汽在露点温度下凝结分离；利用压缩法提高水汽压，使之超过饱和点，成为水滴而被分离去；使用吸附剂吸收空气中的水分。

（4）空气调节自动化。

空气调节自动化简称空调自动化。它是借助于自动化装置，使空气调节过程在不同程度上自动地进行，其中包括空调系统中若干参数的自动测量、自动报警和自动调节等。

为了保证保管质量，除了温度、湿度、通风控制外，仓库应根据物品的特性采取相应的保管措施。如对物品进行油漆，涂刷保护涂料、加固、封包、密封等，发现虫害及时消灭，采取释放防霉药剂等针对性的保护措施。必要时采取转仓处理，将物品转入具有特殊保护条件的仓库，如冷藏等。

[任务实施]

1．在附近选择一个生鲜仓库，观察记录仓库某一天之内每个整点时仓库内、外温湿度变化。

（1）将整点时的温、湿度填入表 4-5。

表 4-5　仓库温湿度记录表　　　　日期：

时间	温度/℃	相对湿度/%	时间	温度/℃	相对湿度/%	时间	温度/℃	相对湿度/%	时间	温度/℃	相对湿度/%
01:00			07:00			13:00			19:00		
02:00			08:00			14:00			20:00		

续表

时间	温度/℃	相对湿度/%	时间	温度/℃	相对湿度/%	时间	温度/℃	相对湿度/%	时间	温度/℃	相对湿度/%
03:00			09:00			15:00			21:00		
04:00			10:00			16:00			22:00		
05:00			11:00			17:00			23:00		
06:00			12:00			18:00			24:00		

（2）画图分析仓库温湿度的变化规律。

（3）针对其中一种产品，制作温湿度调节方案。

2．通过调查，了解常见物资的安全湿度和温度，并填写表4-6。

表4-6 常见物资安全温湿度

物资名称	安全温度/℃	安全相对湿度/%	物资名称	安全温度/℃	安全相对湿度/%
棉织品			纸制品		
麻织品			塑料制品		
丝织品			金属制品		
毛织品			竹木制品		
皮革制品			玻璃制品		
人造革			橡胶制品		

3．分析电视机、方便面、苹果、玉米、汽油、黑火药储存时的温湿度要求，讨论仓库温湿度对在库物品的影响。

4．结合常见温湿度测定工具的特点，介绍空气温湿度测定时的注意事项。

（1）介绍常见温度测定工具及其特点，以及测定时的注意事项。

（2）介绍湿度测定工具及其特点。

[拓展知识]

见二维码内容。

仓库防老化措施

任务四

盘点作业与废料处理

[任务导入]

新事业物流有限公司公司成立于 2003 年 9 月，主要提供汽车售后零配件的仓储与配送服务，公司拥有 30 000 ㎡的普通仓库，员工 500 余人，仓储汽车零配件种类超过 20 000 种。每到年底，公司财务人员会同仓库管理员对仓库货物进行盘点。在规定的库存区域内对库存物品进行盘点检查，核对现有存货与账目记载数量是否一致，查明各项货物的可用程度，发现不良品、呆滞品要记录下来，并用货卡标识出来。最后填写盘点盈亏表，对盈亏作出分析和处理。

本次学习任务：

1. 理解盘点的内容。
2. 分析盘点方法的特点。
3. 盘点表的填写。
4. 对盘点结果进行分析和处理。

[相关知识]

一、盘点的概念

盘点是指定期或临时对库存货物实际数量进行清查、清点的作业，即将仓库现有货物的实际数量与保管账上记录的数量相核对，检查有无残缺和质量问题，以便准确掌握货物数量，进而核对金额（见图 4-20）。盘点是保证储存货物的账、物、卡相符的重要措施之一。只有使库存货物经常保证数量准确和质量完好，仓储部门才能更有效地为生产、流通提供可靠的供应保证。因此，在库作业管理必须十分重视盘点工作。

二、盘点的目的和内容

（一）盘点的目的

对于仓库而言，盘点就是日常工作。但为什么仓库要盘点呢？耗时、耗事、耗力却仍然要定期盘点，可见仓库盘点的作用可不小。

盘点的目的主要如下。

1．查清实际库存数量

由于众多原因，如收发中记录库存数量时多记、误记、漏记；作业中导致商品损坏、遗失，验收与出货时清点有误；盘点时误盘、重盘、漏盘等，往往导致账面库存数量与实际存货数量不符，通过盘点清查实际库存数量与账面数量，发现问题并查明原因，及时调整。

微课：盘点作业

2．计算企业资产的损益

库存物料总金额直接反映企业流动资产的使用情况，库存量过高，流动资金的正常运转将受到威胁，而库存金额又与库存量及其单价成正比，通过盘点就可以准确地计算出企业实际损益。

3．发现物料管理中存在的问题

通过盘点查明盈亏原因，发现作业与管理中存在的问题，并做出相应的措施，从而提高库存管理水平，减少损失。

图 4-20　盘点作业

（二）盘点的内容

一般来说，盘点作业的内容主要如下。

1．货物数量

通过点数计数查明物料在库的实际数量，核对库存账面资料与实际库存数量是否一致。

2．货物质量

检查在库商品质量有无变化，有无超过有效期和保质期，有无长期积压等现象，必要时还必须对商品进行技术检验。

3．保管条件

检查保管条件是否与各种商品的保管要求相符合。如堆码是否合理稳固，库内温度是否符合要求，各类计量器具是否准确等。

4．库存安全状况

检查各种消防器材及安全措施是否符合安全要求，建筑物和设备是否处于安全状态。

5．稽核仓库账务工作的落实度

一旦料账不准，对于生产与现场生产工作来说绝对是致命的伤害，因此企业经营阶层一定会审慎地订定仓储物料管理办法，授权仓库管理人员依规定执行料账登账作业。虽然做好料账工作是仓库人员天经地义的责任，但是“一样米养百样人”，难免让有些仓库人员的工作意识不足，责任感不够，工作中频繁疏忽，或者“拖”的习性难改，日久顽生，使料账产生大差异。

三、盘点作业流程

盘点作业流程如图 4-21 所示，具体可按照以下步骤进行。

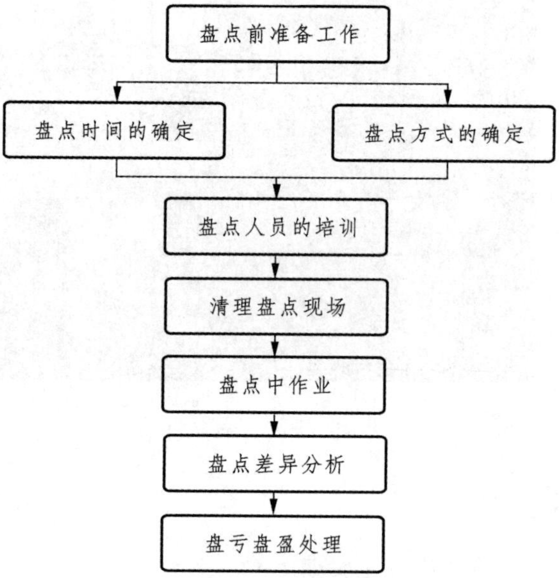

图 4-21　盘点作业流程

（一）盘点前准备工作

明确建立盘点的程序方法，配合会计决算进行盘点；对盘点人员进行培训，盘点人员必须熟悉盘点要用到的各种表格和单证；完成盘点所用各种表格的印刷工作，准备盘点所用的工具，并对盘点物品进行结清。

（二）盘点时间的确定

一般性物品就货账相符的目标而言，盘点次数越多越好，但因为每次盘点必须投入人力、物力、财力，使成本增加，所以把盘点次数控制在合理水平是很有必要的。既要防止过久盘点对企业造成损失，又要考虑资源的有限性，因而最好根据仓库内物品的不同性质确定不同的盘点时间。

（三）盘点方式的确定

因为不同现场对盘点的要求不同，盘点的方式也会有所差异，为尽可能快速准确地完成盘点作业，必须根据实际需要确定盘点方式。

盘点的方式

（四）盘点人员的培训

初盘时，应由管理该类物品的人员来实施盘点，由后勤人员及部门主管进行交叉的复盘及抽盘工作。对于各部门增援的人员必须施以短期训练，培训内容如下：

（1）针对所有人员进行盘点方法训练。只有对盘点的程序、表格的填写充分了解，工作才能得心应手。

（2）针对复盘与监盘人员进行认识物品的训练。因为复盘与监盘人员对物品大多并不熟悉，故而应加强对物品的认识，以便于盘点工作的进行。

（五）清理盘点现场

（1）储存场所在关闭前应通知各部门预先领取需要的物品。

（2）储存场所整理整顿完成，以便计数盘点。

（3）预先鉴定呆料、废品、不良品，以便盘点时的鉴定。

（4）账卡、单据、资料均应在整理后加以结清。

（5）储存场所的管理人员在盘点前应自行预盘，以便提早发现问题并加以预防。

（六）盘点中作业

盘点时因工作单调琐碎，人员较难以持之以恒，为确保盘点的正确性，除人员培训时要加强教育外，在盘点工作进行中加强指导与监督也是非常重要的。

（七）盘点差异分析

在盘点时，如果发生盘点所得实际数量与库存账面数量不符时，仓库管理人员要分析其产生的原因。盘点差异产生的原因是多方面的，既可能是仓库管理人员日常管理出现差错，也有可能是盘点人员在盘点时的技术有误。

（八）盘亏盘盈处理

实存数大于账面结存数量或有物无账的情况即发生了盘盈；实存数小于账面结存数或有账无物的现象即发生了盘亏。

1. 上报盘点结果

盘点分析后，仓库管理人员应该向上级部门及时报告盘点结果，并对在盘点中产生的盈亏进行处理。为使主管部门及时了解库存情况，仓库管理人员应该根据盘点结果，分析差异产生的原因并制定对策，填写如表 4-7 所示，“盘点盈亏汇总表”，并请上级主管部门就盘点差异的处理方法进行批示。

表 4-7　盘点盈亏汇总

年　　月　　日

品名	类别	规格	单位	单价	账面数量	盘点数量	盘盈		盘亏		差异原因	
							数量	金额	数量	金额	说明	对策

2．调整账面存量

根据盘点后的结果，仓库管理人员要办理库存账目、保管卡的更改手续，以保证账、物、卡重新相符。账目调整包括库存账目的调整与保管卡账目的调整。

（1）调整库存账目。

调整库存账目时，仓库管理人员应该根据盘点结果，在库存账页中将盘盈盘亏数量做收入处理，将盘亏数量做发出处理，并在摘要中注明盘盈（亏），如表 4-8 所示。

表 4-8　盘盈（亏）库存账目调整

年		凭证		摘要	收入	发出	结存
月	日	种类	号码				
…	…	…	…	…	…	…	…
12	31	领料单	0231009			5 000	146 000
1	1	盘点单	090101	盘亏		5 000	141 000

（2）调整保管卡。

仓库管理人员调整保管卡时，也应该在收发记录中填写数量的变更，具体方法如表 4-9 所示。

表 4-9　盘盈（亏）保管卡调整

收发记录							
日期	单据号码	发料单	存量	收料量	退回	订货记录	备注
…	…	…	…	…	…	…	…
12 月 31 日	0231009	5 000	146 000				
1 月 1 日	090101	5 000	141 000				盘亏

四、盘点方法

（一）“人-机”盘点

“人-机”盘点通常在自动化立体仓库和自动分拣线上进行，用 WMS（仓储管理系统）的盘点系统，利用电子标签和手持终端系统进行人机配合盘点。

（二）人工盘点

人工盘点作业常用三人小组法。三人小组法的操作要领和作业细节如下：

（1）盘点人员要熟知企业盘点制度。

（2）选择盘点人员，每组 3 人，根据工作量和时间要求组成小组若干。

（3）提供盘点货位配置图。

（4）接受盘点作业任务。

（5）每组分工后，1 人按配置图进行每一物品盘点，并将盘点结果记入盘点表，1 人对前面所完成的作业进行复盘，1 人负责核查前两人的盘点数据，如结果一致则将盘点结果记入盘点调整表的盘点数栏，如不一致则由第 3 人再一次将结果与前两人的盘点结果对照，如一致则将结果记入盘点调整表。

（6）盘点时有可能出现盘盈或盘亏，不论盘盈或是盘亏都要认真查找原因，有时可能会出现混货和错货，应认真核对并进行调整。

（7）根据盘点结果填制盘点盈亏汇总表。

（8）根据盘点盈亏汇总表，制作盘点卡。

[任务实施]

1. 新事业物流有限公司汽车零配件仓库计划在 2021 年 12 月的 20~27 日进行年终盘点，盘点全部货区。小张在这次盘点作业中负责 A 区的盘点作业，他逐一对各品项零部件进行清点，后视镜实际库存货物 3 000 件，其中有 10 件货物包装出现破损，3 件货物出现变形及外观刮花，其他都保存良好。除此以外，小张还对整个仓库的灭火器、水管、电线进行了查看，记录了仓库货物的堆码、货架承重、机械设备等情况。

（1）分析小张对货物的哪些方面进行了盘点。

（2）对仓库货物实物盘点有期末盘点和循环盘点两种方式。请分析小张他们此次的盘点属于哪种方式。并比较两种方式的特点，填入表 4-10 中。

表 4-10　两种盘点方式比较

盘点方式	期末盘点	循环盘点
周期		
所需时间		
所需人员		

续表

盘点方式	期末盘点	循环盘点
盘差情况		
对营运的影响		
对品项的管理		
盘差原因分析		

2．5 人一个小组，自主寻找一个小规模仓库或连锁店确定盘点物品。

（1）用定期盘点法对其进行盘点，并填写表 4-11、表 4-12。

表 4-11　盘点盈亏汇总

年　　月　　日

品名	类别	规格	单位	单价	账面数量	盘点数量	盘盈		盘亏		差异原因	
							数量	金额	数量	金额	说明	对策

会计主管：　　　　　　　　　　　　　　　　　　　　制表：

表 4-12　盘盈（亏）库存账目调整

年		凭证		摘要	收入	发出	结存
月	日	种类	号码				

（2）根据盘点表，结合实际，分析盘盈盘亏的原因。

[拓展知识]

见二维码内容。

XX 有限公司盘点管理制度

[项目小结]

（1）盘点是指定期或临时对库存货物实际数量进行清查、清点的作业，即对仓库现有货物的实际数量与保管账上记录的数量相核对，检查有无残缺和质量问题，以便准确掌握货物数量，进而核对金额。

（2）盘点的目的主要是：查清实际库存数量、计算企业资产的损益、发现物料管理中存在的问题。

（3）盘点的内容：货物数量、货物质量、保管条件、库存安全状况、稽核仓库账务工作的落实度。

（4）盘点方法：“人-机”盘点、人工盘点。

[项目实训]

丰盛物流公司是一家以储存配送汽车零配件为主要业务的物流公司。仓库总面积 20 000 m^2，分为 5 个仓库，各库区储存物料如表 4-14 所示。

2021 年 12 月 20 日，仓储部接到入库通知，入库通知单如表 4-13 所示。2021 年 12 月 21 日，仓储部收到盘点指令如下。

> **盘点指令**
>
> 由于近期 A 仓库业务较多，要求在 2021 年 12 月 31 日前对仓库的 5 个货区进行一次现货盘点。各货区经理全面负责本区盘点工作。
>
> 丰盛物流有限公司 2021 年 12 月 21 日

请完成：

（1）请为该批入库物品安排货位。

（2）请为仓储部制定一份库存物资保管制度。

（3）每个小组负责一个分区，学生分别扮演货区经理 1 人、初盘 2 人、复盘 2 人、仓库管理员 1 人、记录员 1 人，按如下步骤共同完成仓库盘点作业。

第一步：讨论、制订盘点计划，并展示；

第二步：各区进行现货盘点，填写盘点表格；

第三步：各区对盘点结果进行分析及处理，货区经理草拟盘点报告；

第四步：货区经理汇报本区盘点结果。

其他成员现场观摩、监督，货区经理根据初盘和复盘的操作流程对其进行考核。

表 4-13　入库通知单

入库单号：　　　　　　　　　　　　　　　　　　　计划入库时间：

序号	货品条码	货品名称	包装规格	入库数量	堆码极限
1	6903244858110	柴油机	495 mm × 380 mm × 338 mm	100 台	6 层
2	6922222644231	齿轮	430 mm × 270 mm × 210 mm	200 箱	5 层
3	6923321567192	防冻液	430 mm × 320 mm × 270 mm	50 箱	4 层
4	6908732178139	轮胎	498 mm × 498 mm × 190 mm	500 个	10 层

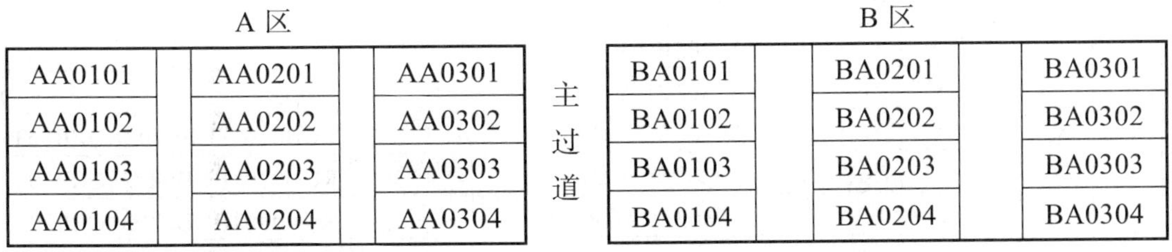

图 4-23　货位示意图（以 A 库房部分货物为例）

（注：货品全部就地堆码。每个货位尺寸为：4 000 mm × 2 000 mm）

表 4-14　各库区储存物料表

库房号	类别	零部件	料位（“R”表示该货位有货，“£”表示该货位为空）	类别	零部件	料位（“R”表示该货位有货，“£”表示该货位为空）
A	动力传动系	柴油机	RAA0101RAA0102£AA0103	底盘	ABS	RAB0101£AB0102RAB0103
		汽油机	RAA0201£AA0202£AA0203		制动器	RAB0201£AB0202RAB0203
		空气滤清器	RAA0301£AA0302RAA0303		制动总泵	£AB0301£AB0302RAB0303
		消声器	RAA0401£AA0402RAA0403		制动蹄	£AB0401£AB0402RAB0403
		连杆	£AA0501RAA0502£AA0503		制动阀	£AB0501£AB0502RAB0503
		点火线圈	£AA0601£AA0602£AA0603		真空助力器	RAB0601RAB0602RAB0603
		曲轴	£AA0701£AA0702RAA0703		防尘阀	RAB0701£AB0702RAB0703
		飞轮	RAA0801RAA0802£AA0803		转向器	RAB0801RAB0802£AB0803
		活塞	RAA0901RAA0902RAA0903		齿轮	RAB0901£AB0902RAB0903
		离合器助力器	RAA1001£AA1002RAA1003		方向盘	RAB1001RAB1002RAB1003
		风扇	RAA1101£AA1102£AA1103		球头	RAB1101£AB1102RAB1103
		散热器	£AA1201RAA1202RAA1203		万向节	RAB1201RAB1202£AB1203
B	车身内饰	保险杆	RBA0101£BA0102RBA0103	工艺横向杆	铸造件	RBB0101£BB0102RBB0103
		挡泥板	RBA0201£BA0202RBA0203		粉末冶金件	RBA0201£BB0202RBB0203
		天窗	RBA0301£BA0302RBA0303		塑料件	RBB0301£BB0302RBB0303
		车门	RBA0401£BA4002RBA0403		冲压件	RBA0401£BB0402RBB0403
		拉手	RBA0501£BA0502RBA0503		橡胶件	RBB0501£BB0502RBA0503
		车窗	RBA0601£BA0602RBA0603		机加工件	RBB0601£BB0602RBB0603
C		玻璃升降器	RBA0701£BA0702RBA0703			
		空调	RBA0801£BA0802RBA0803			
		鼓风机	RBA0901£BA0902RBA0903			
		压缩机	RBA1001£BA1002RBA1003			
		冻凝器	RBA1101£BA1102RBA1103			
		蒸发器	RBA1201£BA1202RBA1203			
		膨胀阀	RBA1301£BA1302RBA1303			
	电子电气设备	发电机	RCA0101£CA0102RCA0103	车附件	汽车音响	RCB0101£CB0102RCB0103
		转子	RCA0201£CA0202RCA0203		导航设备	RCB0201RCB0202£CB0203
		灯泡	£CA0301£CA0302£CA0303		地毯	RCB0301RCB0302£CB0303
		尾灯	£CA0401£CA0402RCA0403		方向盘套	RCB0301RCB0302£CB0303
		闪光器	£CA0501RCA0502£CA0503		太阳挡	RCB0401RCB0402£CB0403
		继电器	£CA0601£CA0602£CA0603		行李架	RCB0501RCB0502£CB0503

续表

库房号	类别	零部件	料位（“R”表示该货位有货，“£”表示该货位为空）	类别	零部件	料位（“R”表示该货位有货，“£”表示该货位为空）
		保险丝盒	£CA0701£CA0702RCA0703		GPS定位导航	RCB0601RCB0602£CB0603
		开关	RCA0801RAA0802£CA0803		车载DVD	RCB0701RCB0702£CB0703
		收音机	RCA0901RCA0902RCA0903		车载VCD	RCB0801RCB0802£CB0803
		扬声器	RCA1001£CA1002RCA1003		车载MP3	RCB0901RCB0902£CB0903
		雨刮片	RCA1101£CA1102£CA1103			
		起动机	£CA1201RCA1202RAC1203			
D	油液剂	制冷剂	RDA0101£DA0102RCA0103	原材料	皮革	RDB0101£DB0102RCB0103
		降凝剂	RDA0201£DA0202RDA0203		胶水	RDB0201£DB0202RDB0203
		改进剂	£DA0301£DA0302£DA0303		海绵	£DB0301£DB0302£DB0303
		上光剂	£DA0401£DA0402RDA0403		摩擦材料	£DB0401£DB0402RDB0403
		研磨机	£DA0501RDA0502£DA0503		隔音材料	£DB0501RDB0502£DB0503
		燃油添加剂	£DA0601£DA0602£DA0603		绝缘材料	£DB0601£DB0602£DB0603
		修复剂	£DA0701£DA0702RDA0703		油脂	£DB0701£DB0702RDB0703
		密封胶	RDA0801RDA0802£DA0803			
		防冻液	RDA0901RDA0902£DA0903			
		冷却液	RDA1001£DA1002RDA1003			
		玻璃防护剂	RDA1101£DA1102£DA1103			
E	通用件	蓄电池	£EA0101£EA0102REA0103REA0104£EA0105REA0106£EA0107REA0108			
		油轮	REA0201£EA0202REA0203REA0204£EA0205REA0206£EA0207REA0208			
		带轮	REA0301£EA0302REA0303REA0304REA0305REA0306£EA0307REA0308			
		紧固件	REA0401£EA0402REA0403REA0404£EA0405REA0406REA0407REA0408			
		管路	REA0501£EA0502REA0503REA0504£EA0505REA0506£EA0507REA0508			
		轮胎	REA0601REA0602REA0603REA0604£EA0605£EA0606£EA0607£EA0608			
		弹簧	REA0701£EA0702REA0703REA0704£EA0705REA0706£EA0707REA0708			
		链轮	REA0801£EA0802REA0803REA0204£EA0805REA0806REA0807REA0808			
		链条	REA0901REA0902REA0903REA0904REA0905REA0906£EA0907REA0908			
		车轮	REA1001REA1002REA1003REA1004REA1005REA1006REA1007REA1008			
		轮辋	REA1101£EA1102REA1103REA1104REA1105REA1106£EA1107REA1108			
		玻璃	REA1201£EA1202REA1203REA1204REA1205REA1206£EA1207REA1208			
		齿轮	REA1301REA1302REA1303REA1304REA1305REA1306£EA1307REA1308			

[课后练习]

一、单项选择题

1. 货物存放的基本方法有散堆法、货架存放、（　　）。

A. 堆垛法　　B. 叠放法　　C. 起脊法　　D. 四五法

2. 压缝式上下层件数的关系分为“（　　）”“3 顶 2”“4 顶 1”“5 顶 3”等。

A. 1 顶 1　　B. 2 顶 1　　C. 3 顶 1　　D. 4 顶 1

3. （　　）货物保持垂直方向码放的方法。适用于不能侧压的货物，如玻璃、油毡、油桶、塑料桶等。

A. 横摆式　　B. 直立式　　C. 井字　　D. 垫垛式

4. （　　）垛用于长形的钢材、钢管及木方的堆码。

A. 梅花　　B. 鱼鳞　　C. 层叠　　D. 井形

5. 储位优化的计算很难用数字化公式和数字模型予以描述，通常是利用一些（　　）或准则进行非过程性的运算。

A. 规则　　B. 逻辑　　C. 习惯　　D. 常规

6. 所谓同一性法则，是指把同一物品储放于（　　）保管位置的原则。

A. 不同　　B. 同一　　C. 货物　　D. 同仓库

7. （　　）的货品也应存放于邻近位置，以便缺货时可迅速以另一品项替代。

A. 不同　　B. 相似　　C. 互补性高　　D. 不相干

8. （　　）低的产品不可放置在一起，以免损害品质。

A. 不同性　　B. 相似　　C. 互补性　　D. 相容性

9. 保管的一条重要原则是对于易变质、易破损、易腐败的物品；对于机能易退化、老化的物品，应尽可能按（　　）的原则，加快周转。

A. 先进先出　　B. 后进先出　　C. 不分先后　　D. 随机

10. （　　）成分物品的构成成分中不含碳，但包括碳的氧化物、碳酸及碳酸盐，如化肥、部分农药、搪瓷、玻璃、五金及部分化工物品等。

A. 有机　　B. 无机　　C. 转机　　D. 普通

二、简答题

1. 货物存放的基本原则有哪些?

2. 平台垛适用于哪些货物？货物件数如何计算?

3. 简述垫垛的基本要求。

4. 储位优化策略有哪些?

5. 简述影响库存物变化的内因。

6. 简述盘点作业的基本步骤。

三、案例分析

因保管人过错致使仓储物资变质

原告：Z 市副食品公司。

被告：Z 市冷冻加工厂。

Z 市冷冻加工厂与 Z 市副食品公司于 2021 年 3 月达成协议，由冷冻加工厂为副食品公司加工、仓储猪肉。从 2021 年 3 月 5 日开始，副食品公司组织收购了价值 44 880 元的毛猪肉 8 000 kg 交给冷冻加工厂。冷冻加工厂将猪肉加工成精肉 6 000 kg，杂肉 1 900 余千克，副食品公司为此支出了加工费 3 750 元。同年 4 月 5 日，冷冻加工厂将加工好的猪肉存入第 7 号冷库储存。同年 5 月 24 日，冷冻加工厂要扩建仓库通道，通道暂时阻塞，便打开 7 号冷库前后门，时间长达 2 h。经过一段时间后，冷冻加工厂才发现冷库温度已超过标准多时，这后才关闭前后门强行降温，但 5 月 25 日副食品公司查看猪肉时发现包装纸箱上有水球，猪肉表面有黄斑点。于是副食品公司将猪肉取样送 Z 市卫生防疫站化验，结果表明肉质软化，缺乏光泽，微黏，有酸味，肉质严重下降。冷冻加工厂为了避免纠纷，同意减少仓库储存费 1 290 元，并以每吨 6 050 元的价格买下全部猪肉，由冷冻加工厂负责处理。副食品公司为了从速处理冻肉，防止继续变质，同意了这种处理办法，收回货款 38 630 元，但仍造成副食品公司经济损失 8 045 元。猪肉处理完毕后，副食品公司要求冷冻加工厂赔偿损失，双方为此发生了纠纷。冷冻加工厂声称，该厂已收购了副食品公司的猪肉，避免了副食品公司的猪肉全部变质，冷冻加工厂因此承担了大部分损失，问题已经解决，副食品公司再要求赔偿无道理。副食品公司则认为，将猪肉卖给冷冻加工厂是防止损失继续扩大的办法，冷冻加工厂违约责任没有解除，对方也没有放弃要求继续赔偿损失的权利。双方经过协商没能解决争议，副食品公司诉至 Z 市人民法院。

法院受案后认定了上述事实，法院认为，冷冻加工厂按照双方达成的协议，仓储副食品公司的猪肉，在储存期间违反冷库的操作规程，将冷库的前后门打开长达两小时之久，致使冷库温度突然升高，冰冻溶化，使猪肉质量下降，属严重违约行为，造成副食品公司的经济损失，理应足额赔偿。冷冻加工厂对猪肉做出处理后拒绝继续赔偿没有法律根据。法院于 2021 年 9 月 15 日判决由冷冻加工厂赔偿副食品公司经济损失 8 045 元。

讨论：

1. 造成案例中猪肉质量下降的原因是什么？
2. 结合案例谈谈冷库仓储管理的措施。

项 目 五
出库作业管理

学习目标

知识目标

1．掌握出库作业流程。

2．熟悉出库准备工作，了解备货环节。

3．掌握播种式配货和摘果式配货各自的特点及优缺点。

4．熟悉出库时发生问题的处理。

技能目标

1．能够说出出库的作业流程。

2．能够为出库作业做好工作准备。

3．能够正确开展播种式配货和摘果式配货。

4．能够缮制出库单据，进行账务处理。

素质目标

1．培养忠诚企业的职业素养。

2．培养团队协作精神。

3．培养细心细致、专注认真的良好工作习惯。

项目导学

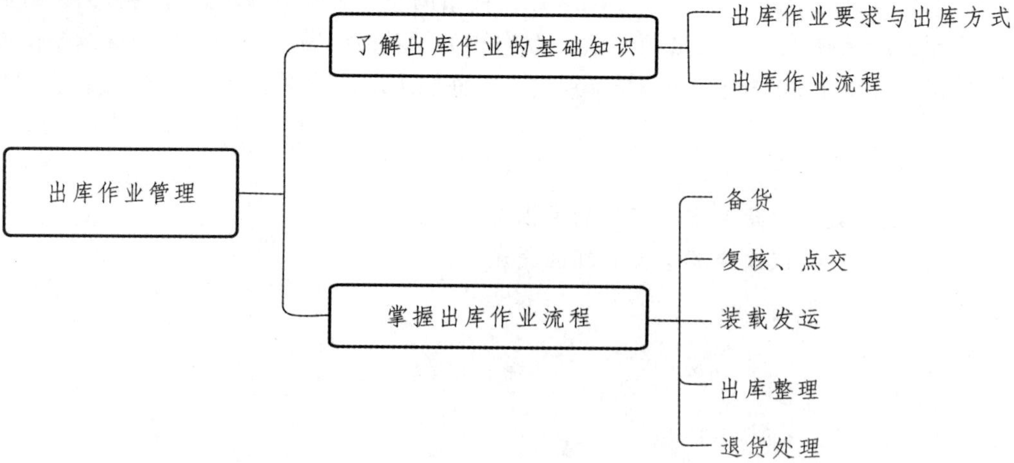

案例导入

A公司的物资出入库管理制度规定

1. 物资入库有关规定

（1）认真清点所要入库物资的数量，并检查好物资的规格、质量，做到数量、规格、品种准确无误，质量完好，配套齐全，并在接收单上签字。

（2）物资进库根据入库凭证，现场交接，必须按物资条款内容、物资质量标准，对物资进行检查验收，并做好入库登记。

（3）物资验收合格后，应及时入库。

（4）物资入库，要按照不同的材质、规格、功能和要求，分类、分区储存。

（5）物资数量准确、价格相符。做到账、卡、物、金相符合。

（6）易燃、易爆、易感染、易腐蚀的物资要隔离或单独存放，并定期检查。

（7）精密、易碎及贵重物资要轻拿轻放，严禁挤压、碰撞、倒置，要做到妥善保存。

（8）做好防火、防盗、防潮、防冻、防鼠工作。

（9）仓库经常开窗通风，保持库室内整洁。

2. 物资出库有关规定

（1）物资出库，保管人员要做好记录，领用人签字。

（2）物资出库实行“先进先出，推陈储新”的原则，做到保管条件差的先出、包装简易的先出、易变质的先出。

（3）本着“厉行节约，杜绝浪费”的原则发放物资，做到专物专用。

（4）相关部门专用物资必须由总经理、使用部门负责人签字方可领取。

（5）领用人不得进入库房，防止出现差错。

（6）保管员要做好出库登记，并定期向主管部门做出入库报告。

思考：

1. 根据本案例的论述，分析物资入库时仓管人员要注意哪些事项？
2. 根据本案例的论述，分析物资出库时仓管人员要注意哪些事项？

任务一

了解出库作业的基础知识

[任务导入]

某物流公司网点遍布全国300多个大中城市，同时管理着全国约8万平方米的仓库，年吞吐量超过百万吨。其总面积达8万平方米的仓库能够满足不同客户对仓储的需求。为了规范成品出库操作流程，明确公司各部门的工作职责，建立有效的风险防范机制，特制定了如下是出库操作流程。

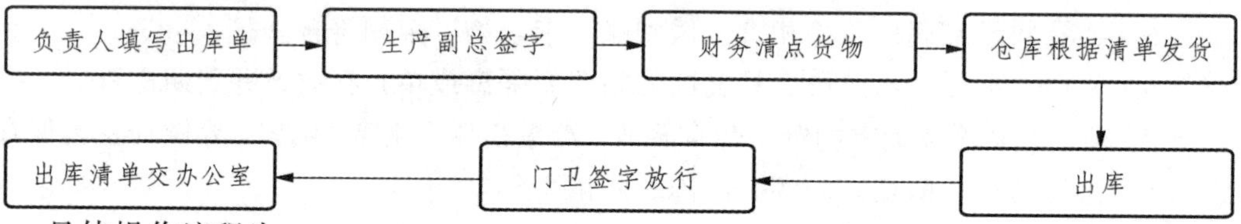

具体操作流程为：

（1）负责人填写《出库清单》确认内容准确无误后，主管领导在《出库清单》签名，然后把《出库清单》递交财务部审批出库。

（2）财务接到递交的《出库清单》后，根据《出库清单》发货相关信息审核。确认出库准确后签字。

（3）财务在《出库清单》签字后，将出库单递交给成品仓管员。

（4）成品仓管员接到《出库清单》后，对《出库清单》内容进行审核。

（5）仓管员审核出库单内容包含：①财务是否在出库单上签名；②单据内容。

（6）仓管员确定《出库清单》没有问题后，根据《出库清单》品名、型号、数量出货。

（7）仓管员确认货品名、型号、数量无误后，对货品进行装箱打包，在《出库清单》签名。

（8）仓管员将签名的《出库清单》第三联和第四联随货品装入箱内，如果是公司自己派送的货品，则货品出库前将《出库清单》交给送货员。

（9）仓管员确认箱内所装货品与《出库清单》无误后，进行打包发货。

（10）如果是公司自己派送的客户，送货员需与客户当面清点交接货品，让客户在《出库清单》签字。

（11）货物发出后，仓管员将《出库清单》递交办公室保存；

本次学习任务：

1. 学习出库的概念。
2. 了解出库的基本要求。

[相关知识]

一、出库作业要求与出库方式

（一）出库业务

货物出库业务，也叫发货业务。它是仓库根据业务部门或存货单位开具的出库凭证，经过审核出库凭证、备料、拣货、分货等业务直到把货物点交给要货单位或发运部门的一系列作业过程。它是货物仓储作业过程的最后一个环节，也是仓储部门对外的窗口。其业务水平、工作质量在一定程度上反映仓储企业的形象，直接影响到企业的经济效益和社会效益。因此，及时准确地做好出库业务工作，是仓储管理的一项重要的工作。

货物出库业务的管理，是仓库根据出库凭证，将所储存的货物发放给需用单位所进行的各项出库作业。其主要包含有以下两个方面的工作。

一是领料单方面，在填写出库凭证（领料单、提货单、调拨单等）时，对所领货物的品种、规格、型号、数量等项目须写清楚、准确，提取货物的方式要标注清楚。

二是仓库方面，按照程序作业。必须核对检查领料凭证的正误，按凭证上所列货物的品种、规格、型号、数量、提货方式等项目组织备料，并保证把货物及时、准确、完好地发放出去。

（二）出库作业的基本要求

出库作业要严格按照出库流程执行各项工作任务，在具体操作中要注意以下几项：

（1）严格遵守公司关于货物出库的各项规章制度，按规定流程进行。货物出库凭证须符合要求，严禁凭证无签章或白条发货。

（2）严格贯彻“先进先出、发陈储新”的货物出运原则，以保障库存货物的质量完好状态。对于易变质、易腐败、易老化的货物，应尽量加快库存周转；对于过保质期的货物，则不准出库。

（3）严格贯彻“三不三核五检查”的原则。

（4）注重提高服务水平，力求满足客户需要。货物出库要做到及时、准确、安全，要做好发货前的准备工作。

（5）完成出库任务后要进行5S管理，将使用的设备归位，对现场中的人员、机器、材料等生产要素进行“整理（seiri）”“整顿（seiton）”“清扫（seiso）”“清洁（seiketsu）”“教养（shitsuke）”（引号中英文为日文单词罗马字母）。

三不三核五检查的内容

（三）出库方式选择

出库方式是指仓库用什么样的方式将货物交付用户。选用哪种方式出库，要根据具体条件，由供需双方事先商定。货物出库的基本方式有：提货、送货、托运、过户、移仓、取样。

1．提货

提货是由提货人按照货主所填写的发货凭证，自备运输工具到仓库提取货物，仓库凭单发货。

特点：提单到库，随到随收，自提自运。

注意：发货人与提货人在仓库现场，对出库货物应当面点交清楚并办理签收交接手续。

2．送货

送货是由仓库根据货主预先送来的出库凭证，通过发货作业，把货物送达收货单位。既可向外地送货，也可向本地送货。

特点：仓库根据出库凭证将货物送达收货单位。

注意：要划清交接责任，办理好交接手续。

以送货方式出库的手续，须由送货人办理发料凭证，一式四份，一份由送货人签收后交给仓库保管留存并依次核销库存；一份由保管员签章后留存；一份由送货人、保管人共同签章后交给送料单位；一份由送货人、保管人共同签章后交给物料统计员。

3．托运

托运是仓库部门将货物通过运输单位托运，发到货物需用单位的一种出库方式。它是在仓库部门备好货后，到承运单位办理货运手续，通过铁路、水路、公路、航空、邮局等将货物运到购货单位指定的地点，然后由用户自行提取。

特点：仓库部门通过承运单位将货物运到购货单位。

在办理托运前，仓库应该按照需用单位的要求备好货，并做好发运记录。其适用于异地、同地业务单位之间的购货。

注意：

（1）托运货物期间，保管工作仍未结束，应做好复核工作。

（2）待运货物可按公路、水路、铁路等不同的运输方式和路线以及不同的收货地点，进行运单集中并进行复核，然后填制货物运单，并通知运输部门提货。

4．过户

过户是通过转账，变动货物所有者户头，而仓库货物保持不动的一种发货方式。

特点：

（1）仓库货物保持不动。

（2）变动户头，改变货物所有权。

注意：货物过户时，仓库必须根据原有货主开出的正式过户凭证，才予以办理过户手续。

5．移仓

移仓是某些货物由于业务上的需要或保管条件的要求，必须从甲库转移到乙库储存的一种发货方式。仓库必须根据货主单位开出的正式移仓单予以办理转账手续。

6．取样

取样是货主单位出于对货物质量检验、样品陈列等需要到仓库提取货样。一般都要开箱、拆包、分割。仓库必须根据货主单位开出的正式取样凭证发放货物，并做好账务记录。

练一练：

请说说出库的方式，并归纳其特点和注意事项。

出库方式	该出库方式的特点	注意事项
提货		
送货		
托运		
过户		
移仓		
取样		

二、出库作业流程

微课：出库作业流程

出库作业流程是保证出库工作顺利进行的基本保证，为防止出库工作失误，在进行出库作业时必须严格履行规定的出库业务工作流程，使出库有序进行。货物出库的流程主要包括：审核出库凭证、货物出库准备、货物复核、待发物品包装、待发物品刷唛、清点交接、登账记录、装载上车、现场清理等。

（一）审核出库凭证

1．了解出库单据

（1）提货单：提货单是指提货人向仓库提取货物的正式凭证。企业一般采用自提和送货两种出库方式。如表 5-1 所示。

（2）出库单：出库单一般作为销售或第三方物流仓库的出库凭证，通常包括货物的名称、编号、数量、价格等内容。如表 5-2 所示。

表 5-1 提货通知单

客户名称：　　订单号码：　　□一次交货

交货日期：　　地址：　　□分批交货

产品名称	产品编号	数量	单价	金额

主管：　　核准：　　填表：

表 5-2 货物出库单

领物单位：　　　　　　　　　　　　　　　字第　　号

产品名称	产品编号	数量	单价	金额

负责人：　　　　会计：　　　　保管：　　　　领物人：

2．出库凭证审核

（1）审核内容。

接到货物出库单后，仓库保管人员应对以下内容进行认真审核。

① 出库单所列的发货仓库名称、提单联字样有无错误。

② 出库单上印鉴是否齐全。

③ 物品的品名、规格、等级、型号、单价等是否与库存物品相符。

④ 凭证字迹是否清楚，有无涂改现象。

⑤ 提货日期是否逾期。

（2）问题处理。

① 发现出库单有假冒、复制或有涂改痕迹的，应及时与保卫部门及领导联系，请其妥善处理。

② 发现出库单有疑点或与库存货物不符的，应立即同制票人员取得联系，及时查明或更正。

③ 发现超过提货期限的，应请客户重新办理提货手续。

④ 如客户将出货单遗失，应持单位证明先到制票人员处挂失，再到仓库保管人员处挂失，将原凭证作废，补办手续后再安排发货。

（二）货物出库准备

1．拣货作业

拣选作业是根据出库信息或订单，将顾客订购的货物从保管区或拣货区取出或直接在进货过程中取出，并运至配货区的作业过程。

2．配货作业

分拣作业完成以后紧接着是配货作业。首先，根据用户或配送路线进行分类，把物品集中放置在缓冲区。然后，进行配货检查，保证发运前的货物品种、数量、质量无误。最后，对配送货物进行重新包装、打捆，以保护货物，提高运输效率，便于配送到户时客户能够快速、准确地识别各自的货物等。配货作业通常有单一配货和集中配货两种形式。

① 单一配货作业是指每次只为一个客户进行配货服务，因此单一配货作业的主要

内容是对物品进行组配和包装。一般来说，如果整托盘拣取的物品允许整托盘发运，那么需要进行固定作业，也就是用包装膜或绳索将物品固定在托盘上；如果整托盘拣取的物品不采取托盘运输，那么需要将物品先从托盘上卸下，然后将其进行捆装。对于整箱拣取的货物一般需要进行打包作业；单件拣取的货物应进行装箱作业，以免货物丢失或损坏。

② 集中配货作业是指同时为多个客户进行配货服务，通常比单一配货多了拆箱、分类的程序。

3．加工作业

加工作业是在货物由生产领域向消费领域流动的运输过程中，为提高物流效率和运输实载率而对货物进行的流通加工。

（三）货物复核

通过货物复核，可以保证出库货物数量准确、质量完好、包装完整，杜绝差错的发生。

1．复核出库单据

复核出库单据主要是审查货物出库凭证有无伪造编造、是否合乎规定手续、各项目填写是否齐全等，具体内容如下：

（1）凭证有无涂改、过期。

（2）凭证中各栏项目填写是否正确、完整等。

（3）凭证中的字迹是否清楚。

（4）印鉴及签字是否正确、真实、齐全。

（5）出库物品应附的技术证件和各种凭证是否齐全。

2．复核实物

（1）核对货物的品种、规格、牌号、单位、数量与凭证是否相符。

（2）核对货物的包装是否完好，外观质量是否合格。

3．复核账、货结存情况

复核时，仓库保管人员还应对配货时取货的货垛、货架上货物的结存数进行核对。检查数量、规格等与出库凭证上标明的账面结存数是否相符，并要核对货物的货位、货卡有无问题，以做到账、物、卡相符。

4．做好复核记录

复核完成后，仓库保管人员应该根据实际情况做好复核记录，并填写出库复核记录。

（四）待发物品包装

（1）对同一种物品，包装须尽量做到标准化，统一材料、统一规格、统一容量、统一标志和统一封装方法。

（2）根据物品外形特点选用适宜的包装材料，使其重量和尺寸便于装卸和搬运。

（3）包装要符合运输要求，做到牢固、稳定，并采取适当的防潮、防震措施。

（4）在不影响运输及搬运效率的前提下，尽量只对同一类物品进行混合包装，严禁将互相影响或性能互相抵触的货物混合包装。

（5）充分利用包装的容积，节约包装材料。

（五）待发物品刷唛

刷唛指印刷唛头，唛头通常由图形、字母、数字及简单的文字组成，其作用在于使货物在装卸、运输、保管过程中容易被有关人员识别，以防错发、错运。唛头的内容繁简不一，由买卖双方根据货物特点和具体要求商定，其主要内容一般包括收货人代号、发货人代号、目的港（地）名称、件数、批号，有的还包括原产地、合同号、许可证号、体积和重量等内容。

对于包装好的货物，仓库保管人员应在其外包装上印刷或标打唛头，并根据需要在相应的位置印刷或粘贴条形码。这些工作完毕后就可以向接货人交货了。

（六）清点交接

向接货人员发货时，仓库保管人员应按照出库凭证逐笔向接货人员清点，然后将货物交给接货人员。交清后，仓库保管人员须在出库凭证上签名，并加盖“物品付讫”日戳，同时给接货人员开具出门证，以便门卫放行。

（七）登账记录

（1）整理并统一保管出库凭证，然后根据出库凭证填写物品库存账。

（2）复核物品保管卡，确保账、物、卡相符。

（3）整理物品档案，并依据该批物品出入库的情况、保管方法和损耗数量，总结保管经验。

（八）装载上车

装载上车是指车辆的配载，即根据不同配送要求，在选择合适的车辆的基础上对车辆进行配载，以达到提高车辆利用率的目的。

由于货物品种、特性各异，为提高配送效率、确保质量，首先必须对特性差异大的货物进行分类，并分别确定不同的运送方式和运输工具。

由于配送货物有轻重缓急之分，须预先确定哪些货物可配于同一辆车、哪些不能配于同一辆车，以做好车辆的初步配载工作。

在具体装车时，装车顺序或运送批次的先后一般按用户的要求的时间先后顺序进行，同一车辆要将货物依“后送先装”的顺序装车。

（九）现场清理

仓库保管人员应在物品出库后对仓库进行清理，具体工作主要包括以下几个方面的内容：

（1）清理现场，根据储存规划要求对货物进行并垛、挪位，腾出新货位，以备新来货物存放。

（2）清扫发货现场，保持清洁、整齐。回收用过的苫垫材料并妥善保管，以使其能够循环利用。

（3）清查发货设备和工具有无丢失、损坏。

（4）发货完毕后，应整理出入库、保管保养及盈亏数据等情况，并记入档案，妥善保管以备查用。

[任务实施]

1．讨论出库作业的关键环节和易错点。

2．结合不同企业的类型，分别介绍出库作业特点并填在表中。

企业类型	企业名称（举例）	出库作业特点
生产企业		
零售企业		
批发企业		
仓储式超市		
物流中心		

3．请画出一般出库作业流程。

4．2021 年 10 月 29 日，华夏物流供应链集团广州物流中心收到下游客户的一份提货单，提货商品为格兰仕微波炉，规格为 520 mm × 450 mm × 400 mm，数量为 1 000 箱，于 2021 年 10 月 30 日 17 点发货。

现已知客户要求以带板运输的方式发往客户，并要求该产品托盘码放层数不超过 3 层为一个集装单元，以拉伸膜对集装单元做整体加固。仓库现有托盘规格为 1 200 mm × 1 000 mm × 150 mm，现有车辆规格为飞翼车（本车运输本批货物不超重），车厢内尺寸为 9.6 m × 2.42 m × 2.4 m。

作为华夏物流供应链集团广州物流中心的仓库主管，你该如何编制本次出库计划？

某 A 企业物资先进先出管理办法

[拓展知识]

见二维码内容。

任务二

掌握出库作业流程

[任务导入]

2021 年 6 月 18 日，广西柳州好味螺食品批发公司销售部经理收到上海乡巴佬食品有限公司采购部主任的订货单，要求订购一批好味螺螺蛳粉（礼盒装），于 2021 年 6 月 24 日 8 时送到上海乡巴佬食品有限公司配送中心。6 月 19 日，仓储管理员徐峰根据客户订单要求编制计划编号为 HWL1902 的拣货单，6 月 20 日 18 时，仓储管理员根据订单要求和资源编制了编号为 XBL65 的出库单。

仓储管理员将所有货物集齐后转到仓库 HW001A 的暂存区进行存放，等收到发货通知单 HWLF001，于 6 月 21 日装运上车。拣货工作由仓库 HW001A 的负责人负责，并负责回单。

6 月 21 日下午 5 点，上海乡巴佬食品有限公司配送中心负责人将货物提取装车运走。

本次学习任务：

1. 掌握出库作业的基本作业流程。
2. 掌握出库作业的注意事项。

[相关知识]

微课：拣货作业

一、备货

（一）拣货作业

拣货作业就是依据客户的订货要求或仓储配送中心的送货计划，尽可能迅速地将货物从其储存的位置或其他区域拣取出来的作业过程。

1．拣货信息传递方式

拣货信息来源于客户的订单，它是进行拣货作业的依据。拣货信息既可以通过手工单据来传递，也可以通过电子设备或自动拣货控制系统进行传递。

拣货信息传递方式分为以下几种。

（1）订单传递：订单传递是直接利用客户订单作为拣货的凭据。此方式适用于订单订购品种数较少，批量较小的情况。

（2）拣货单传递：拣货单是企业采用计算机进行库存管理时，将客户订单原始信息输入计算机，经过信息处理后，生成并打印出来的拣货单据。这种方式的优点在于：拣货单上的信息能够更直接、更具体地指导拣货作业，因而能够大大提高拣货作业的效率和准确性。

（3）显示器传递：显示器传递方式是在货架上显著的位置安装液晶显示器和拣货指示灯用来显示拣货信息。当有拣货信息产生时，相应储位上指示灯亮，同时显示器明确显示出该货物应拣取的数量，然后，拣货人员依据信息将货物拣取出来。这种方式可以防止拣货错误，提高拣货效率。

（4）无线通信传递：无线通信传递是利用无线终端机通过无线通信方式去接收拣货信息的方式。仓储管理信息系统通过无线登录点将拣货信息发送到便携式手持终端，或者发送到安装于叉车或堆垛机上的电脑终端机。当终端机接收到拣货信息，便可依据拣货信息进行相应的拣货作业。

（5）自动拣货系统传递：拣货信息由自动控制系统发出，发出信息的方式既可以是有线方式，也可以是无线方式。当订单输入系统后，系统便能自动生成拣货信息，自动拣货装置便按照拣货信息指令自动将货物拣选出来，整个过程不需要人工参与。

（二）拣货方式

拣选就是根据客户订单、出库凭证等单据，把不同种类、数量的商品集中在一起分门别类堆放的作业。

1．单一拣选

单一拣选又称“摘果法”，是每次拣选只针对一张订单，不进行订单分批处理的方法。结合分区策略，具体可以分为单人拣选、分区接力拣选和分区汇总拣选几种方式。

（1）单人拣选：一张订单由一个人从头到尾全程负责。这种拣选方式制作的拣货单只需将订单资料转为拣选需求资料即可。

（2）分区接力拣选：将存储或拣货区划分成几个区域，一张订单由各区人员采取前后接力的方式共同完成。

（3）分区汇总拣选：将存储区或拣货区划分成几个区域，将一张订单拆成各区域所需的拣货单，再将各区域所拣选的物品汇集一起。

一般来说，单一拣选的准确度较高，很少发生差错，而且机动灵活。这种拣选方式可以根据用户要求调整拣选的先后次序，对于紧急需求，可以集中力量快速拣选。一张货单拣选完毕后，物品便配置齐备，配货作业与拣选作业同时完成，简化了作业程序，有利于提高作业效率。

单一拣选方式比较适用于以下情况：

① 客户不稳定，波动较大。

② 需求种类不多。

③ 需求之间差异较大，对配送时间要求不一。

2．批量拣选

批量拣选又称“播种法”，是将数张订单汇总成一批，再将各订单相同的物品订购数量汇总起来一起拣选处理。

批量拣选的分批方式主要有以下几种：

（1）按拣选单位分批，也就是将同一种拣选单位的品种汇总在一起处理。

（2）按配送区域路径分批，就是将同一配送区域路径的订单汇总在一起处理。

（3）按流通加工需求分批，将需加工处理或需相同流通加工处理的订单汇总在一起处理。

（4）按车辆需求分批，就是当客户所需物品需要特殊的配送车辆（低温车、冷冻、冷藏车），或客户所在地需特殊类型车辆者可汇总合并处理。

与单一拣选相比，批量拣选将各用户的需求集中起来进行拣选，有利于进行拣选路线规划，减少不必要的重复行走。但其计划性较强、规划难度较大，容易发生错误。

批量拣选比较适合用户稳定而且用户数量较多的专业性配送中心，需求数量可以有差异，配送时间要求也不太严格，但品种共性要求较高。

（三）拣货原则

拣货人员首先对订单进行分析，根据订单性质或客户要求的紧急程度按一定原则对订单进行分批处理，形成分货单，然后对一批的多张订单进行拣货操作，具体原则如下。

（1）合计量分批原则。

将拣货作业前所有累积的订单中的货物依据种类分别合计总量，再根据总量进行拣选。此原则适合固定点间的周期性配送。

优点：一次拣出商品总量，可使平均拣货距离最短。

缺点：必须经过功能较强的分类系统完成分类作业，订单数不可过多。

（2）时段分批原则。

当订单的出货时间非常紧迫时，可利用这一策略开启短暂时段，再将此一时段中所到达的订单做成一批，进行拣取。此分批方式较适合密集频繁的订单，且较能应付紧急插单的要求。

（3）定量分批原则。

订单分批按先进先出的基本原则，当累计订单数到达设定的固定量后，再开始进行拣货作业。

优点：维持稳定的拣货效率，使自动化的拣货、分类设备得以发挥最大功效。

缺点：订单的商品总量变化不宜太大，否则会造成分类作业的不经济。

（4）智慧型的分批原则。

订单汇集后，利用计算机进行分析处理，将拣取路线相近的订单集中处理，求得最佳的订单分批，可大量缩短拣货行走的搬运距离。

微课：波次管理

优点：分批时已考虑到订单的类似性及拣货路径的顺序，使拣货效率更进一步提高。

缺点：所需软件技术层次较高不易达成，且信息处理的前置时间较长。

二、复核、点交

（一）货物复核

通过货物复核，可以保证出库货物数量准确、质量完好、包装完整，杜绝差错的发生。

1．复核出库单据

复核出库单据主要是审查货物出库凭证有无伪造编造、是否合乎规定手续、各项目填写是否齐全等，具体内容如下：

（1）凭证有无涂改、过期。

（2）凭证中各栏项目填写是否正确、完整等。

（3）凭证中的字迹是否清楚。

（4）印鉴及签字是否正确、真实、齐全。

（5）出库物品应附的技术证件和各种凭证是否齐全。

2．复核实物

（1）核对货物的品种、规格、牌号、单位、数量与凭证是否相符。

（2）核对货物的包装是否完好，外观质量是否合格。

3．复核账、货结存情况

复核时，仓库保管人员还应对配货时取货的货垛、货架上货物的结存数进行核对。检查数量、规格等与出库凭证上标明的账面结存数是否相符，并要核对货物的货位、货卡有无问题，以做到账、物、卡相符。

4．做好复核记录

复核完成后，仓库保管人员应该根据实际情况做好复核记录，并填写出库复核记录。

（二）货物点交

对于出库货物，无论是要货单位自提，还是交付运输部门发送，发货人员都必须向收货人员或运输人员按车逐渐交代清楚，划清责任。

如果本单位内部领料，则将货物和单据当面点交给提货人，办理好交接手续。若是送料或将货物调出本单位办理托运的，则与送货人或运输部门办理交接手续，当面将货物点交清楚，交清后，提货人员应在出库凭证上签字盖章。发货人员在经过接货人员认可后，在出库凭证上加盖货物付讫印戳，同时给接货人员填发出门证，门卫对出门证核检无误后方可放行。

点交后，保管人员应在出库单上填写实发数、发货日期等内容并签名。然后将出库单连同有关证件及时交给货主。以便货主办理结算手续。保管员根据留存的一联出库凭证登记实物储存的明细账，做到随发随记，日清月结，账面余额与实际库存和卡片相符。出库凭证应当日清理，定期装订成册，妥善保存，以备查用。

登记账卡注意事项

三、装载发运

（一）待发物品包装

（1）对同一种物品，包装须尽量做到标准化，统一材料、统一规格、统一容量、统一标志和统一封装方法。

（2）根据物品外形特点选用适宜的包装材料，使其重量和尺寸便于装卸和搬运。

（3）包装要符合运输要求，做到牢固、稳定，并采取适当的防潮、防震措施。

（4）在不影响运输及搬运效率的前提下，尽量只对同一类物品进行混合包装，严禁将互相影响或性能互相抵触的货物混合包装。

（5）充分利用包装的容积，节约包装材料。

（二）待发物品刷唛

刷唛指印刷唛头，唛头通常由图形、字母、数字及简单的文字组成，其作用在于使货物在装卸、运输、保管过程中容易被有关人员识别，以防错发、错运。唛头的内容繁简不一，由买卖双方根据货物特点和具体要求商定，其主要内容一般包括收货人代号、发货人代号、目的港（地）名称、件数、批号，有的还包括原产地、合同号、许可证号、体积和重量等内容。

对于包装好的货物，仓库保管人员应在其外包装上印刷或标打唛头，并根据需要在相应的位置印刷或粘贴条形码。这些工作完毕后就可以向接货人交货了。

（三）清点交接

向接货人员发货时，仓库保管人员应按照出库凭证逐笔向接货人员清点，然后将货物交给接货人员。交清后，仓库保管人员须在出库凭证上签名，并加盖“物品付讫”日戳，同时给接货人员开具出门证，以便门卫放行。

（四）登账记录

（1）整理并统一保管出库凭证，然后根据出库凭证填写物品库存账。

（2）复核物品保管卡，确保账、物、卡相符。

（3）整理物品档案，并依据该批物品出入库的情况、保管方法和损耗数量，总结保管经验。

（五）装载上车

装载上车是指车辆的配载，即根据不同配送要求，在选择合适的车辆的基础上对车辆进行配载，以达到提高车辆利用率的目的。

由于货物品种、特性各异，为提高配送效率、确保质量，首先必须对特性差异大的货物进行分类，并分别确定不同的运送方式和运输工具。

由于配送货物有轻重缓急之分，须预先确定哪些货物可配于同一辆车、哪些不能配于同一辆车，以做好车辆的初步配载工作。

在具体装车时，装车顺序或运送批次的先后一般按用户的要求时间先后进行，同一车辆要将货物依“后送先装”的顺序装车。

四、出库整理

出库后的库内整理，包括现场清理和档案清理。

（一）现场清理

商品出库后，有的货垛被拆开，有的货位被打乱，有的库内还留有垃圾和杂物等，这就需要对现场进行清理。现场清理的主要内容有：对库存的商品进行并垛、挪位、腾整货位，清扫发货场地、保持清洁卫生，检查相关设施设备和工具是否损坏、有无丢失等。

（二）档案清理

商品出库后，还要整理该批商品的出入库情况和保管保养情况，清理并按规定传递出库凭证、出库单等，相关原始依据要存入商品保管档案，档案要妥善保管，以备查用。

五、退货处理

对于需要退货的货物，应该按照以下流程妥善处理退回货物。

（一）退货原因确认

无论是何种原因的退货，需对退货原因进行确认，对于有争议的退货，需前往客户处确认、商谈，并将商谈结果上报。

1．有质量问题的退货

对于不符合质量要求的商品，接收方提出退货，仓库将给予退换。仓库不会有直接的成本损失，快速配合不仅可使损害减低，而且可以增进厂商及客户间的关系。

2．搬运途中损坏退货

在搬运过程中，造成的破损或包装污染，仓库将给予退回。

3．商品送错退回

送达客户的商品不是订单所要求的商品，如商品条码、品项、规格、重量、数量与订单不符，要求换货或退回。这时必须立即处理，减少客户抱怨。

4．商品过期退回

有保质期的商品在送达接收单位时超过了商品的有效保质期限，仓库应予以退换。

（二）退货处理方式

1．无条件重新发货

按订单发货发生的错误应由仓库更新调整发货方案，将错发物品调回，重新按原正确订单发货，中间发生的所有费用应由发货人承担。

2．运输单位赔偿

在运输途中商品受到损坏而发生退货的，根据退货情况，由仓库确定所需的修理费用或赔偿金额，然后由运输单位负责赔偿。

3．收取费用，重新发货

因为客户订货有误而发生退货的，退货所有费用由客户承担，退货后再根据客户新的订货单重新发货。

4．重新发货或替代

因为商品有缺陷，客户要求退货，仓库接到退货指示后，作业人员应安排车辆收回退货商品，将商品集中到仓库退货处理区进行处理。一旦商品回收活动结束，厂家及其销售部门就应立即采取行动，发货给客户没有缺陷的同种商品或替代品。处理退货涉及各方面的关系，如制造商与采购商、采购商与仓库经营者、仓库经营者与承运人、承运人与经销商、经销商与客户、客户与制造商等。妥善处理退货的方法就是每个环节都要检验，一环扣一环，环环都负责，环环都满意。这样才能使相关方面维持满意的良好关系。

（三）退货的一般程序

退货处理的一般程序是：

（1）客户退货时应填写退货申请表，在收到商家同意退货的退货申请表后，须按约定的运输方式办理运输。

（2）仓库在收到客户的退货时应尽快清点完毕，如有异议必须以书面的形式提出。

（3）退回的商品与退货申请表是否相符应以仓库清点为准。

（4）仓库应将退入仓库的商品根据其退货原因分别存放、标识。由供应商造成的不合格品应与采购部门联系，催促供应商及时提回。由仓库造成的不合格品且不能修复的，每月应申报一次，进行及时处理。

思考与研讨：
退货对于跨境电商物流有何连锁影响？

（5）对于已发放的商品和退回的商品要及时入账，并按时向其他部门报送有关资料。

[任务实施]

某配送中心某日上午接到如表 5-3~表 5-5 所示的 3 个客户的订单。

表 5-3　一号订单

单号：20211027001					订货单位：1 号超市	
交货日期：　2021 年 10 月 27 日　12 点整						
序号	货物名称	单位	包装	数量	单价/元	金额/元
1	飞鹤奶粉	箱	纸箱	50	100	5 000
2	海飞丝洗发水	箱	纸箱	30	120	3 600
3	华为笔记本电脑	台	纸箱	10	5 500	55 000
总计	人民币大写：陆万叁仟陆佰元整					63 600
经办人：陆		部门主管：李				

表 5-4　二号订单

单号：20211027001					订货单位：2 号超市	
交货日期：　2021 年 10 月 27 日　12 点整						
序号	货物名称	单位	包装	数量	单价/元	金额/元
1	可口可乐	箱	纸箱	100	50	5 000
2	恒大冰泉	箱	纸箱	100	25	2 500
3	乐事薯片	箱	纸箱	100	30	3 000
总计	人民币大写：壹万零伍佰元整					10 500
经办人：陆		部门主管：李				

表 5-5　三号订单

单号：20211027001					订货单位：3 号超市	
交货日期：　2021 年 10 月 27 日　12 点整						
序号	货物名称	单位	包装	数量	单价/元	金额/元
1	百事可乐	箱	纸箱	150	45	6 750
2	怡宝矿泉水	箱	纸箱	150	28	4 200
3	娃哈哈 AD 钙奶	箱	纸箱	100	25	2 500
总计	人民币大写：壹万叁仟肆佰伍拾元整					13 450
经办人：陆		部门主管：李				

订单所涉及的商品均储存在该配送中心 1 号仓库的托盘货架区的第一排货架，具体库存信息如表 5-6 所示。

表 5-6　仓库第一排货架库存信息一览表

01010102 可口可乐 100 箱	01010202 恒大冰泉 100 箱	01010302 娃哈哈 AD 钙奶 150 箱	01010402 乐事薯片 110 箱	01010501
201010101 百事可乐 150 箱	01010201 怡宝矿泉水 100 箱	01010301 飞鹤奶粉 100 箱	01010401 海飞丝洗发水 100 箱	01010501 华为笔记本电脑 50 台

请根据以上资料，为 3 个客户分配商品并制定分拣方案。

（1）制订库存分配计划表。

（2）针对存货不足的情况，提出合理的处理方式。

（3）选择合适的分拣方式，制作分拣单据。

某生产物流配送中心
拣货出库工作指引

[拓展知识]

见二维码内容。

[项目小结]

（1）出库作业要求。

① 严格遵守公司关于货物出库的各项规章制度，按规定流程进行作业。

② 严格贯彻“先进先出、发陈储新”的货物出运原则。

③ 严格贯彻“三不三核五检查”的原则。

④ 注重提高服务水平，力求满足客户需要。

⑤ 完成出库任务后要进行 5S 管理。

（2）出库方式：提货、送货、托运、过户、移仓、取样。

（3）货物出库的流程主要包括：审核出库凭证、货物出库准备、货物复核、待发物品包装、待发物品刷唛、清点交接、登账记录、装载上车现场清理。

（4）备货包括：拣货作业、拣货方式、拣货原则。

（5）货物复核：复核出库单据、复核实物、复核账、货结存情况、做好复核记录。

（6）装载发运包括待发物品包装、待发物品刷唛、清点交接、登账记录、装载上车等。

（7）出库后的库内整理，包括现场清理和档案清理。

（8）退货处理包括：退货原因确认、退货处理方式、退货的一般程序。

[项目实训]

2021 年 12 月 25 日，某仓库运营部接到联华、美宜佳、亿客隆，沃尔玛、步步高五家客户订单，如表 5-7 ~ 表 5-11 所示。这五家客户的信用额度分别是 100 万元，80 万元、

100 万元、100 万元、100 万元；累计应收账款分别为 81 万元、80 万元、95 万元、82 万元、120 万元。请根据客户订单设计出库方案。

表 5-7 联华超市采购订单

序号	商品名称	单位	重量/kg	单价/元	订购数量/箱	金额/元
1	冠生园蜂蜜	箱	9.5	160	2	320
2	涪陵榨菜	箱	9.3	160	3	480
3	好吃点华夫饼	箱	2.5	180	5	900
4	金牌肉松	箱	4.8	200	2	400
					12	2 100

表 5-8 美宜佳超市采购订单

序号	商品名称	单位	重量/kg	单价/元	订购数量/箱	金额/元
1	好吃点华夫饼	箱	2.5	180	2	360
2	金牌肉松	箱	4.8	200	1	200
3	涪陵榨菜	箱	9.3	160	1	160
					4	720

表 5-9 亿客隆超市采购订单

序号	商品名称	单位	重量/kg	单价/元	订购数量/箱	金额/元
1	好吃点华夫饼	箱	2.5	180	5	900
2	金牌肉松	箱	4.8	200	4	800
3	多丽油漆	箱	9	200	10	2 000
4	马大姐酥糖	箱	15	150	2	300
					21	4 000

表 5-10 沃尔玛超市采购订单

序号	商品名称	单位	重量/kg	单价/元	订购数量/箱	金额/元
1	涪陵榨菜	箱	9.3	160	5	900
2	好吃点华夫饼	箱	2.5	180	10	1 800
3	金牌肉松	箱	4.8	200	10	2 000
4	多丽油漆	箱	9	200	20	4 000
5	马大姐酥糖	箱	15	150	5	750
					50	9 450

表 5-11 步步高超市采购订单

序号	商品名称	单位	重量/kg	单价/元	订购数量/箱	金额/元
1	冠生园蜂蜜	箱	9.5	160	4	640
2	好吃点华夫饼	箱	2.5	180	10	1 800

续表

序号	商品名称	单位	重量/kg	单价/元	订购数量/箱	金额/元
3	金牌肉松	箱	4.8	200	10	2 000
4	多丽油漆	箱	9	200	20	4 000
5	马大姐酥糖	箱	15	150	5	750
					49	9 190

出库方案设计步骤如下。

（一）步骤一：订单处理

1．订单有效性分析

收到客户订单后，应围绕订单的有效性即价格是否有效，赊销的金额的大小、信用额度、库存是否充足等几个方面进行分析和判断，对确定的无效订单予以锁定，陈述理由，由主管签字并标注日期。

（1）计算客户信用额度。计算结果后填入表 5-12（累计应收账款超过信用额度，则判断该订单无效）。

表 5-12　订单有效性分析表

序号	客户名称	信用额度/万元	累计应收账款/万元	是否有效	备注
1	联华				
2	亿客隆				
3	沃尔玛				
4	美宜佳				
5	步步高				

（2）存货查询和库存分配。根据表 5-12 计算结果，对有效订单进行汇总，结果如表 5–13 所示。

表 5-13　有效订单汇总

商品名称/客户名称				总数/箱
冠生园蜂蜜				
涪陵榨菜				
好吃点华夫饼				
金牌肉松				
多丽油漆				
马大姐酥糖				
合计				

2．客户优先权分析

客户优先权从客户对企业营业额的贡献程度、合作年限、客户级别、忠诚度四个方面进行分析，并将客户按照优先权级别由高到低进行排序。其中四个方面的影响因子的大小规定如下：客户对企业营业额的贡献程度，假设为 0.4；合作年限，假设为 0.2；客户级别，假设为 0.3；忠诚度，假设为 0.1。

根据以上原则，对 2021 年 12 月 25 日某仓库运营部接到的客户订单进行分析处理，如表 5-14 所示。

表 5-14　客户订单分析

客户			
客户忠诚度			
客户满意度			
客户信誉度			

表 5-15　客户优先权评价指标权重

评价指标	客户忠诚度	客户满意度	客户信誉度
权重			

表 5-16　客户优先权等级

客户			
优先权指数			

3．库存分配计划

按照客户优先权等级从高到低分配，将分配结果填入表 5-17.

表 5-17　库存分配计划表

商品名称/客户名称				总需求	库存	库存余额

4．生成拣选单

根据库存分配计划，得出拣选单，拣选单格式参考表 5-18。

表 5-18　拣选单

客户			验收员		
拣选日期			拣选员		
序号	商品名称	单位	重量/kg	单价/元	订购数量/箱

（二）步骤二：制定作业计划

在分析货物出库作业流程的基础上，建立了以出库作业时间最短为目标的优化作业计划。作业计划的具体内容参考见表 5-19。

表 5-19 作业计划

操作	责任人	时间/分														
		16	17	18	19	20	21	22	23	24	25	26	27	28	29	30
出库信息录入	主管															
熟悉拣选货位	理货员															
拣选货物	理货员															
RF 拣选确认	主管															
货物搬运到月台	理货员															
月台配货	理货员															
月台点检	理货员															
进行 5S 管理	理货员															
打印出库单	主管															
签名确认	主管															

[课后练习]

一、单选题

1．“五检查”，即对单据和实物要进行（　　），规格检查、包装检查、件数检查、重量检查。

A．品名检查　　B．形状检查　　C．数量检查　　D．单位检查

2．订单传递直接利用客户订单作为拣货的凭据。此方式适合于订单订购品种数较少，（　　）的情况。

A．批量较大　　B．批量较小　　C．批量较多　　D．品种较多

3．（　　）适用于数量少、品种多、重量轻的单件小货物的分拣作业。

A．机器分拣　　B．自动分拣　　C．人工分拣　　D．立体仓

4．自动分拣机或由人操作的叉车、（　　）巡回于一般高层货架间进行拣选，或者在高层立体货架一端进行拣选。

A．高位叉车　　B．托盘　　C．小推车　　D．分拣台车

5．（　　）作业方式是针对每张拣货单（一个客户的一张订单），作业员巡回于仓库货架间，按照拣货单上所列项目，将客户所订购的商品逐一由仓储货架中挑拣出来的方式，是一种传统的拣货方式。

A．摘果式　　B．播种式　　C．协同式　　D．常规式

6.（　　）拣选也称批量拣选，是把多张订单集合成一批，按照商品品种将数量汇总后再进行拣取，然后按照不同客户订单做分类处理的拣选作业方法。

A．摘果式　　B．播种式　　C．协同式　　D．常规式

7．订单分批是按（　　）的基本原则，当累计订单数到达设定的固定量后，再开始进行拣货作业的方式。

A．不同　　B．不分先后　　C．先进先出　　D．后进先出

二、简答题

1．出库的基本方式有哪些?

2．出库作业流程包括哪些环节的内容?

3．需要对出库凭证的哪些内容进行认真审核?

4．简述播种式配货和摘果式配货各自的特点及优缺点。

5．出货检查包括哪些工作?

6．什么是先进先出法?

三、案例分析

联合利华的托盘管理

“Smart pallet”系统利用自动化技术消除重复分拣并缩短配送时间。联合利华公司（意大利）是全球第一个使用 Smart pallet 系统的企业，现在它的订货处理时间缩短了 20%，员工数量减少了 1/3。在安装 RFIT 系统之前，联合利华的 Elida-Gibbs 工厂每天需要 3 个工人处理 200 个托盘，现在一个仓库管理员一天就可以发送 350 个托盘，这样就可以减少托盘的堆垛和再装载工序。

此系统于 1995 年安装在位于米兰附近的 GAGGlano 工厂。通过开发低频的 RFIT 系统控制生产过程，记录产品位置，对产品称重和进行标签操作。配有无线电频率读数器的叉车在仓库装载活动中穿梭不息，这些读数器将每个托盘的状态及时传送给仓库门口的无线电应答器，然后传送到仓库的计算机控制中心，管理人员就可以随时知道任何一笔订单所处的状态。结合半导体技术，微电子包装、计算机系统设计的系统由三部分组成：无线电发射应答器，计算机系统阅读器和天线。无线电发射应答器被固定在托盘出入的仓库门口，信息阅读器和天线被装在联合利华的高科技仓库中，每一个托盘都有一个条码，通过扫描仪将信息输入仓库的程序逻辑控制器。除此以外，计算机还存有该托盘的详细数据：装货箱的数量，订单装运地点、运送的商品种类。一个托盘装载了货物后，经过第一道门时，用薄膜包装、称重，经过最后一道门时再次称重，以确保准确度。托盘按先进先出法处理，按排列顺序依次输入计算机中。当托盘被放在装载底板上时，叉车上的信息阅读器就开始检查、传送由门口的无线电发射应答器发出的无线电信号，精确定位托盘。当托盘到达装货地点时，另一个无线电发射应答器就会警示计算机托盘准备装进拖车中，随后货车的衡量工具自动计算总负荷与单个托盘的重量，如果出

现任何偏差，便在系统内标注记号。

联合利华公司通过对托盘的先进管理，节约了时间，减少了差错，也降低了物流成本。

讨论：

1. 联合利华公司的托盘管理先进之处在哪里？
2. 这种托盘管理给联合利华带来什么益处？

项目六 智慧仓储技术

学习目标

知识目标

1. 掌握常用的自动识别技术、GPS 与 GIS 技术、WMS 系统。
2. 熟悉 POS 系统和 EOS 系统。
3. 掌握自动化立体库技术概念。

技能目标

1. 能够运用条码技术和射频识别技术进行货物出入库及上架处理。
2. 能够使用 WMS 进行货物仓储业务管理。
3. 能使用自动化立体库进行货物出入库管理。

素质目标

1. 培养学生热爱物流行业的品质。
2. 培养学生吃苦耐劳的职业素养。
3. 培养并强化学生安全第一的意识。

项目导学

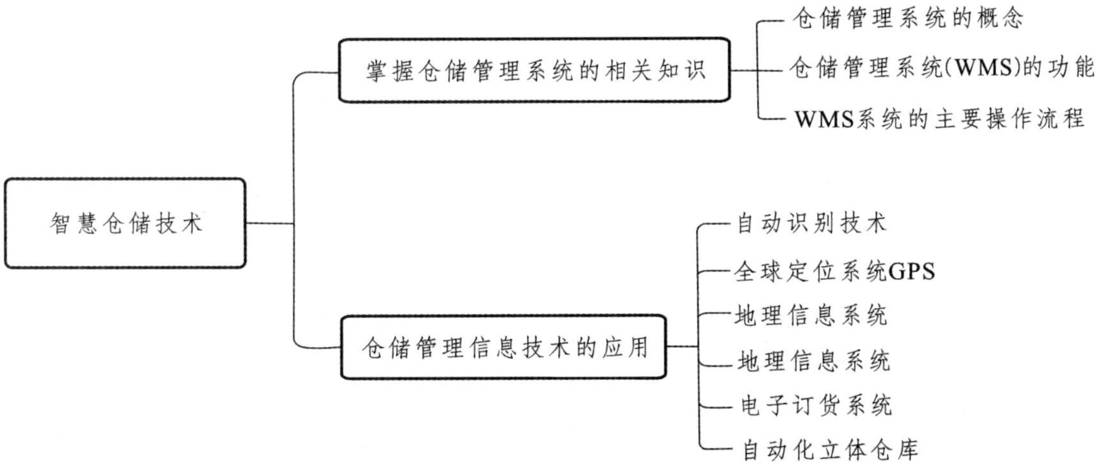

案例导入

2016 年 11 月，当时国内最大的智慧物流基地苏宁云仓正式投产运营。苏宁云仓在发货能力、拣选效率、订单出库等方面的自动化应用使其操作运营效率具备远超同行业的先进水平，比如 181 万件的日处理能力、1 200 件/人/时的拣选效率和最快 30 min 的订单生产周期，在全流程自动化的应用下操作同等的订单量所需的作业人员比以往下降 60%，大大降低了人力资源成本。

以 AGV 技术为代表的仓储机器人应用于仓库、分拣中心等各物流环节作业场景，进行货物转移、搬运等操作。苏宁物流 AGV 机器人仓库群在国内已经进入持续建设期，如上海 AGV 机器人仓、济南 AGV 机器人仓、武汉 AGV 机器人仓等，仓内配置约 270 组 AGV 机器人（完整运营将达到 1 000 组），可实现拣选效率超人工 10 倍左右，并且拣选准确率达 99.99%以上的效果。

目前在苏宁的智能化仓库中已经能实现动态盘点、自动入库、自动补货、自动出货、全流程智能等功能，通过多存储方式和信息技术管理，保障苏宁仓库内作业的顺畅进行，与大数据技术一起，在多仓协同、全渠道多平台和线下线上融合等方面也较为领先。

2018 年以来，苏宁物流持续投入无人科技，基于真实生产环境、全流程无人化、O2O 场景优先等三大原则，苏宁门店无人仓、库内无人仓等进入全面研发阶段，目前主要朝着三种技术方向发展：① 无人化高密度存储；② 无人化搬运、拣选、包装、贴标；③ 无人化到人、到柜投递。由于智能仓储涉及面较广，在此仅以苏宁的“货到人”拣选系统为例做简要展示。

苏宁的货到人拣选系统主要由两部分组成，类似回转寿司店餐台的旋转货架负责存储、拣货出库和运送，这一过程全部自动化；货到人拣选工作站则有作业人员操作，不过作业人员的工作很简单，只要按工作站给出的灯光提醒取货即可。

如果系统中提示有订单需要拣选，旋转货架能迅速并且准确地找到含有订单内商品的周转箱，并自动把周转箱送上传送带。当周转箱到达工作站时，工作站的屏幕上会显示每笔订单需要拣选出的货品和数量，作业人员根据指示拿货即可。因此，拣选人员无需步行，在这一模式下，其拣选速度可以达到每小时 1 200 件。

据计算，这种速度是传统人找货拣选方式的 10 倍以上。而且，周转箱内设有隔间，不同的商品可以存放在一个周转箱中，可以更好地利用空间。工作站的拣选人员的每一步操作都由一个明确的操作指导系统确认、引导和检查，确保不会出错。

旋转库系统能够进行自我管理，因为它有一个数据大脑——WCS 控制系统。旋转库本身是一个高密度自动存储系统，只要有商品进入周转箱，它们的品名、型号、数量等信息都会被记录在系统里。

如果有订单来了，WCS 控制系统就会预先进行计算，为商品规划出到拣选工作站的最短路线，在 WCS 系统的指挥下，旋转库内的升降机会带着周转箱移动，送到拣选工作站。周转箱既不会“迷路”，也不会撞到一起，就像长了“眼睛”一样。

旋转库系统还能够实现对产品的自动追踪、监控，并对产品进行排序，具有相同属性的产品，系统会自动排序并集中存储，需要时系统会自动控制这一批货物同时从旋转库出库。

利用旋转库系统的这个特性，苏宁物流在发货端可以利用旋转库缓冲系统进行自动排序、缓存，从而简化装车前的等待以及人工分货，节省大量的装车时间。该系统还会自动盘点出货记录，给商家提供实用的仓储报告和统计数据，实现补货的自动指令下发。

任务一
掌握仓储管理系统的相关知识

[任务导入]

某集团公司在全国拥有23个省级大型仓储配送中心，物流配送网络覆盖全国70%以上的行政区域。

2019年，广州分公司年销售额达到了35亿，月出库金额3亿元左右，出库条目数高达80万条。为了满足业务发展需要，广州分公司在2020年投入使用了自动化立体仓库、自动化分拣设备，实现年销售额45亿元，月出库额3.75亿元左右，月出库条目数高达100万条，仓储人员由2019年的528人减至387人。

本次学习任务：

1. 分析仓储管理信息系统对物流企业的作用。
2. 掌握仓储管理信息系统的主要业务流程。
3. 能进行仓储管理信息系统的操作。

[相关知识]

一、仓储管理系统的概念

仓库管理系统（WMS）是一个实时的计算机软件系统，它是通过入库业务、出库业务、仓库调拨、库存调拨和虚仓管理等功能，对批次管理、物料对应、库存盘点、质检管理、虚仓管理和即时库存管理等功能进行综合运用的管理系统，有效控制并跟踪仓库业务的物流和成本管理全过程，实现或完善企业的仓储信息管理。该系统在仓储管理中有如下作用。

（1）为仓储作业全过程提供自动化和全面记录的途径。

（2）实现仓库随机储存，最大限度地利用库容。

（3）提高发货的质量和准确性，减少断档和退货，提高顾客满意度。

（4）为仓库的所有活动、资源和仓储管理提供即时的正确信息。

二、仓储管理系统（WMS）的功能

（一）基础设置

基础设置包括以下几项内容：

（1）仓库货位设置。根据仓库的布局对货物进行编码。

（2）库存报警设置。在系统设置一个报警值，当库存水平高于设定值时，系统会自动提示管理人员对库存进行优化设置。

（3）货位分配原则。企业根据需要通过建模来设置货位分配原则，比如按照先进先出原则来分配货位。

（4）客户信息管理。包括对客户的基本信息、信用等级等信息进行管理。

（5）数据字典。包括对使用系统的用户权限、数据库的统计信息进行管理。

（二）入库管理

入库管理子系统包括以下几项内容:

（1）入库单数据录入。入库单可包含多份入库分单，每份入库分单可包含多份托盘数据。

入单的基本结构是在每个托盘上放一种货物，这样能使仓储的效率更高、流程更清晰。

（2）条形码打印及管理。条形码打印及管理的目的仅仅是避免条形码的重复，以使仓库内每一个托盘货物的条形码都是唯一的标识。

（3）货物装盘及托盘数量登记标注。入库单的库存管理系统可支持大批量的一次性到货，这个管理系统的操作过程是：批量到货后，首先分别装盘，然后进行托盘数量的登记标注。所谓托盘数据，是指对每个托盘货物分别给予一个条形码，登录标注时将每个托盘上装载的货物种类、数量、入库单号、供应商、使用部门等信息与该唯一的条形码标识联系起来，标注完成后，条形码标识即成为在库管理的关键，可以通过扫描该条形码获得货物的相关库存信息及运作状态信息。

（4）货位分配及入库指令的发出。托盘资料标注完成后，该托盘即进入待入库状态，系统自动根据存储规则为每一个托盘分配一个合适的空货位，并向手持终端发出入库操作要求。

（5）已占的货位重新分配。当所分配的货位已有货时，系统会指出新的可用货位，通过手持终端指挥操作完成。

（6）入库成功确认。从完成登记到手持终端返回入库成功的确认信息，该托盘的货物始终处于入库状态，直到收到确认信息，管理系统会把该托盘货物的状态改为正常库存，并相应地更改数据库的相关记录。

（三）出库管理

出库管理子系统包括以下几项内容。

1．出库单数据处理

每份出库单可包括多种、多数量的货物。

2．出库内容的生产及出库指令的发出

系统根据出库内容以一定的规律具体到托盘和货位，生成出库内容，并发出出库指令。

3．出库成功确认

手持终端确认货物无误后，发出确认信息，该托盘货物即进入出库运行的状态，在手持终端确认出库成功后，即可获取进入数据库中的托盘条码，和相应的数据库记录。

4．出库单据的打印

打印与托盘相对应的出库单据。

（四）在库管理及信息查询

在库管理及信息查询包括货位管理查询、以货物编码查询库存、入库时间查询、盘点作业、预警及报表管理、库存货物查询、作业指令查询、超期货物报警、合同到期报警、仓库使用率统计和仓库库存图。

（五）统计报表

对第三方物流企业运营的各项指标进行统计分析。

三、WMS 系统的主要操作流程

微课：WMS 出入库操作

先在 PC 端上部署 WMS 系统运营环境，通过网页的方式打开 WMS 系统操作界面，然后开始进行仓库基础数据的导入、添加、删除和修改，比如仓库、库位、货品种类、数量、供应商、员工、用户权限等。数据导入完成后，连接条码打印机，进行对应商品、库位标签打印，然后粘贴到货品、库位上，最后员工通过 PDA 手持设备进行仓库日常的作业。

（一）入库管理

货品到库后，员工通过 PDA 扫描商品条码，就可以完成对入库商品的登记操作，包括品类、数量、供应商等，然后将数据直接上传至后台数据库系统。入库不再是拿着纸张登记，大量货物入库时也可以井然有序的进行。

（二）上架管理

货品验收入库后，系统根据上架策略，会在 PDA 上显示合适的上架库位，上架人员根据提示进行货品上架，然后扫描库位标签，即可完成货品与库位绑定。上架不再是员工随意摆放，仓库库位也能得到有效利用，且找货更容易。

（三）出库管理

在出库环节，根据出库单，使用 PDA 扫描条码，输入出库数量，并将出库信息实时上传至数据库系统中，保证库存状态能即时更新。使用 PDA 扫描条码进行出库管理，有效避免多取、少取、错取的情况。

（四）盘点管理

企业制定或下达盘点任务以后，PDA 下载盘点任务，扫描条码进行盘点，并将盘点数据实时上传，系统自动生成盘点差异，根据实际情况开始复盘。利用 PDA 进行盘点能大大缩短盘点时间，简化盘点流程，及时更新库存数据，做到实时账实一致。

（五）货物查找

仓库货物多且杂，查找一个货物需要耗费很长的时间，太影响工作效率，对客户需求响应不及时。利用 PDA 查找时，只需在 PDA 中输入货物编号，就可以自动跳出该货物的存放位置及条码号，效率的提高不言而喻。

[任务实施]

某电商企业仓储业务部门的采购入库流程如下。

采购开单：采购系统开单审批通过之后，同步至 WMS 生成对应的采购入库单。采购人员将采购清单导出后发给供货商。

验货：供货商根据采购清单发货，货物到仓之后，仓储收货员根据采购单编号在 WMS 中找出对应的入库单，确认有该笔采购记录之后开始验货，一般货品数量较多的时候，通常采用抽检的方式。

入库：验货完成后，在系统中录入实收数量，当前入库单状态翻转为“已收货”。现实场景中会有供货商无法一次性交货的情况，所以系统需要支持同一个采购单对应多次入库任务，当实收数量小于应收时，会将剩余未入库的商品清单生成一张新的入库单等待下一次收货。有保质期的商品如果生产日期不同则分多条数据录入，系统根据到期日期生成批次号，没有保质期的商品根据入库日期生成批次号。比如商品 a 送了 40 件，10 月 6 号到期的有 10 件、7 号的有 10 件、8 号的有 20 件，那么系统中会记录该商品实物库存 40 件，分别是 1006 批次 10 件放在 1 库位、1007 批次 10 件放在 2 库位、1008 批次 20 件放在 3 库位。按批次进行库存管理便于规定后期出库的规则，比如按照先到期先出或者先进先出，前面的例子中，在出库时系统计算会优先取 1 库位上的商品。

采购结算：采购单对应的所有入库单全部变为已收货或已完成后，将结果推送至业务系统，采购单流转到财务结算节点，待财务在系统中确认打款完成之后，则该笔采购单状态为“已完成”。

商品贴码：在系统中商品的唯一标识是 SKU 码，将 SKU 码打印出来，贴在商品上，方便之后扫描商品系统可以识别出来。

上架：一张入库单包含多个 SKU，上架是 SKU 维度的操作，所以一张入库单对应多个上架任务。上架员领取任务后，可根据系统推荐的库位或者自行选择库位上架，扫描库位码以及商品码，确认上架入量，更新库位库存。入库单中的所有商品全部上架完成，则入库单状态翻转为“已完成”。

1．请根据以上文字描述画出该企业采购入库流程图。

2．分析仓储管理系统能为企业带来怎样的好处。

[拓展知识]

见二维码内容。

什么是云仓管理系统?

任务二
仓储管理信息技术的应用

[任务导入]

智慧物流得以迅猛发展，一方面是作为劳动密集型产业，人工紧缺问题日益凸显，必须提升物流信息化、自动化和机械化水平，才能应对即将来临的劳动力成本大幅上升的困境。另一方面，以大数据、云计算、人工智能为代表的技术趋于成熟，对物流行业产生深远影响，有关智慧物流的想法逐步落地。

说到仓储设备，早已不是之前的“叉车+托盘+传送带”模式，随着“智慧物流”概念被提出，物联网、大数据、云计算等技术让物流这个传统行业加入科技快车道。现在我们的吃穿住行都有智慧物流身影，智慧物流已经存在于我们身边。

2018 年智慧物流市场规模超过 4 000 亿元，预计到 2025 年，智慧物流市场规模将超过万亿。智慧物流前景广阔，市场规模也将持续扩大。在此背景下，智慧物流仓储设备应用愈加广泛，各个仓储也变得“热闹”起来，叉车、机械手、立体货架、仓储无人机等纷纷流行普及。

在智能仓储设备当中，使用比较广泛的包括货架还有堆高车、搬运车和提升机等，再加上计算机相关的处理系统以及监控系统，就形成了一个智能化运作系统。整个操作可以通过计算机进行总体的指挥，实现高度的自动化，同时对所有库存的产品能够及时了解到相关的情况，而且存取以及分拣也可以从原来的人工方式改换成现在的智能设备，这也是智能仓储设备的主要特点之一。

物流行业属于劳动力需求高，且是需要重复体力劳动的行业。现在的公开数据表明，我国劳动力人口数量已连续 5 年下降，劳动力的供不应求倒逼传统的仓储业向无人化、智能化转型，这也在很大程度上助推智慧仓储企业异军突起。我国在智能仓储设备上还有很长远的路要走，且前景一片光明。

综上所述，智慧物流发展是大势所趋。在先进技术助力下，物流业将全面推进智能化升级。

本次学习任务：

1. 分析仓储管理过程中使用条形码的优点。
2. 如何根据该仓库的作业环节设计出合适的条形码。
3. 了解自动化立体仓库的基本组成。
4. 了解 POS 和 EOS 系统的作用。

[相关知识]

一、自动识别技术

所谓的自动识别技术，也被称作识别技术，通过被识别物体与识别装置之间的交互自动获取被识别物体的相关信息，并提供给计算机系统进行进一步处理。

（一）自动识别技术类型

1．条码识别技术

一维条码是由平行排列的宽窄不同的线条和间隔组成的二进制编码。比如：这些线条和间隔根据预定的模式进行排列并且表达相应记号系统的数据项。宽窄不同的线条和间隔的排列次序可以解释成数字或者字母。我们可以通过光学扫描对一维条码进行阅读，即根据黑色线条和白色间隔对激光的不同反射来识别其包括的信息。

2．生物识别技术

生物识别技术指通过获取和分析人体的身体和行为特征来实现人的身份的自动鉴别。

知识链接：神奇的人脸识别技术

3．图像识别技术

图像识别技术的关键信息，既要有当时进入感官（即输入计算机系统）的信息，也要有系统中存储的信息。只有通过将存储的信息与当前的信息进行比较的加工过程，才能实现对图像的再认。

4．磁卡识别技术

磁卡是一种磁记录介质卡片，由高强度、高耐温的塑料或纸质涂覆塑料制成，能防潮、耐磨且有一定的柔韧性，携带方便、使用较为稳定可靠。磁条记录信息的方法是变化磁的极性，在磁性氧化的地方具有相反的极性，识别器才能够在磁条内分辨到这种磁性变化，这个过程被称作磁变。一部解码器可以识读到磁性变化，并将它们转换回字母或数字的形式，以便由一部计算机来处理。磁卡技术能够在小范围内存储较大数量的信息，在磁条上的信息可以被重写或更改。

5．IC 卡识别技术

IC 卡即集成电路卡，是继磁卡之后出现的又一种信息载体。IC 卡通过卡里的集成电路存储信息，采用射频技术与支持 IC 卡的读卡器进行通讯。射频读写器向 IC 卡发一组固定频率的电磁波，卡片内有一个 LC 串联谐振电路，其频率与读写器发射的频率相同，这样在电磁波激励下，LC 谐振电路产生共振，从而使电容内有了电荷；在这个电容的另一端，接有一个单向导通的电子泵，将电容内的电荷送到另一个电容内存储，当所积累的电荷达到 2 V 时，此电容可作为电源为其他电路提供工作电压，将卡内数据发射出去或接受读写器的数据。

6．光学字符识别技术（OCR）

OCR 是属于图形识别的一项技术 。其目的就是要让计算机知道它到底看到了什么，尤其是文字资料。

7．射频识别技术（RFID）

射频识别技术是通过无线电波进行数据传递的自动识别技术，是一种非接触式的自动识别技术。它通过射频信号自动识别目标对象并获取相关数据，识别工作无需人工干预，可工作于各种恶劣环境。与条码识别技术、磁卡识别技术和 IC 卡识别技术等相比，它具备特有的无接触、抗干扰能力强、可同时识别多个物品等优点。

（二）条形码识别技术

1．概念

条形码是将宽度不等的多个黑条和空白，按照一定的编码规则排列，用以表达一组信息的图形标识符。常见的条形码是由反射率相差很大的黑条（简称条）和白条（简称空）排成的平行线图案。条形码可以标出物品的生产国、制造厂家、商品名称、生产日期、图书分类号、邮件起止地点、类别、日期等许多信息，因而在商品流通、图书管理、邮政管理、银行系统等许多领域都得到广泛的应用。

知识链接：条形码图片

现如今条码辨识技术已相当成熟，其读取的错误率约为百万分之一，首读率大于 98%，是一种可靠性高、输入快速、准确性高、成本低、应用面广的资料自动收集技术。世界上约有 225 种以上的一维条码，每种一维条码都有自己的一套编码规格，规定每个字母（可能是文字或数字或文数字）是由几个线条及几个空白组成，以及字母的排列。一般较流行的一维条码有 39 码、EAN 码、UPC 码、128 码，以及专门用于书刊管理的 ISBN、ISSN 等。

知识链接：条形码码制分类

2．条形码在仓储管理中的应用

条形码应用几乎出现在整个仓储配送作业流程中的所有环节，它的应用有利于实现库存管理自动化，合理控制库存量，实现仓库的进货、发货、运输中的装卸自动化管理。

（1）订货。

无论是企业向供应商订货，还是销售商向企业订货，都可以根据订货簿或货架牌进行订货。不管采用哪种订货方式，都可以用条形码扫描设备将订货簿或货架上的条形码输入。

（2）收货。

当配送中心收到从供应商处发来的商品时，接货员就会在商品包装箱上贴一个条形码，作为该种商品对应仓库内相应货架的记录。同时，对商品外包装上的条形码进行扫描，将信息传到后台管理系统中，并使包装箱条形码与商品条形码形成一一对应。

（3）入库。

应用条形码进行入库管理，商品到货后，通过条形码输入设备将商品基本信息输入计算机，告诉计算机系统哪种商品要入库，要入多少。计算机系统根据预先确定的入库原则、商品库存数量，确定该种商品的存放位置。然后根据商品的数量发出条形码标签，这种条形码标签包含着该种商品的存放位置信息。然后在货箱上贴上标签，并将其放到输送机上。输送机识别货箱上的条形码后，将货箱放在指定的库位区。

（4）上架。

在人工摆货时，搬运工要把收到的货品摆放到仓库的货架上，在搬运商品之前，首先扫描包装箱上的条形码，计算机就会提示工人将商品放到事先分配的货位，搬运工将商品运到指定的货位后，再扫描货位条形码，以确认所找到的货位是否正确。商品以托盘为单位入库时，把到货清单输入计算机，就会得到按照托盘数发出的条形码标签。将条形码贴于托盘面向叉车的一侧，叉车前面安装有激光扫描器，叉车将托盘提起，并将其放置于计算机所指引的位置上。在各个托盘货位上装有传感器和发射显示装置、红外线发光装置和表明货区的发光图形牌。叉车驾驶员将托盘放置好后，通过叉车上装有的终端装置，将作业完成的信息传送到主计算机。这样，商品的货址就存入计算机中了。

（5）补货。

查找商品的库存，确定是否需要进货或者货品是否占用太多库存，同样需要利用条形码来实现管理。另外由于商品条形码和货架是一一对应的，也可通过检查货架达到补货的目的。

（三）射频识别技术

1．概念

无线射频识别即射频识别技术（RFID）通过无线射频方式进行非接触双向数据通信，利用无线射频方式对记录媒体（电子标签或射频卡）进行读写，从而达到识别目标和数据交换的目的。

2． RFID 系统组成和工作原理

最基本的 RFID 系统由三部分组成：

（1）标签（Tag，即射频卡）：由耦合元件及芯片组成，标签含有内置天线，用于和射频天线间进行通信。

（2）阅读器：读取（在读写卡中还可以写入）标签信息的设备。

（3）天线：在标签和读取器间传递射频信号。

3. 射频识别技术在仓储管理中的应用

RFID 识别采集作为实现仓储管理的基础和手段，贯穿于物流仓储管理的各个业务流程。

（1）发卡贴标。

发卡贴标是对新购置的货物进行贴标的操作，使其配备电子标签。标签的唯一 ID 号或用户写入数据可作为货物的标识码，其数据用于记录货物名称、购入时间、所属仓库、货物属性等信息。当安装在各个通道的读写器识别到标签时便可自动获取货物的所有信息。

（2）入库。

在货物进入仓库前，工人先将 RFID 电子标签贴在包装箱盒上，成批装箱后贴上箱标，需打托盘的也可在打完托盘后贴上托盘标。包装好的产品由装卸工具经由 RFID 阅读器与天线组成的通道进行入库，RFID 设备自动获取入库数量并记录于系统中，贴有托盘标的，每个托盘货物信息通过进货口读写器写入托盘标，同时形成订单数据关联，通过计算机仓储管理信息系统运算出库位（或人工在一开始对该批入库指定库位），通过网络系统将存货指令发到仓库客户端（或叉车车载系统），叉车员按照要求存放到相应库位。入库完成后，系统更新库存资料，并标注各批次货物的库位信息。

（3）出库。

物流部门的发货人根据销售要求的发货单生成出库单，即根据出库优先级向仓库查询出库货物存储仓位及库存状态，如有客户指定批号，则按指定批号查询，并生成出库货物提货仓位及相应托盘所属货物和装货车辆。领货人携出库单至仓库管理员，仓管员核对信息并安排叉车司机执行对应产品出库。叉车提货经过出口闸，出口闸 RFID 阅读器读取托盘上的托盘标获取出库信息，并核实出货产品与出库单中列出产品批号与库位是否正确。出库完毕后，仓储终端提示出库详细供管理员确认，并自动更新资料到数据库。

（4）调拨和移库。

要进行调拨移库的货物，通过进出通道时，会被安装在通道旁的读写器所识别，读写器记录当前标签信息，并发送至后台中心。后台中心根据进出通道识别标签的先后顺序等判断其为入库、出库还是调拨等。

还可以通过手持机进行货物移位的操作，当仓库管理员发现某个货物被放错位置时，可手动安放好货物，同时通过手持机更改标签信息并发送给服务器，实现快捷便利的移位功能。

（5）库存盘点。

工作人员可采用手持阅读器定期盘库，近距离读取货物标签信息，并与后台管理系统比对，人工盘点库位货物品种、数量、生产日期是否与后台系统一致。如不一致，可现场对系统信息进行修正。

二、全球定位系统 GPS

（一）全球定位系统的概念

全球定位系统（GPS），又称全球卫星定位系统，是一个中距离圆形轨道卫星导航系统。它可以为地球表面绝大部分地区（98%）提供准确的定位、测速和高精度的时间标准。系统由美国国防部研制和维护，可满足位于全球任何地方或近地空间的军事用户连续精确的确定三维位置、三维运动和时间的需要。该系统包括太空中的 24 颗 GPS 卫星；地面上 1 个主控站、3 个数据注入站和 5 个监测站及作为用户端的 GPS 接收机。最少只需其中 3 颗卫星，就能迅速确定用户端在地球上所处的位置及海拔高度；所能联接到的卫星数越多，解码出来的位置就越精确。

（二）全球定位系（GPS） 的基本特点

（1）全天候，不易受任何天气的影响。
（2）全球覆盖（覆盖面积高达 98%）。
（3）三维定点定速定时高精度。
（4）测站间无需通视。
（5）快速、省时、高效率。
（6）应用广泛、多功能。
（7）可移动定位。

（三）全球定位系统（GPS） 在仓储管理中的应用

通过发货方所提供的相关资料,可以借助 GPS 实时查看货物信息，掌握货物在途的情况和大概的运输时间，以此来提前安排货物的接受、停放以及销售等环节，使货物的销售链提前完成。

知识链接 ：GPS 的广泛用途

三、地理信息系统

（一）GIS 的含义

地理信息系统（GIS）又称为“地学信息系统”。它是一种特定的十分重要的空间信息系统。它是在计算机硬、软件系统支持下，对整个或部分地球表层（包括大气层）空间中的有关地理分布数据进行采集、储存、管理、运算、分析、显示和描述的技术系统。地理信息系统（GIS）是一门综合性学科，结合地理学与地图学以及遥感和计算机科学，已经被广泛地应用在不同的领域，是用于输入、存储、查询、分析和显示地理数据的计算机系统。

（二）GIS 的特点

（1）公共的地理定位基础。

（2）具有采集、管理、分析和输出多种地理空间信息的能力。

（3）系统以分析模型驱动，具有极强的空间综合分析和动态预测能力，并能产生高层次的地理信息。

（4）以地理研究和地理决策为目的，是一个人机交互式的空间决策支持系统。

（三）GIS　在物流行业的主要应用

GIS 在物流行业的主要应用包括物流中心选址、最佳配送路线、车辆跟踪和导航、配送区域划分。

1．物流中心选址

物流中心选址是物流系统中具有战略意义的投资决策问题，对整个系统的物流合理化和商品流通的社会效益有着决定性的影响。但由于受商品资源分布、需求状况、运输条件和自然条件等因素的影响，使得即使在同一区域内的不同地方建立物流中心，整个物流系统和全社会经济效益也是不同的。

利用 GIS 系统的空间查询功能，叠加分析、缓冲区分析、网络分析等功能，可以方便地确定哪些地理位置适合筹建物流中心，哪些位置的物流成本会比较低，哪些位置的运营成本比较低，在考虑了种种因素之后，就可以确定出最佳的物流中心位置。利用 GIS 的可视化功能，可以显示出包含区域地理要素的背景下的整个物流网络（如现存物流节点、道路、客户等要素），一般规划者能够直观方便地确定位置或线路，从而形成选址方案和备选方案。

2．最佳配送路线

可以设置车辆型号以及载货量限制条件，车速限制、订单时间限制、融合多旅行商分析与导航规划，精选出最优配送路线。还可以跟进用户需求将目的地一次性批量导入到 GIS 系统当中，根据订单地址精确生成地图点位，进而生成最佳配送路径，提高配送效率，节约配送成本。

3．车辆跟踪和导航

GIS 能接收 GPS（全球定位系统）传来的数据，并将它们显示在电子地图上，帮助企业动态地进行物流管理。首先，可以实时监控运输车辆，实现对车辆的定位、跟踪与优化调度，以达到配送成本最低，并在规定时间内将货物送到目的地，很大程度地避免了迟送或者错送的现象；其次，根据电子商务网站的订单信息、供货点信息和调度等信息，货主可以对货物随时进行全过程的跟踪与定位管理，掌握运输中货物的动态信息，可以增强供应链的透明度和控制能力，提高客户满意度。

4．配送区域划分

企业可以参照地理区域，根据各个要素的相似点把同一层上的所有或部分要素分为几个组，用以解决如何确定服务和销售市场范围等问题。如某一公司要设立若干个分销点，要求这些分销点覆盖某一地区，而且要使每个分销点的顾客数目大致相等。

四、销售时点系统

（一）销售时点系统（POS） 的含义

销售时点系统（POS）是指利用光学式自动读取设备，按照商品的最小类别读取实时销售信息和采购、配送等阶段发生的各种信息，并通过通信网络和计算机系统传送至有关部门进行分析加工处理和传送，便于各部门可以根据各自的目的有效地有效利用上述信息以提高经营效率的系统。该系统在销售的同时，采集每一种商品的销售信息并传送给计算机，计算机通过对销售、库存、进货和配送等信息的处理和加工，为企业进、销、存提供决策依据。

（二）POS 的功能

1．分门别类管理

POS 系统的分门别类管理不仅针对商品，而且还可针对员工及顾客。

①单品管理：零售业的单品管理是指以店铺陈列展示销售的商品，以单个商品为单位进行销售跟踪和管理的方法。

②员工管理。是指通过 POS 终端机上的计时器的记录，依据每个员工的出勤状况、销售状况进行考核管理。

2．自动读取销售时点信息

在顾客购买商品结账时，POS 系统通过扫描读数仪自动读取商品条形码标签或 0CR（光学字符识别）标签上的信息，在销售商品的同时获得实时的销售信息是 POS 系统的最大特征。

3．集中管理信息

在各个 POS 终端获得的销售时点信息，以在线联结方式汇总到企业总部，与其他部门发送的有关信息一起，由总部的信息系统加以集中，并进行分析加工。

具体内容包括把握畅销商品和滞销商品以及新商品的销售倾向，对商品销售量和销售价格、销售量和销售时间之间的相关关系进行分析，对商品上架陈列方式、促销方法、促销期间、竞争商品的影响进行相关的分析，集中管理等。

4．连接供应链的有力工具

POS 是系统可以被认定是供应链信息管理的起点。供应链上的参与各方要想做到信息共享，销售时点信息必不可少的。在具有 POS 系统、EOS 系统并能使用 VAN 网络的现代化企业中，通过 POS→EOS→VAN→MIS（供应商的管理信息系统），将商品销售信息转化为订货信息，并通过 VAN 网络自动传递至上游供应商的管理信息系统。供应商可以利用该信息并结合其他的信息，来制定企业的经营计划和市场营销计划。

五、电子订货系统

（一）电子订货系统（EOS）的概念

EOS 即电子订货系统，是指企业利用通信网络和终端设备以在线连接方式，进行订货作业和订货信息交换的系统。EOS 可适用于企业内部零售商和批发商之间，以及零售商、批发商和生产商之间建立的 EOS 系统。

（二）EOS 的特点

EOS 是商业企业内部，或许多零售商、批发商和供应商之间的整体运作系统，而不是单个企业或单个部门之间的系统。它是通过网络传递订货信息，信息传递及时准确，可以保证商品的及时供应，加速资金的周转。其特点如下。

（1）可以缩短订货期和交货期，减少商品订单的出错率，节省人工费。

（2）有利于减少企业的库存水平。揭高企业的库存管理效率，同时也能防止商品特别是畅销商品缺货现象的出现。

（3）对于生产厂家和批发商来说，通过分析零售商的商品订货信息，能准确判断畅销商品和滞销商品，有利于企业调整商品生产和销售计划。

（4）有利于提高企业物流信息系统的效率。使各个业务信息子系统之间的数据交换更加便利和迅速，丰富企业的经营信息。

知识拓展：电子订货系统的几大类型

（三）EOS 在仓储管理中的应用

（1）利用商品标签，用扫描器和手持终端机进行订货信息的发送。订货工作人员用手持终端机对仓库或货架中的商品进行检查，如发现某种商品缺货时，用扫描器扫描订货单上或货架上的标签，将需要补货的数量输入手持终端机，并把订货信息发送给总部或供应商，完成订货需求。

（2）利用销售时点管理系统进行电子订货。在顾客购买商品付账时，收银员用扫描器读取商品上的条形码或标签上的信息，这些信息包括品名、型号、单价、销售数量、金额、销售店铺等。并经确认后以在线的方式通过网络即时传送给总部或配选中心。总部或配送中心根据各店发来的销售信息完成库存调整、订货拣选等作业。

（3）利用订货应用系统进行电子订货作业。订货应用系统产生的订货信息。通过订单处理系统处理之后,迅速传递出去。

微课：自动化立体仓库

六、自动化立体仓库

（一）自动化立体库的含义

自动化立体仓库（AS/RS）是由立体货架、有轨巷道堆垛机、出入库托盘输送机系统、尺寸检测条码阅读系统、通信系统、自动控制系统、计算机监控系统、计算机管理系统以及其他如电线电缆桥架配电柜、托盘、调节平台、钢结构平台等辅助设备组成的复杂的自动化系统。由于其具有很高的空间利用率、很强的入出库能力、采用计算机进行控制管理有利于企业实施现代化管理等特点，已成为企业物流和生产管理中不可缺少的仓储技术，并越来越受到企业的重视。

（二）自动化立体仓库的分类

知识链接：自动化立体库的产生

1．按建筑形式分类

按建筑形式分类可分为整体式和分离式两种。

整体式：是指货架除了存储货物以外，还作为建筑物的支撑结构，构成建筑物的一部分，即库房货架一体化结构，一般整体式高度在 12 m 以上。这种仓库结构重量轻，整体性好，抗震好。

分离式：分离式中存放货物的货架在建筑物内部独立存在。分离式高度在 12 m 以下，但也有 15 ~ 20 m 的。适用于利用原有建筑物作库房，或在厂房和仓库内单建一个高货架的场所。

2．按照货物存取形式分类

按货物存取形式分类可分为单元货架式、移动货架式和拣选货架式。

单元货架式：单元货架式是常见的仓库形式。货物先放在托盘或集装箱内，再装入单元货架的货位上。

移动货架式：移动货架式由电动货架组成，货架可以在轨道上行走，由控制装置控制货架合拢和分离。作业时货架分开，在巷道中可进行作业；不作业时可将货架合拢，只留一条作业巷道，从而提高空间的利用率。

拣选货架式：拣选货架式中分拣机构是其核心部分，分为巷道内分拣和巷道外分拣两种方式。“人到货前拣选”是拣选人员乘拣选式堆垛机到货格前，从货格中拣选所需数量的货物出库。“货到人处拣选”是将存有所需货物的托盘或货箱由堆垛机运至拣选区，拣选人员按提货单的要求拣出所需货物，再将剩余的货物送回原地。

3．按货架构造形式分类

按货架构造形式分类可分为单元货格式、贯通式、水平旋转式和垂直旋转式。

单元货格式仓库：类似单元货架式，巷道占去了三分之一左右的面积。

贯通式：为了提高仓库利用率，可以取消位于各排货架之间的巷道，将个体货架合并在一起，使每一层、同一列的货物互相贯通，形成能一次存放多货物单元的通道，而在另一端，由出库起重机取货，成为贯通式仓库。根据货物单元在通道内的移动方式，贯通式仓库又可分为重力式货架仓库和穿梭小车式货架仓库。重力式货架仓库每个存货通道只能存放同一种货物，所以它适用于货物品种不太多而数量又相对较大的仓库。梭式小车可以由起重机从一个存货通道搬运到另一通道。

水平旋转式仓库的货架：这类仓库本身可以在水平面内沿环形路线来回运行。每组货架由若干独立的货柜组成，用一台链式传送机将这些货柜串连起来。每个货柜下方有支撑滚轮，上部有导向滚轮。传送机运转时，货柜便相应地运动。需要提取某种货物时，只需在操作台上给予出库指令。当装有所需货物的货柜转到出货口时，货架停止运转。这种货架对于小件物品的拣选作业是十分的合适。它简便实用，充分利用空间，适用于作业频率要求不太高的场合。

垂直旋转货架式仓库：与水平旋转货架式仓库相似，只是把水平面内的旋转改为垂直面内的旋转。这种货架特别适用于存放长卷状货物，如地毯、地板革、胶片卷、电缆卷等。

（三）自动化立体库的优缺点

1．自动化立体仓库的主要优点

（1）由于能充分利用仓库的垂直空间，其单位面积存储量远远大于普通的单层仓库（一般是单层仓库的 4～7 倍）。目前，世界上最高的立体仓库可达 40 多米，容量多达 30 万个货位。

（2）仓库作业全部实现机械化和自动化，一方面能大大节省人力，减少劳动力费用的支出，另一方面能大大提高作业效率。

（3）采用计算机进行仓储管理，可以方便地做到“先进先出”，并可防止货物自然老化、变质、生锈，也能避免货物的丢失。

（4）货位集中，便于控制与管理，特别是使用电子计算机，不但能够实现作业的自动控制，而且能够进行信息处理。

（5）能更好地适应黑暗、低温、有毒等特殊环境的要求。例如，胶片厂把胶片卷轴存放在自动化立体仓库里，在完全黑暗的条件下，通过计算机控制可以实现胶片卷轴的自动出入库。

（6）采用托盘或货箱存储货物，货物的破损率显著降低。

2．自动化立体仓库的主要缺点

（1）由于自动化立体仓库的结构比较复杂，配套设备也比较多，所以需要的基建和设备的投资也比较大。

（2）货架安装精度要求高，施工比较困难，而且工期相应较长。

（3）存储弹性小，难以应付高峰的需求。

（4）对可存储的货物品种有一定限制，需要单独设立存储系统用于存放长、大、笨重的货物以及要求特殊保管条件的货物。

（5）自动化立体仓库的高架吊车、自动控制系统等都是技术含量极高的设备，维护要求高，因此必须依赖供应商，以便在系统出现故障时能得到及时的技术援助。这就增强了对供应商的依赖性。

（6）对建库前的工艺设计要求高，在投产使用时要严格按照工艺作业要求进行。

[任务实施]

1．请比较条形码与 RFID 各自的优缺点并填入下表。

类型	优点	缺点
条形码		
RFID		

2．某电子商务供应商在网上销售土鸡，在网络公布的土鸡是按只进行销售的，其商品条码是“GTIN 97612345000117”，并且按件数订货与发货，按重量开发票。请完成表 6-1 中的条码应用表示。

表 6-1 任务表

序号	业务关系方	步骤	说明	条码应用表示
1	电子商务供应商	电子商务供应商在网上公布商品目录	每只土鸡重约 2 kg	
2	客户	客户在网上订购 100 只土鸡	100 只土鸡	
3	物流商	物流商交货给客户	3 个物流项目： 单元 1=33 只土鸡，65.8 kg 单元 2=33 只土鸡，67.4 kg 单元 3=34 只土鸡，68.6 kg	
4	电子商务供应商	电子商务供应商开发票	项目与总重量的 GTIN（100 kg）×每千克价格	

3．使用条形码制作软件和条形码打印机制作出如图 6-1 所示的一维条形码。

6 901372 057514

图 6-1 一维条形码标签

4．沃尔玛 EOS 系统的操作。每天下班后，沃尔玛各连锁店将第二天的送货计划报送到配送中心。配送中心计划员每天审核各连锁店申请的送货数量，并根据物料管理部门报送的库存商品情况确定第二天每个连锁店的商品配送数量。同时根据市场需求和库存商品情况向采购部门发出商品订货计划。每天早晨，车辆调度根据当天的运力和各连锁店配送计划，调配车辆和搬运力量配送商品。

在商品配送过程和连锁店销售过程中，各连锁店相关人员就会根据目前商品的销售情况向配送中心提出是否增加或减少商品配送数量。根据当前商品配送情况，配送中心计划员和车辆调度适时调整当天未完成的商品配送计划，以减少商品在下级连锁店出现积压的情况。

各连锁店根据自身的商品销售情况，每天提出退货申请。将一部分销路不旺的商品退回配送中心，同时向配送中心报送退回商品通知单。此类商品一般由配送中心送货车直接送回各个仓库。

（1）请根据以上文字描述画出沃尔玛连锁店 EOS 业务流程。

（2）分析使用 EOS 系统能为沃尔玛带来哪些好处。

[拓展知识]

见二维码内容。

中国北斗卫星导航系统 BDS

[项目小结]

（1）仓库管理系统（WMS） 是一个实时的计算机软件系统，它是通过入库业务、出库业务、仓库调拨、库存调拨和虚仓管理等功能，对批次管理、物料对应、库存盘点、质检管理、虚仓管理和即时库存管理等功能进行综合运用的管理系统。

（2）仓储管理系统（WMS）的功能包括基础设置、入库管理、出库管理、在库管理及信息查询、统计报表。

（3）WMS 系统的主要操作流程：入库管理、上架管理、出库管理、盘点管理、货物查找。

（4）自动识别技术是指通过被识别物体与识别装置之间的交互自动获取被识别物体的相关信息，并提供给计算机系统供进一步处理。它主要包括条码识别技术、生物识别技术、图像识别技术、磁卡识别技术、IC 卡识别技术、光学字符识别技术（OCR）、射频识别技术（RFID）等。

（5）条形码是将宽度不等的多个黑条和空白，按照一定的编码规则排列，用以表达一组信息的图形标识符。

（6）无线射频识别即射频识别技术（RFID）通过无线射频方式进行非接触双向数据通信，利用无线射频方式对记录媒体（电子标签或射频卡）进行读写，从而达到识别目标和数据交换的目的。

（7）全球定位系统（GPS），又称全球卫星定位系统，是一个中距离圆形轨道卫星导航系统。

（8）地理信息系统（GIS）又称为“地学信息系统”。它是一种特定的十分重要的空间信息系统。它是在计算机硬、软件系统支持下，对整个或部分地球表层（包括大气层）空间中的有关地理分布数据进行采集、储存、管理、运算、分析、显示和描述的技术系统。

（9）销售时点系统（POS）是指利用光学式自动读取设备，按照商品的最小类别读取实时销售信息和采购、配送等阶段发生的各种信息，并通过通信网络和计算机系统传送至有关部门进行分析加工处理和传送，便于各部门可以根据各自的目的有效地利用上述信息以提高经营效率的系统。

（10）EOS 即电子订货系统，是指企业利用通信网络和终端设备以在线连接方式，进行订货作业和订货信息交换的系统。EOS 系统可适用于建立在企业内部零售商和批发商之间，以及零售商、批发商和生产商之间。

（11）自动化立体仓库（AS/RS）是由立体货架、有轨巷道堆垛机、出入库托盘输送机系统、尺寸检测条码阅读系统、通信系统、自动控制系统、计算机监控系统、计算机管理系统以及其他如电线电缆桥架配电柜、托盘、调节平台、钢结构平台等辅助设备组成的复杂的自动化系统。

[项目实训]

根据下列表格中的信息分别对仓储管理系统中的基础数据和客户管理模块中的仓库信息（见表 6-2）、仓位信息（见表 6-3）、托盘信息（见表 6-4）、商品信息（见表 6-5）和客户信息（见表 6-6）进行新增操作。

表 6-2　仓库信息

仓库编号/条码	仓库名称	仓库类型	仓库编号/条码	仓库名称	仓库类型
H1	重型货架 1	重型货架区	Z1	BtoC 货架 1	BtoC 电子标签区
G1	阁楼货架 1	阁楼货架区	D1	电子标签 1	电子标签拣货区

表 6-3　仓位信息

仓位编号/条码	所属仓库	仓位规格型号/mm	仓位类型	长/mm	宽/mm	高/mm
H1-01-02-01	重型货架 1	1 250×1 100×1 050	重型货架	1 250	1 100	1 050
H1-01-02-02	重型货架 1	1 250×1 100×1 250	重型货架	1 250	1 100	1 250

表 6-4　托盘信息

仓位编号/条码	所属仓库	仓位规格型号/mm	仓位类型	长/mm	宽/mm	高/mm
H1-01-02-01	重型货架 1	1 250×1 100×1 050	重型货架	1 250	1 100	1 050
H1-01-02-02	重型货架 1	1 250×1 100×1 250	重型货架	1 250	1 100	1 250

表 6-5　商品信息

仓位编号/条码	所属仓库	仓位规格型号/mm	仓位类型	长/mm	宽/mm	高/mm
H1-01-02-01	重型货架 1	1 250×1 100×1 050	重型货架	1 250	1 100	1 050
H1-01-02-02	重型货架 1	1 250×1 100×1 250	重型货架	1 250	1 100	1 250

表 6-6　客户信息

商品编号/条码	商品名称	单位	长/mm	宽/mm	高/mm
6921012030013	飞鹤奶粉	箱	470	280	260
6934051147832	大厨方便面	箱	330	235	240

[课后练习]

一、单选题

1．条码的编码方式主要有两种，宽度条件法和（ ）。

A．宽度条件法　B．模块组合法　C．线条组合法　D．空白条件法

2．（　　　　）是商品条码。

A．39 码　B．库德巴码　C．ITF 码　D．EAN 码

3．EAN 码由（　）位数字组成。

A．8 或 12　B．8 或 13　C．9 或 12　D．9 或 13

4．条、空的（　　）颜色搭配可获得最大对比度，所以是最安全的条码符号颜色设计。

A．红白　B．黑白　C．蓝黑　D．蓝白

5．RFID 是利用（　　　）对记录媒体进行读写。

A．无线电波　B．光电感应　C．传感器　D．模拟信号

6．我国的北斗系统一共由（　　）颗卫星组成。

A．32　B．33　C．34　D．35

7．GPS 主要由（　　）部分组成。

A．空间星座部分　B．地面监控部分　C．地面监控部分　D．海洋监控部分

8．全球四大卫星导航系统分别是美国的（　），俄罗斯的（　），中国的（　）以及欧盟的（　　　）。

A．GPS　B．北斗　C．伽利略　D．格洛纳斯

9．（　　）是全球定位系统的首要功能。

A．车辆监控　B．配送路线规划　C．信息查询　D．导航功能

10．地理信息系统简称为（　　　）

A．RFID　B．GPS　C．EDI　D．GIS

二、简答题

1．简述条形码的作用。

2．地理信息系统的主要作用有哪些？

3．简述自动化立体库的优点。

三、案例分析题

内蒙古蒙牛乳业泰安有限公司乳制品自动化立体仓库，是蒙牛乳业公司委托太原刚玉物流工程有限公司设计制造的第三座自动化立体仓库。该库后端与泰安公司乳制品生产线相衔接，与出库区相联接，库内主要存放成品纯鲜奶和成品瓶酸奶。库区面积 8 323 ㎡，货架最大高度 21 m，托盘尺寸 1 200 × 1 000 mm，库内货位总数 19 632 个。其中，常温区货位数 14 964 个；低温区货位 46 687 个。入库能力为每小时 150 盘，出库能力为每小时 300 盘。出入库采用联机自动。

该立库工艺流程及库区布置如下：

根据用户存储温度的不同要求，该库划分为常温和低温两个区域。常温区保存鲜奶成品，低温区配置制冷设备，恒温 4℃，存储瓶酸奶。按照生产—存储—配送的工艺及奶制品的工艺要求，经方案模拟仿真优化，最终确定将库区划分为入库区、储存区、托盘（外调）回流区、出库区、维修区和计算机管理控制室 6 个区域。

入库区由 66 台链式输送机、3 台双工位高速梭车组成。负责将生产线码垛区完成的整盘货物转入各入库口。双工位穿梭车则负责生产线端输送机输出的货物向各巷道入库口的分配、转动及空托盘回送。

储存区包括高层货架和 17 台巷道堆垛机。高层货架采用双托盘货位，完成货物的存储功能。巷道堆垛机则按照指令完成从入库输送机到目标的取货、搬运、存货及从目标货位到出货输送机的取货、搬运、出货任务。

托盘（外调）回流区分别设在常温储存区和低温储存区内部，由 12 台出库口输送机、14 台入库口输送机、巷道堆垛机和货架组成。分别完成空托盘回收、存储、回送，外调货物入库、剩余产品，退库产品入库、回送等工作。

出库区设置在出库口外端，分为货物暂存区和装车区，由 34 台出库较输送机、叉车和运输车辆组成。叉车司机通过电子看板、RF 终端扫描来叉车完成装车作业，反馈发送信息。

维修区设在穿梭车轨道外一侧，在某台空梭车更换配件或处理故障时，其他穿梭车仍旧可以正常工作。

计算机控制室设在二楼，用于出入库登记、出入库高度、管理和联机控制。

请回答：

1. 该自动化立体仓库由哪些部分组成？
2. 自动化立体仓库的分类有哪几种？该立体仓库属于哪种类型？

项目七
仓储成本管理与绩效评价

学习目标

知识目标

1. 理解仓储成本的内涵及构成。
2. 掌握仓储成本控制的基本原则与措施。
3. 熟悉仓储绩效评价的关键指标。

技能目标

1. 能够编制仓储成本预算方案。
2. 能进行仓储成本的核算。
3. 能运用关键指标进行仓储绩效评价。

素质目标

1. 培养资源节约、成本效率意识。
2. 具备求实的科学态度和细心节约的工作态度。
3. 具备爱岗敬业、诚实守信、遵纪守法等职业道德。
4. 培养热爱物流行业，增强建设社会主义物流强国的责任感、紧迫感。

项目导学

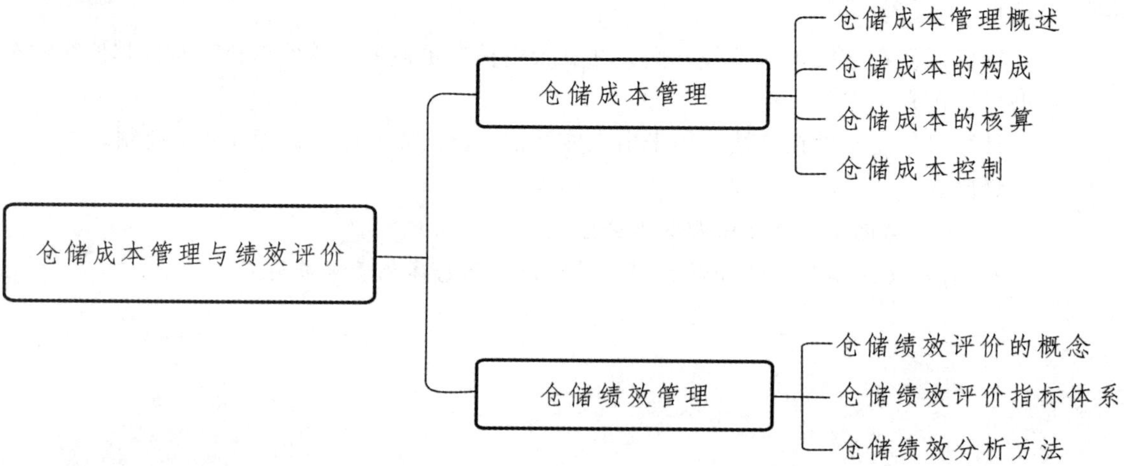

案例导入

京东物流建立了包含仓储网络、综合运输网络、配送网络、大件网络、冷链网络及跨境网络在内的高度协同的六大网络，服务范围几乎覆盖了我们所有地区。截至2021年9月30日，京东物流运营约1 300个仓库，包含京东物流管理的云仓面积在内，京东物流仓储总面积约2 300万平方米。京东采取了一系列措施通过协调价值链的各个环节全方位降低成本，在仓储与库存管理成本方面主要通过即时库存管理，降低成本。

（1）采用先进的信息系统，实现零库存管理。

京东通过加大对大数据及云计算等先进信息技术的投入，利用数据分析、数据挖掘、平台开放等手段，根据商品点击率来判断分析客户的潜在消费需求，预计未来数天每个产品在各地的销量，将客户可能购买的产品提前运到当地仓库。这种以预测销量为基础的库存管理模式，在保证正常经营活动的前提下，可以缩减商品库存量，降低库存成本。

（2）精细化库存管理，提高运营效率。

对“货品摆放—订单拣货—货品分拣—订单开票—出库包装”实现精细化管理。在京东的仓库中，是按照销量分区摆放商品的，最畅销的商品放置于通道附近。此外，商品按与拣货人员拣货汇总单顺序相一致的A-P的顺序依次摆放，方便拣货人员取货。拣货人员将拣出的商品放在推车上以后，分拣人员按订单分拣，之后完成校验、开票、包装等一系列后续工作。在商品出库的每个环节，尽可能减少不必要的资源浪费，提高仓库人员的工作效率，降低企业成本。京东的即时库存管理，在有效降低库存成本的同时，极大提高了存货周转率。目前，京东平均的库存周转天数已经压缩到了30天，电子产品的平均周转天数仅为15～18天。这意味着供货商的账期缩短，京东对上游供应商的议价能力更高。

任务一
仓储成本管理

[任务导入]

某仓库第二季度库房折旧为 5 000 元，库房租金为 20 000 元，设备折旧为 4 000 元，库房固定人工工资为 24 000 元，另外该季度水、电、气费用总额为 10 000 元。该仓库第二季度的固定费用是多少？

本次学习任务：

1. 了解仓储成本及仓储成本管理的含义。
2. 分析仓储成本管理的意义。
3. 熟悉仓储成本的构成。
4. 进行仓储成本的计算。

[相关知识]

一、仓储成本管理概述

（一）仓储成本的含义

仓储成本是指仓储企业在开展仓储业务活动中各种要素投入的以货币计算的总和。根据国家标准《企业物流成本构成与计算》（GB/T 20523—2006），仓储成本是指在一定时期内，企业为了完成货物存储业务而发生的全部费用，包括仓储作业人员费用、仓储设施折旧费、维修保养费、水电费、燃料和动力消耗、相关税金、业务费等。

（二）仓储成本管理的含义

仓储成本管理指企业在仓储运营管理方面所采取的成本费用控制手段，目的是以最低的储存成本达到预先规定的储存质量和仓储数量。

（三）仓储成本管理的意义

作为物流成本管理的一部分，仓储成本管理在物流领域也存在着广阔的降低成本的空间，仓储成本管理的意义主要表现在以下 5 个方面。

1．仓储成本管理是物流成本管理的重要内容

仓储成本是物流成本的重要组成部分，对物流成本的高低有直接影响。仓储成本管

理的意义在于：通过对仓储成本的有效把握，利用仓储以及物流各要素之间的效益背反关系，科学、合理地组织仓储活动，加强对仓储活动过程中费用支出的有效控制，降低仓储活动中的物化劳动和活劳动的消耗，从而达到降低仓储总成本，提高企业和社会经济效益的目的。

2．通过仓储控制降低存货风险

除了在现场装配的大型设备、建筑物外，绝大多数通用产品实现生产完全无存货的目标甚难达到，一般商品的生产原材料需要进行适量的安全储备，这既是保证生产稳定和促进销售的重要手段，也是对抗偶发事件对物流产生破坏的重要应急手段，如交通阻塞、发生不可抗力、意外事故等；但存货就意味着资金运转停滞的资金成本增加，并会产生损耗、浪费等风险。通过存货控制来降低风险，存货控制通常包括存量控制、仓储点的安排、补充控制、出活安排等工作。利用存货控制降低成本是物流管理的重要内容之一。

3．仓储活动有助于降低系统物流成本

系统物流成本分摊在具体的操作过程之中，分为仓储成本、运输成本、作业成本、风险成本等。仓储成本不仅是物流成本的重要组成部分，也是整体上对物流成本实施管理的控制环节。仓储成本的控制和降低直接实现物流成本的降低。产品在仓储中的组合、妥善配载和流通包装、成组等流通加工就是为提高装卸效率、充分利用运输工具，从而降低运输成本的支出。合理和准确的仓储会减少商品的换装、流动，减少作业次数；采用机械化和自动化仓储作业，有利于降低作业成本。优良的仓储管理可以对商品实施有效的保管和养护、准确的数量控制，大大减少风险成本。

4．通过仓储活动实现物流增值服务

优秀的物流管理不仅要做到满足产品销售、降低产品成本，而且更应该进行增值服务，提高产品销售的收益。产品销售的价值主要来源于产品质量的提高、功能的扩展、及时性的时间价值、削峰平谷的市场价值、个性化服务增值等。众多的物流增值服务在仓储环节进行，通过流通加工提高产品质量、改变功能、实现产品个性化，通过仓储的时间控制，使生产节奏与消费节奏同步，实现物流管理的时间效用的价值；通过仓储的商品整合，开展消费个性化的服务。

5．通过仓储活动平衡企业流通资金的占用

工业企业的原材料、在产品、产成品和商业企业的商品是流动资金的主要占用部分，库存量控制实际就是对流动资金的控制，控制库存量是在平衡企业流动资金总体占用最优。因为，通过加大订货批量可以降低订货费用和运输费用，保持一定再生产和原材料会减少生产交换次数，提高工作效率，仓储物流成本管理是寻求上述两者之间的最佳匹配，以求达到降低物流资金的目的。

二、仓储成本的构成

（一）订货成本

订货成本是指企业为了实现一次订货而进行的各种活动的费用，包括处理订货的差旅费、办公费、通信费等支出。同时，订货成本还包括以下活动产生的成本费用：①建仓存放货物；②提成订货申请；③选择供应商；④填写并发出订单；⑤填写并核对收货单；⑥验收货物；⑦筹集资金和付款等活动。

（二）资金占用成本

资金占用成本是为购买货物和保证存货而使用的资金的成本，是仓储成本的隐含费用。资金占用成本反映失去的盈利能力，因为资金投入其他方面是可能取得投资回报的。资金占用成本既可以用公司投资的机会成本或投资期望值来衡量，也可以用资金实际来源的发生成本来计算。为了简化和方便，资金占用成本通常用银行贷款利息来计算。

（三）存货风险成本

存货风险成本是发生在货物持有期间的，由于市场变化、价格变化、货物质量变化所造成的企业无法控制的货物贬值、损坏、丢失、变质等成本。特别是伴随着化妆品行业目前微商模式的流行，每家企业都在不断地推出新品，一些旧的产品很容易过时并因此一直放在仓库里。

（四）缺货成本

由于外部和内部中断供应所产生的成本即为缺货成本。当企业的客户得不到全部订货时其被称为外部缺货。外部缺货将导致延期交货、脱销或失去客户。当企业内部某个部门得不到全部订货时其被称为内部缺货。如果发生内部缺货，则可能导致生产损失（机器设备和人员闲置）和交货期的延误。如果由于某项物品短缺而引起整个生产线停工，这时的缺货成本可能非常高。

（五）在途存货成本

在途存货成本与运输方式有关。如果企业以目的地交货价方式销售货物，就意味着企业要负责将货物运达客户，当客户收到订购货物时货物的所有权才转移。从财务的角度来看，在途运输货物仍是销售方的库存，因为这种在途货物在交给客户之前仍然属于企业所有。一般来说，在途存货成本要比仓库中的存货成本小，在实际中，需要在对每一项成本进行仔细分析后，才能准确计算出实际成本。

（六）仓储运作成本

仓储运作成本是伴随着物流仓储活动而发生的各种费用，仓储成本的高低直接影响着企业的利润水平。具体核算范围包括材料费、人工费、折旧费、维修费、装卸搬运费、仓储损失等。

1. 材料费

材料费是与包装材料、消耗工具、器具备品、燃料等相关的费用，可以根据材料的出入库记录，将此期间与物流有关的消耗量计算出来，再分别乘以单价，即可得出仓储材料费。

2．人工费

人工费指按规定支付给仓库工人、仓库管理人员的工资、加班费、各种工资性津贴、“五险一金”、职工福利费（指按工人、管理人员工资总额和规定比例计提的职工福利费）、劳动保护费。该项成本从相关会计科目中提取出来即可。

3．折旧费或租赁费

有的仓储部门或者企业是以自己拥有所有权的仓库以及设备对外承接仓储业务，有的是以向社会承包租赁的仓库及设备对外承接业务。自营仓库的固定资产每年需要提取折旧费，对外承包租赁的固定资产每年需要支付租赁费。仓储费或租赁费是仓储企业的一项重要的固定成本，是构成仓储企业的成本之一。

4．维修费

主要用于设备、设施和运输工具的定期大修理，每年可以按设备、设施和运输工具投资额的一定比率提取。仓储机械设备的维修费用，也应计入仓储成本。

5．装卸搬运费

装卸搬运费是指货物入库、堆码和出库等环节发生的装卸搬运费用，包括搬运设备的运行费用和搬运工人的成本。

6．应当分摊的管理费用等间接成本

管理费用是指仓储企业或部门为管理仓储活动或开展仓储业务而发生的各种间接费用，主要包括仓库设备的保险费、办公费、人员培训费、差旅费、招待费、营销费、水电费等。相关费用可以从相关会计科目中提取，直接计入仓储成本；如果无法从相关会计科目方面直接得到相关的数据，可以按员工人数比例分摊计算。

7．仓储损失

仓储损失是指保管过程中货物损坏而需要仓储企业赔付的费用。造成货物损失的原因一般包括仓库本身的保管条件，管理人员的人为因素，货物本身的物理、化学性能，搬运过程中的机械损坏等。实际中应根据具体情况，按照企业制度规定的标准，分清责任后合理计入成本。

三、仓储成本的核算

仓储作业成本可以通过作业成本法进行核算。作业成本法是一种通过对所有作业活动进行追踪动态反映，计量作业和作业对象的成本，评价作业业绩和资源利用情况的成本计算和管理方法。其基本思路为：首先通过物流作业动因将物流资源分配到各个物流作业，形成作业成本库；其次根据物流作业动因建立物流作业与物流成本对象之间的因果关系，把物流作业成本库中的成本分配到成本对象，计算出成本对象的总成本和单位成本。

如华夏物流与供应链集团某仓储分部A同时服务于甲乙两个客户，甲客户为自营业务，乙客户为第三方卖家。

该仓储分部作业成本核算步骤如下：

（1）确定作业内容。主要包括订单处理、货物验收、货物进出库和仓储管理4个作业。

（2）确定资源成本。该仓储分部的总成本和资源成本如表7-1、表7-2所示。

表7-1 物流总成本

支付形态	支付明细	相关费用/元
维护费	固定资产折旧	80 000
人工费	单证处理人员（3人）	7 500
	货物验收人员（3人）	6 000
	货物进出库作业人员（4人）	10 000
	仓储管理人员（3人）	6 000
材料费	材料费	10 000
一般经费	办公费	5 000
合计		124 500

表7-2 资源成本

费用	订单处理	货物验收	仓储管理	货物进出库	合计
人工费	7 500	6 000	6 000	10 000	295 500
折旧费	7 000	7 000	29 000	80 000	80 000
材料费	3 000	1 000	3 000	10 000	10 000
办公费	600	600	2 600	5 000	5 000
合计	18 100	14 600	52 600	124 500	124 500

（3）确定作业动因。

注意作业动因必须是可量化的，如人工工时、距离、时间、次数等，该仓储部的作业动因如表7-3所示。

表7-3 作业动因表

作业	成本动因
订单处理	订单数量
货物验收	托盘数量
货物进出库	人工工时
仓储管理	租赁仓库面积

（4）计算作业分配系数。

作业分配系数=作业成本/作业量

其中，作业成本为表 7-3 中订单处理、货物验收、货物进出库和仓储管理的作业成本。

确定作业量时，首先查询作业动因，再根据员工总工作时间（见表 7-4）、甲乙订单数及占用资源来确定。如查询作业动因表，订单处理的成本动因即为订单数量，因此，只需计算甲乙客户的订单总数即可，由表 7-5 可知月订单处理作业总量为 320。

表 7-4　员工总作业时间

员工类别	总工作时间/（小时·月）
单证处理人员（3 人）	500
货物验收人员（3 人）	500
进出库作业人员（4 人）	800
仓储作业人员（5 人）	500

表 7-5　甲乙客户订单及占用资源

项目	甲客户	乙客户	合计
月订单总数/份	200	120	320
占用托盘总数/个	700	300	1 000
租赁仓库面积/m²	10 000	6 000	16 000
货物进出库总工时	500	300	800

由此可以计算求得各项作业的分配系数（见表 7-6）。

表 7-6　作业分配系数

作业	订单处理	货物验收	仓储管理	货物进出库	合计
作业成本（A）	18 100	14 600	39 200	52 600	124 500
作业量（B）	320 （订单数）	1 000 （托盘数）	16 000 （面积）	800 （人工时）	—
作业分配系数（A/B）	52.562 5	14.6	2.45	65.75	—

（5）计算作业成本。

根据作业分配系数求出计算对象的某一项物流作业成本，然后求和即得计算对象的作业成本。

作业成本=作业分配系数 × 作业动因数

根据表 7-6 的作业分配系数，可求得客户甲乙的实际服务成本，如表 7-7 所示。

表 7-7　甲乙客户实际服务成本

作业	作业分配系数	实际耗用成本动因		实际成本	
		甲	乙	甲	乙
订单处理（订单数）	56.562 5	200	120	11 312.5	6 787.5
货物验收（托盘数）	14.6	700	300	10 220	4 380
货物进出库（人工时）	65.75	500	300	32 875	19 725
仓储管理	2.45	10 000	6 000	24 500	14 700
合计				78 907.5	45 592.5
总成本				124 500	

四、仓储成本控制

（一）仓储成本控制的原则

1．物流总费用最低原则

库存成本控制是一个系统的工程，它涉及订货、进货、储存保管、销售出库四个环节的费用，这些费用还涉及企业中不同的部门。而要使得订货费用与保管费用平衡，就要制定适当的订货策略，也就是要进行科学的物流管理。

（1）每个单项费用最低。

每个单项费用应当在自己的具体业务情况下，实现局部优化，取最低的费用。只有每一个单项费用都取最低费用，总费用才能最低，库存系统才能实现最优化。

（2）单项费用之间的合理协调。

各项费用之间有一个科学的比例，这个比例会导致总费用最省。例如：订货费用与保管费之间就需要协调，这取决于订货批量与订货批次的关系。订货批次多了，订货费用会增加；订货批量大了，保管费用会增加，只有取一个适当的比例，才能使订货费用与保管费用平衡，才能使总费用最省。

（3）库存成本定期统计分析原则。

在物流管理会计的基础上，应当建立库存成本定期统计分析制度，定期对库存成本进行细致、精确的统计分析，一般一个月一次。到了月末，把本月发生的各项成本统计出来，求出总成本，然后进行分析。分析的主要内容包括：

① 成本时间的比较分析：本月与上月比较，今年与去年比较，看变化趋势，分析原因。

② 成本空间的比较分析：各个部门、各个班组、各个项目发生的费用比较，看各个单位的管理水平、管理措施。经过比较分析，找出经营和教训，制定下一个月的改进措施。这样通过自省、改进的循环操作，可以及时发现内部工作存在的问题并加以解决，从而提高工作效率并有效地节约成本。

（4）零库存原则。

树立零库存思想是一个企业最大限度地降低库存成本的最有效、最快速的办法。“零库存”是指某种或多种物品的储存量为零，即不保持库存。它是一种“拉动”，首先由供应链最终端的需求“拉动”产品进入市场，然后由这些产品需求决定零部件的需求和生产流程，从而实现零库存，实现“零库存”不但可以免去仓库因存货而产生的一系列问题和费用，而且可以简化库存控制的工作量，如无须库存盘点、实物动态掌握等，从而提高工作效率，提高企业效益。实现“零库存”的方式有很多，并不限于某种特定方式，如委托保管库存、协作分包方式、配送方式、轮动方式、准时制供应系统以及看板方式等。

零库存的含义及起源

2．全面性原则

（1）全员的成本管理。成本是综合性很强的经济指标，它涉及企业的所有部门和全体职工的工作实绩。要想降低成本、提高效益，必须充分调动每个部门和每位职工关注控制成本的主动性和积极性。在专业成本管理的基础上，要求人人、事事、时时都要按照定额标准或预算进行成本管理。

（2）全过程的成本管理。在现代社会中，应充分发挥物流的整合作用，在涉及仓储及其他各环节中都要加强成本管理。

海尔的零库存管理

3．责、权、利相结合原则

要使仓储成本管理真正发挥效益，必须严格按照经济责任制的要求，贯彻责、权、利相结合的原则。应该指出，在经济责任制中，控制责任成本是每个成员应尽的职责，同时也是一种权力。很明显，如果责任单位没有这种权力，就无法进行控制。譬如任何一个成本责任中心都会制定一定的标准或预算，若要求他们完成控制成本的职责，就必须赋予他们在规定范围内有权决定某项费用是否开支的权力。如果没有这种权力，当然就谈不上什么成本控制了。此外，为了充分调动各个成本责任中心在成本控制方面的主动性和积极性，还必须定期对他们的实绩进行评价与考核，并同职工本身的经济利益紧密挂钩，做到奖罚分明。

4．目标管理原则

目标管理是指企业管理层以既定的目标作为管理人力、物力、财力和各项重要经济指标的基础。成本管理是目标管理的一项重要内容，它必须以目标成本为根据，作为对企业经济活动进行限制和指导的准绳，力求做到以最少的成本开支获得最佳的经济效益和社会效益。既然目标成本是作为奋斗目标所要努力实现的成本，那么制定目标成本就既要根据本企业的具体情况（如现有设备条件、业务能力、技术水平、历史成本资料等），也要考虑到企业的外部条件（如国家的财经政策、市场供需情况，国内外同行业同类部门的成本信息等），然后采用成本管理的专门方法与策略，制定出最佳的目标成本。

5．例外管理原则

例外管理是西方国家在企业经营管理中进行日常控制所采用的一种专门方法，特别是在对成本指标的日常控制方面应用得更多。日常成本控制主要是通过对各种成本差异进行分析研究，从而发现问题，挖掘降低成本的潜力，提出改进工作或纠正缺点的具体措施。但实际上，每个物流企业日常出现的成本差异往往是头绪纷繁，管不胜管。为了提高成本管理的工作效率，管理人员不应把精力和时间分散在全部成本差异上，平均使用力量，而是应该突出重点，把注意力集中在那些属于不正常的、不符合常规的关键性差异上，对它们要追根求源，查明发生差异的原因，并及时反馈给有关成本责任中心，迅速采取有效措施把它们很好地管起来。所有这些不正常的、不符合常规的关键性差异就叫做例外。

（二）仓储成本控制的措施

1．充分利用现代仓储技术和设备

通过技术进步和装备提升来降低仓储成本是根本措施。在一个库场中，一定量的工作费用支出下，由于实际工效不一，所耗费的劳动力、机械设备消耗、燃料费有所不同，若仓储管理经营得好，整个仓储费用就会降低，经济效益就会增加。因此，在仓储作业中要利用现代仓储技术和设备，提高劳动生产率，如采用定位系统、存取系统、监控系统等计算机管理技术，仓储条码技术，现代化货架，专业作业设备、叉车、新型托盘等。

2．构建和实施智能存储管理系统

智能仓储管理系统是新零售时代下的必要趋势。进货、盘点库存、财务核算等都可以在手机移动端进行，智能仓储管理系统为企业提供了一个高效、省力的科学管理方法。它具有以下优势：以空间置换土地，减少用地成本，扩大存储容量；减轻工人的劳动强度，减少人工成本；提高交货准确率；缩短供应链周期。智能仓储管理系统具体包括托盘穿梭车式立体仓库、托盘式自动仓库、料箱式自动仓库、自动化旋转仓库等系统。在智能仓储系统的帮助下能够自动接收、识别、分类、组织和提取货物。

3．实现仓储作业的精益化运作

第一，有效的库存管理能减少无形的浪费。时间、精力、机会成本和空间都会影响仓库整体成本。如在拣选标签上花费太多时间可能导致利润下降，员工无必要地重复走动可能导致提早疲劳以及减少订单完成率。同时，重做和退货也在消耗利润。第二，优化产品流程有利于降低仓库成本。第三，精益原则需要仓库员工的共同努力。实现仓储成本下降还必须考虑仓库中失去的机会，例如，是否有标准的系统在适当的位置管理储位或者整改仓库产品存储。

4．优化仓储中心设计与运营

（1）提高仓容利用率。提高仓容利用率的方法包括提高仓储密度和加速物资周转两种，提高仓储密度可以提高单位仓储面积的利用率以降低成本、减少仓储设备投资，主要包括增加储存高度、缩小库内通道、密集货架几种方法。

（2）提高仓储作业效率。仓储定位系统如果高效运作，能大大节约寻找、存放及取出时间，节约了不少物化劳动及活劳动，而且能防止出现差错，便于清点。

（3）提高仓储作业准确程度。运用零库存等先进的管理模式进行仓储管理，使库存一直处于流通周转状态，实现库存量的精确化、最小化。

（4）确定合理仓储量。资源从采购到生产再到流通需要经过数个阶段，几乎在每一个阶段都需要进行存储，通过分析原材料、半成品、成品等每一个物流环节的最佳仓储量，分析补充库存的速度等，使存货水平最低、仓储浪费最小、空间占用最少。

（5）优化仓储布局。将过去零星的仓储点集中在一起进行统一管理，以区域的形式进行直接配送，这种方法有利于优化仓储布局。

5．提高仓储信息管理水平

WMS （Warehouse Management System，仓库管理系统）软件能将“先进先出”和“快进快出”结合起来，加快周转，减少劳动消耗。根据“先进先出”原则，企业将所有仓储物资按先后顺序摆放，或者对仓储物资进行轮换存取，从而使物资的仓储时间减少，减少损耗。

总体上，仓储成本控制要抓住关键的三部分：一是场地费成本，即租金；二是投入设备、运转、人力等支出成本；三是增值服务成本，主要指客户的特殊需求。仓储人工费用的支出主要在于尽量减少非生产工人的工资支出。

[任务实施]

阳光配送中心仓储部同时服务于 A、B、C 三个客户，其中 A 为母公司（自营业务），B、C 为第三方客户。月末时其物流总成本、资源成本、员工总工作时间和客户订单及占用资源、作业动因如表 7-8~表 7-11 所示。

表 7-8　物流总成本

支付形态	支付明细	相关费用/元
维护费	固定资产折旧	100 000
人工费	单证处理员（4 人）	14 000
	货物验收人员（4 人）	14 000
	货物进出库作业人员（5 人）	18 000
	仓储管理人员（4 人）	14 000
材料费	资材费	20 000
一般经费	水电费	10 000
合计		190 000

表 7-9　资源成本

费用	订单处理	货物验收	仓储管理	货物进出库	合计
人工费	14 000	14 000	14 000	18 000	60 000
折旧费	10 000	10 000	50 000	30 000	100 000
材料费	6 000	2 000	6 000	6 000	20 000
办公费	2 000	1 000	5 000	2 000	10 000
合计	32 000	27 000	75 000	56 000	190 000

表 7-10　员工总作业时间

员工类别	总工作时间/（小时·月）
单证处理员（4 人）	700
货物验收人员（4 人）	700
货物进出库作业人员（5 人）	1 000
仓储管理人员（4 人）	700

表 7-11　客户订单及占用资源

项目	A 客户	B 客户	C 客户	合计
月订单总数/份	400	240	160	800
占用托盘总数/个	800	400	300	1 500
租赁仓库面积/m²	15 000	9 000	6 000	30 000
货物进出库总工时	550	280	170	1 000

根据以上案例资料，请完成：

1．说说仓储成本的含义。

2．分析仓储成本的构成包括哪些，本案例中阳光配送中心的仓储成本有哪些。

3．运用作业成本法计算 A、B、C 三个客户的各项作业实际服务成本。

4．分析阳光配送中心可以采取哪些措施对仓储成本进行控制。

[拓展知识]

见二维码内容。

某公司储存成本费用控制办法

任务二

仓储绩效管理

[任务导入]

2021年年末，华夏物流供应链集团广州物流中心仓储部门进行业绩考核，考核分为两个部分：一是部门绩效考核，主要从数量、质量、成本、时效四个维度进行评价；二是员工绩效考核，主要从德、能、勤、绩四个方面对员工进行评价。考核不仅仅是对当年的工作进行评价，更重要的是通过绩效考核发现管理中存在的问题，并提出改进措施。

本次学习任务：

1. 熟悉仓储绩效评价的内容及指标体系构成。
2. 运用仓储绩效评价指标进行仓储绩效评价。
3. 了解仓储绩效评价方法。

[相关知识]

一、仓储绩效评价的概念

企业绩效评价是指运用专门的方法，采用特定的指标体系，对照统一的评价标准，按一定程序，通过定量和定性分析，对企业在一定的经营期间内的经济效益、管理效率和经营业绩所做出的综合评判，企业绩效评价既可以是对企业的整体经营进行的评价，也可以是对企业经营的某个方面的评价。

企业绩效评价体系，企业绩效评价体系是指由一系列与绩效评价相关的评价制度、评价指标体系、评价方法、评价标准以及评价机构等形成的有机整体。企业绩效评价体系由绩效评价制度体系、绩效评价组织体系和绩效评价指标体系三个子体系组成。

仓储绩效评价是指通过建设绩效评价体系对仓储企业（或部门）在仓储设施管理、出入库管理、库存管理、仓储成本管理、资金运用效率、生产效率等方面的管理效益和效率进行综合评价。

二、仓储绩效评价指标体系

仓储绩效评价指标是仓储管理成果的集中反映，是衡量仓储管理水平高低的尺度，也是考核、评估仓库各方面工作和各作业环节工作成绩的重要手段。根据各项指标的属性及其相互关系，将仓储绩效指标分为财务绩效、管理绩效和作业绩效三级指标，每级指标对应若干具体指标，具体如表 7-12 所示。财务绩效是最终绩效，是管理绩效与作业绩效的综合反映；作业绩效在一定程度上决定管理绩效，管理绩效直接决定财务绩效。

表 7-12 仓储绩效评价指标体系

指标类别	具体指标
财务绩效指标	①仓储收入利润率
	②企业净资产收益率
	③利润增长率
管理绩效指标	①人均仓储收入
	②单位仓库面积产值
	③仓库面积（容积、货位）利用率
	④库存周转次数
	⑤机械化作业率
	⑥加工包装率
	⑦配送率
	⑧单位仓库面积消耗
作业绩效指标	①人均日拣货量
	②人均日加工量
	③人均日订单处理量

（一）财务绩效指标

1．仓储收入利润率

仓储收入利润率是指仓储经营活动的利润与收入的比率，用以反映仓储收入与仓储利润之间的关系，一般按年度评价。

其计算公式为：

$$仓储收入利润率=\frac{仓储利润}{仓储收入}\times 100\%$$

$$仓储利润=仓储收入-仓储成本$$

仓储收入包含存储费（可按面积、托盘、重量等收取）以及出入库、装卸、搬运、加工包装、质押监管、配送、信息资讯等与仓储相关的所有服务性收入，但不含仓储企业兼营的商品贸易收入、与仓储货物没有连带关系的运输收入，单位为万元。

仓储成本指的是按仓储收入同口径计算的仓储活动直接成本，包含仓储设施设备折旧或租金、直接人工成本、加工材料、配送成本、因仓储活动所产生的动力能源及水电消耗，但不含企业管理费用，单位为万元。此处的直接成本实际上为前文的“仓储运作成本”。

2．企业净资产收益率

企业净资产收益率是指净利润与净资产的比率，用以衡量企业运用自有资本的效率，一般按年度评价。

其计算公式为:

$$企业业净资产收益=\frac{净利润}{净资产}\times 100\%$$

净利润是指企业总收入扣除企业总成本、总费用与税金之后的余额，即

$$净利润=利润总额-所得税$$

净资产即所有者权益（或股东权益），按企业财务报表中的数额进行计算。

3．利润增长率

利润增长率是指利润增长额与上年利润总额的比率，用以衡量利润增长速度。其计算公式为：

$$利润增长率=\frac{当年利润总额-上年利润总额}{上年利润总额}\times 100\%$$

（二）管理绩效指标

1．人均仓储收入

人均仓储收入是指仓储从业人员人均仓储收入，以万元为单位，一般按年度评价。

其计算公式为；

$$人均仓储收入（人均产值))=\frac{当年年仓储收入}{年仓储从业人员平均人数}$$

仓储从业人员是指从事仓储活动的一线操作人员及从事仓储经营管理活动的管理者。

年仓储从业人员平均数=一年内每月月末从业人数之和/12。

2．单位仓库面积产值

单位仓库面积产值是指每万平方米仓库面积总收入，以万元为单位，一般按年度评价。

其计算公式为：

$$单位仓库面积产值=\frac{仓储收入}{仓库总面积}$$

仓库总面积是指仓库的建筑面积，单位为万平方米。

3．仓库面积（容积、货位）利用率

仓库面积（容积、货位）利用率是指实际使用仓库面积（容积、货位）与仓库总面积（容积、货位）的比率。

其计算公式为：

$$仓库面积（容积、货位）=\frac{实际使用仓库面积（容积、货位）}{仓库总面积（容积、货位）}\times 100\%$$

实际使用仓库面积是指库内存放货物实际所占用的面积（容积、货位）。

4．库存周转次数

库存周转次数是指年发货量与年平均储存量的比值。库存周转次数越多，表明仓储活动的效率与效益越高，一般按年度评价。

其计算公式为：

$$库存周转次数=\frac{年发货量}{年平均储存量}$$

年发货量是指通过出库操作的货物总量，可按吨、立方米、托盘等计算。

年平均储存量是指一年内货物储存量的平均值。

年平均储存量=一年存储量的总和/365，可按吨、立方米、托盘等计算。

5．机械化作业率

机械化作业率是指使用机械设备的作业量与货物吞吐量的比率，一般按年度评价。

其计算公式为：

$$机械化作业率=\frac{使用机械设备作业总量}{货物吞吐量}\times 100\%$$

货物吞吐量指进出库货物的总量，货物吞吐量=入库货物量+出库货物量，可按吨、立方米、托盘等计算。

使用机械设备作业总量是指仓库货物吞吐总量减去完全手工操作处理的货物总量，可按吨、立方米、托盘等计算。

6．加工包装率

加工包装率是指加工包装总量与储存总量的比率，一般按年度评价。

其计算公式为：

$$加工包装率=\frac{加工包装总量}{储存总量}\times 100\%$$

加工包装总量是指在仓储环节对产品实施的简单物理性作业活动（如包装、分割、刷标志、拴标签、组装等）的货物总量。

储存总量是指累计存储货物的总量。

7．配送率

配送率是指配送量与出库量的比率，一般按年度评价。

其计算公式为：

$$配送率=\frac{配送率}{出库量}\times 100\%$$

配送量是指在经济合理区域范围内，根据客户要求，对物品进行拣选、加工、包装、分割、组配等作业，并按时送达指定地点的货物量，既包括多货主多品种送到单点或多点，也包括单一货主的货物送到多点，不含不经过出入库操作的点对点运输。

8. 单位面积能耗

单位面积能耗是指仓库单位面积年消耗的能源量（水、电、油），一般按年度评价。其计算公式为：

$$单位面积能耗（水、电、油）=\frac{能耗总量（水、电、油）}{仓库总面积}$$

能耗总量是指累计消耗（水、电、油）的总量。

（三）作业绩效指标

1. 人均日拣货量

人均日拣货量可分为每台叉车日均拣货量、人均日整件拣货量和人均日拆零拣货量，一般按年度评价。

（1）每台叉车日均拣货量，可以吨、立方米、托盘等为计算单位，其计算公式为：

$$每台叉车日均拣货量=\frac{年叉车拣货总量}{年叉车使用台数}$$

年叉车使用台数=一年内叉车使用数量之和

（2）人均日整件拣货量，可按吨、立方米、包装件数计算。

其计算公式为：

$$人均日拣货整件量=\frac{年整件拣货总量}{年作业总人数}$$

年作业总人数是指一年内从事整件拣货作业人员总数，年作业人员总人数=一年内整件拣货人员数量总和。

（3）人均日拆零拣货量，可按吨、立方米、单品件数计算。

其计算公式为：

$$人均日拆零拣货量=\frac{年拆零拣货总量}{年作业总人数}$$

年作业总人数是指一年内从事拆零拣货作业人员总数，年作业总人数=一年内拆零拣货人员数量总和。

2. 人均日加工量

人均日加工量可以吨、立方米、包装件数为单位，一般按年度计算。

其计算公式为：

$$人均日加工量=\frac{年加工总量}{年作业总人数}$$

年作业总人数是指一年内从事加工的作业人员总数，年作业总人数=一年内加工人员数量总和。

3. 人均日订单处理量

人均日订单处理量，一般按年度计算。

其计算公式为：

$$人均日订单处理量=\frac{年订单处理总量}{年作业总人数}$$

年订单处理总量是指一年内接收并完成货物出库的订单总量，按单计算；

年作业总人数是指一年内减去加工包装等专项服务人员与装卸人员之外，所有与订单处理相关的一线操作人员总数，年作业总人数=一年内工作人员数量总和。

三、仓储绩效分析方法

（一）对比分析法

对比分析法是将两个或两个以上有内在联系的、可比的指标（或数量）进行对比分析，从而认识仓储企业的现状及其规律性。对比分析法是绩效考核指标分析法中使用最普遍、最简单和最有效的方法。运用对比分析法对指标进行对比分析时，一般应首先选定对比标志来衡量指标的完成程度。根据分析问题的需要，主要有以下几种对比方法：

1．计划完成情况的对比分析

计划完成情况的对比分析是将同类指标的实际完成数或预计完成数与计划数进行对比分析，从而反映计划完成的绝对数和程度，分析计划完成或未完成的具体原因，肯定成绩、总结经验、找出差距、提出措施。

2．纵向动态对比分析

纵向动态对比分析是将仓储企业的同类有关指标在不同时间上的对比，如本期与基期（或上期）比、与历史平均水平比、与历史最高水平比等。这种对比能够反映事物的发展方向和速度，说明当前状态的纵向动态，分析增长或降低的原因并提出建议。

3．横向对比分析

横向对比分析是将仓储企业的有关指标在同一时期相同类型的不同空间条件下的对比分析。类比单位一般选择同类企业中的先进企业，它既可以是国内的，也可以是国外的。横向对比往往能起到“清醒剂”的作用，更能够找出差距、采取措施、赶超先进。

4．结构对比分析

结构对比分析是将总体分为不同性质的各部分，然后以部分数值与总体数值之比来反映事物内部构成的情况，一般用百分数表示。例如，在货物保管损失中，我们可以计算分析因保管养护不善造成的霉变残损、丢失短少、不按规定验收、错收错付而发生的损失等各占的比重为多少。

（二）因素分析法

因素分析法是用来分析影响指标变化的各个因素以及它们对指标各自的影响程度的方法。因素分析法的基本做法是，在分析某一因素变动对总指标变动的影响时，假定影响指标变化的诸因素之中只有这个因素在变动，而其余因素都必须是同度量因素（即固定因素），然后逐个替代某一项因素单独变化，从而得到每项因素对该指标的影响程度。

在采用因素分析法时，应注意将各因素按合理的顺序排列，并注意前后因素按合乎逻辑的衔接原则处理。如果顺序改变，各因素变动影响程度之积（或之和）虽仍等于总指标的变动数，但各因素的影响值就会发生变化，得出不同的答案。

在进行两因素分析时，一般是数量因素在前，质量因素在后。在分析数量指标时，另一质量指标的同度量因素固定在基期（或计划）指标；在分析质量指标时，另一数量指标的同度量因素固定在报告期（或实际）指标。在进行多因素分析时，同度量因素的选择要按顺序依次进行，即当分析第一个因素时，其他因素均以基期（或计划）指标作为同度量因素，而在分析第二个因素时，则是在第一个因素已经改变的基础上进行，即第一个因素以报告期（或实际）指标作为同度量因素。其他类推。

设某一分析指标R是由相互联系的A、B、C三个因素相乘得到，报告期（实际）指标和基期（计划）指标为：

报告期（实际）指标$\mathrm{R}_1=A_1\times B_1\times C_1$

基期（计划）指标$R_0=A_0\times B_0\times C_0$

在测定各因素变动对指标R的影响程度时可按顺序进行：

基期（计划）指标$R_0=A_0\times B_0\times C_0$　　①

第一次替代：$A_1\times B_0\times C_0$　　②

第二次替代：$A_1\times B_1\times C_0$　　③

第三次替代：$R_1=A_1\times B_1\times C_1$　　④

简化的差额分析法是：

②-①→A变动对R的影响；

③-②→B变动对R的影响；

④-③→C变动对R的影响。

A变动对F的影响：$(A_1-A_0)\times B_0\times C_0$

B变动对F的影响：$A_1\times(B_1-B_0)\times C_0$

C变动对F的影响：$A_1\times B_1\times(C_1-G_0)$

把各因素变动综合起来，总影响$\triangle R=R_1-R_0$

【例】某企业 2021 年 3 月某种材料费用的实际数是 6 720 元，而其计划数是 5 400 元。实际比计划增加了 1 320 元。由于材料费用由产品产量、单位产品材料耗用量和材料单价三个因素的乘积构成。因此，可以把材料费用这一总指标分解为三个因素，然后逐个分析它们对材料费用总额的影响程度。现假设这三个因素的数值如表 7-13 所示。

表 7-13　某企业某种材料费用消耗情况

项目	单位	计划数	实际数	差异
产品产量	件	120	140	20
材料单耗	千克/件	9	8	-1
材料单价	元/千克	5	6	1
材料费用	元	5 400	6 720	1 320

根据表中资料，材料费用总额实际数较计划数增加 1 320 元，这是分析对象。运用连环替代法，可以计算各因素变动对材料费用总额的影响程度，具体如下：

计划指标：120 × 9 × 5=5 400（元）　①

第一次替代：140 × 9 × 5=6 300（元）　②

第二次替代：140 × 8 × 5=5 600（元）　③

第三次替代：140 × 8 × 6=6 720（元）（实际指标）　④

因素分析：

②-①=6 300-5 400=900（元）　产量增加的影响

③-②=5 600-6 300=-700（元）　材料节约的影响

④-③=6 720-5 600=1 120（元）　价格提高的影响

900-700+1 120=1 320（元）　全部因素的影响

四、员工绩效评价

员工绩效评价不同于仓储整体绩效评价，它通过对员工在一定时期内在职务工作中所表现出来的能力、努力程度以及工作实绩进行分析，做出客观评价，给予员工与其贡献相应的激励以及公正合理的待遇，把握员工工作执行和适应情况，确定人才开发的方针政策及教育培训方向，合理配置人员，激发员工工作热情和提高工作效率，实现企业的可持续发展。

员工绩效评价的依据主要是员工的目标。员工目标是个人根据企业目标和部门目标结合个人分工制定的。企业员工绩效目标必须根据企业绩效目标和部门绩效目标层层分解设定，所有部门目标必须确保企业目标的实现，部门所有员工的目标必须确保所在部门目标的实现。

员工绩效评价维度主要有业绩维度、行为维度和其他维度。业绩维度包括任务绩效（包括定量和定性任务绩效）、周边绩效和管理绩效等指标；行为维度包括考勤、工作纪律性、服务态度和合作精神等指标。

[任务实施]

2021 年 12 月 30 日，长盛物流公司要对仓储部进行考核，请完成：

1．说说仓储绩效评价的内容有哪些？

2．请为长盛物流公司设计一份用于仓储部绩效考核的指标体系表格。

3．请回答仓储部可以在哪些方面提升绩效？

[拓展知识]

关键绩效指标法
（KPI）

[项目小结]

（1）仓储成本是指仓储企业在开展仓储业务活动中各种要素投入的以货币计算的总和。仓储成本管理指企业在仓储运营管理方面所采取的成本费用控制手段，目的是以最低的储存成本达到预先规定的储存质量和仓储数量。

（2）仓储成本由订货成本、资金占用成本、存货风险成本、缺货成本、在途存货成本、仓储运作成本等构成。

（3）仓储作业成本可以通过作业成本法进行核算。作业成本法是一种通过对所有作业活动进行追踪动态反映，计量作业和作业对象的成本，评价作业业绩和资源利用情况的成本计算和管理方法。

（4）仓储成本控制的措施有：充分利用现代仓储技术和设备；构建和实施智能存储管理系统；实现仓储作业的精益化运作；优化仓储中心设计与运营；提高仓储信息管理水平。

（5）仓储绩效评价是指通过建设绩效评价体系对仓储企业（或部门）在仓储设施管理、出入库管理、库存管理、仓储成本管理、资金运用效率、生产效率等方面的管理效益和效率进行综合评价。

（6）仓储绩效评价指标是根据各项指标的属性及其相互关系，仓储绩效指标分为财务绩效、管理绩效和作业绩效三级指标，每级指标对应若干具体指标。

[项目实训]

联系当地一家物流企业（或工商企业的仓储部门），调查其仓储成本及绩效管理现状。要求：

1．仓储成本管理

（1）分析该企业的仓储成本管理，学习该企业计算仓储成本的方法，并根据调查得到的数据进行仓储成本计算。

（2）运用所学的仓储成本知识分析和评价该企业的仓储成本管理。

（3）调查和分析该企业采用了哪些措施来降低仓储成本。

2．仓储绩效管理

（1）调查该企业仓储管理绩效评价内容和指标体系。

（2）为该企业制定一份用于提升仓库管理员绩效的方案。

[课后练习]

一、单选题

1．仓储成本是指仓储企业在开展仓储业务活动中各种要素投入的以（　　）计算的总和。

A．资金　　B．实物　　C．资源　　D．价值

2．仓储成本管理指企业在仓储运营管理方面所采取的成本费用控制手段，目的是以最低的（　　）达到预先规定的储存质量和仓储数量。

A．管理成本　　B．库存成本　　C．储存成本　　D．物流成本

3．存货控制通常包括（　　）、仓储点的安排、补充控制、出活安排等工作。

A．存量控制　　B．ABC 分类　　C．EOQ　　D．准时制生产

4．通过（　　）提高产品质量、改变功能、实现产品个性化。

A．仓储管理　　B．库存管理　　C．装卸搬运　　D．流通加工

5．仓储成本由（　　）、资金占用成本、存货风险成本、缺货成本构成。

A．采购成本　　B．销售成本　　C．订货成本　　D．运输成本

6．企业绩效评价是指运用专门的方法，采用特定的指标体系，对照统一的（　　），按一定程序，通过定量和定性分析，对企业在一定的经营期间内的经济效益、管理效率和经营业绩所做出的综合评判。

A．评价标准　　B．企业文化　　C．管理制度　　D．部门标准

7．（　　）评价体系由绩效评价制度体系、绩效评价组织体系和绩效评价指标体系三个子体系组成。

A．企业成果　　B．企业绩效　　C．企业管理　　D．管理者

二、简答题

1. 简述仓储成本的构成。

2. 简述仓储成本控制的原则。

3. 常见的降低仓储成本的措施有哪些？

4. 简述因素分析法。

三、案例分析题

月山啤酒集团在几年前就借鉴国内外物流公司的先进经验，结合自身的优势，制定了自己的仓储物流改革方案。首先，成立了仓储调度中心，对全国市场区域的仓储活动进行重新规划，对产品的仓储、转库实行统一管理和控制。由提供单一的仓储服务，到对产成品的市场区域分布、流通时间等全面的调整、平衡和控制，仓储调度成为该集团销售过程中降低成本、增加效益的重要一环。其次，以原运输公司为基础，月山啤酒集团注册成立具有独立法人资格的物流有限公司，引进现代物流理念和技术，并完全按照市场机制运作。作为提供运输服务的“卖方”，物流公司能够确保按规定要求，以最短的时间、最少的投入和最经济的运送方式，将产品送至目的地。最后，筹建了月山啤酒集团技术中心。月山啤酒集团应用建立在Internet信息传输基础上的ERP系统，筹建了月山啤酒集团技术中心，将物流、信息流、资金流全面统一在计算机网络的智能化管理之下，建立起各分公司与总公司之间的快速信息通道，及时掌握各地最新的市场库存、货物和资金流动情况，为制定市场策略提供准确的依据，并且简化了业务运行程序，提高了销售系统工作效率，增强了企业的应变能力。

通过这一系列的改革，月山啤酒集团获得了很大的直接和间接经济效益。首先是集团的仓库面积由 7 万多平方米下降到不足 3 万平方米，产成品平均库存量由 12 000 t降到 6 000 t。其次，这个产品物流体实现了环环相扣，销售部门根据各地销售网络的要货计划和市场预测，制定销售计划，仓储部门根据销售计划和库存及时向生产企业传递要货信息；生产厂有针对性地组织生产，物流公司则及时地调度运力，确保交货质量和交货期。最后，销售代理商在有了稳定的货源供应后，可以从人、财、物等方面进一步降低销售成本，增加效益，经过一年多的运转，月山啤酒物流网取得了阶段性成果。实践证明，现代物流管理体系的建立，使月山集团的整体营销水平和市场竞争能力大大提高。

思考：

1. 结合案例分析仓储成本分析的意义所在。

2. 分析月山啤酒集团是如何控制仓储成本的。

3. 分析月山集团是怎样通过控制仓储成本，获得经济效益的。

参考文献

[1] 浦震寰．仓储管理实务[M]．北京：中国人民大学出版社，2020．
[2] 商磊．仓储作业实务[M]．北京：机械工业出版社，2020．
[3] 傅莉萍．仓储管理[M]．北京：清华大学出版社，2015．
[4] 孙秋高．仓储管理实务[M]．北京：电子工业出版社，2020．
[5] 蔡改成．仓储管理实务[M]．武汉：武汉大学出版社，2015．
[6] 徐丽蕊．仓储作业实务[M]．北京：北京理工大学出版社，2016．
[7] 薛威．仓储作业管理[M]．北京：高等教育出版社，2018．
[8] 北京中物联物流采购培训中心、物流管理[M]．南京：江苏凤凰教育出版社，2019．
[9] 张翠花．物流设备使用与维护[M]．北京：机械工业出版社，2017．
[10] 朱亚琪．仓储管理实务[M]．青岛：中国石油大学出版社，2019．
[11] 张小艳．仓储管理实训教程[M]．北京：中国人民大学出版社，2019．
[12] 王先庆．仓储作业管理[M]．哈尔滨：哈尔滨工业大学出版社，2017．
[13] 姜奕阳．仓储作业管理[M]．大连：大连海事大学出版社，2018．
[14] 季敏．仓储与配送管理实务[M]．北京：清华大学出版社，2018．
[15] 郑文岭．仓储管理[M]．北京：机械工业出版社，2018．
[16] 刘常宝．现代仓储与配送管理：基于仓配一体化[M]．北京：机械工业出版社，2020．
[17] 徐丽蕊．仓储作业管理[M]．北京：北京理工大学出版社，2020．
[18] 闫子刚．物流信息技术[M]．北京：高等教育出版社，2014．
[19] 邓永胜．物流信息技术[M]．北京：电子工业出版社，2013．
[20] 王晓平．物流信息技术[M]．北京：清华大学出版社，2017．
[21] 鲍吉龙．物流信息技术[M]．北京：机械工业出版社，2010．